rororo

Rowohlt Verlag GmbH, Kirchenallee 19, 20099 Hamburg

Kontaktadresse nach EU-Produktsicherheitsverordnung:
produktsicherheit@rowohlt.de

Mit explosivem Witz und bestechendem Scharfblick durchleuchtet René Pollesch in seinen Stücken heutige Arbeits- und Lebenswelten in ihrer Komplexität und Widersprüchlichkeit und sucht nach individuellen Überlebensstrategien. Dabei hat er eine einzigartige Theaterform entwickelt, die theoretische und private Diskurse auf der Bühne verbindet.

**C:** Das Ende der Familie ist doch eine humane Tendenz. Ich muss doch eine Beziehung verlassen können, wenn sie nicht produktiv ist. So was kann sich eine liberale Marktwirtschaft nicht leisten, dass Beziehungen nicht produktiv sind.

**B:** Was meinst du denn mit ‹nicht produktiv›? Du bist meine Mutter.

René Pollesch

# LIEBE IST KÄLTER ALS DAS KAPITAL

Stücke Texte Interviews

Mit einem Vorwort von Dietmar Dath

Herausgegeben von Corinna Brocher und Aenne Quiñones

ROWOHLT TASCHENBUCH VERLAG

5. Auflage September 2023
Originalausgabe
Veröffentlicht im Rowohlt Taschenbuch Verlag,
Reinbek bei Hamburg, März 2009



Aufführungsrechte: Rowohlt Theater Verlag
www.rowohlt-theater.de
Umschlaggestaltung any.way, Cathrin Günther
(Foto: Robert Lyons, 2006)
Buchgestaltung Anja Sicka, Hamburg
Satz aus der Courier und Bembo PostScript (InDesign)
bei Pinkuin Satz und Datentechnik, Berlin
Druck und Bindung BoD – Books on Demand GmbH, Bad Hersfeld
ISBN 978-3-499-24901-3

Vorauseilende Selbstfehlbesetzung
Vorwort von Dietmar Dath 7

# STÜCKE

Cappuccetto Rosso 15
Das purpurne Muttermal 61
Tod eines Praktikanten 121
Liebe ist kälter als das Kapital 171
Tal der fliegenden Messer 225

# TEXTE

Dialektisches Theater now!
Brechts Entfremdungs-Effekt 301
Requiem fürs Programmheft –
Zum Tod von Baudrillard 306

# INTERVIEWS

Der Ort, an dem Wirklichkeit anders vorkommt 313
Ich würde gern in der U-Bahn schreien 319
Wie kann man darstellen, was uns ausmacht? 327
Den Markt umgehen 347
Ich bin der Antiromantiker 357
Es ist der Zufall, der gewinnt 365

Werkverzeichnis 371

# VORAUSEILENDE SELBSTFEHLBESETZUNG

René Pollesch geht über die Bühne

Alles heißt hier, wo René Pollesch wirken will, ganz anders, als es ist. Die Volksbühne zum Beispiel: Das Volk bleibt ihr fern und liest die BZ, die Volksfeinde aber wärmen sich im Foyer aneinander; und eine Bühne ist dieses Theater nur insofern, als auch ein Ausstellungsraum, eine Kontaktbörse, eine Klatschkantine oder die kasernierte Jugendpsychiatrie Bühnen genannt werden könnten, weil an all diesen Orten meistens gerade die einen was machen und die andern dabei zugucken oder umgekehrt.



In der Umgebung der Volksbühne indes ist alles nicht nur ebenfalls anders, sondern vor allem viel schlimmer, als es heißt. Die «Berliner Republik» zum Beispiel, zu der jene Sorte Theater, die man in der Volksbühne erleben kann, so zwingend gehört wie das Schaffen Max Reinhardts zur Weimarer Zeit. An deren Namen stimmt erst recht kein Wort; man hat sie sich nämlich erstens nicht in Berlin, sondern im Flugzeug oder in Frankfurt ausgedacht. Das Wort stammt vom beredten Spaßkasper Johannes Gross und der Impetus hinter der Wortschöpfung von ebenso finsteren wie sterbenslangweiligen Profitzwingherren Marke Michael Rogowski, Hans-Olaf Henkel oder Hartmut Mehdorn (politisch umgesetzt wurde das Ganze dann von deren Laufburschen Gerhard Schröder). Gemeint war damit zweitens ein Strauß von Maßnahmen zwischen neuer Repräsentativität für deutschen Expansionswillen und härterem Drill zur Begradi-

gung einiger Frontverläufe am Arbeitsmarkt, also sehr viel eher Oligarchisches und Autoritäres als irgend Republikanisches.
Wo Begriffe wie «Volk», «Bühne», «Berlin» und «Republik» dem Verstand so wenig Halt bieten, sucht Kunst, was man bedauern kann, ihr Heil statt im Werk lieber im Prozessualen.
René Pollesch heizt einen ganzen Haufen dementsprechender Prozesse an und bezieht sein Treiben auf Volk, Bühne, Berlin und Republik nicht etwa so, wie eine Antwort sich auf eine Frage bezieht, sondern so, wie sich das Schmelzen auf den Schneemann bezieht, wenn es auf einmal hitzig wird.
«Pollesch» selbst ist im Grunde eher ein Vorgang als eine Person. Er ergreift kunstfähige Sachverhalte, die man ablehnen muss, und will, dass von deren selbstbetrugsnährenden Attributen nichts übrig bleibt, wenn er mit ihnen fertig ist. Natürlich wird er nie mit ihnen fertig; aber was zählt, ist die Bemühung. Sie wirft Befunde ab, mit denen andere anderes machen können.

«So geht man», sagt er, «auf die Stadt los, und man sieht die Stadt an, denkt, das ist noch eine Stadt, dabei ist das vielleicht gar keine mehr. Sie ist völlig anders organisiert; es geht nicht um Gemeinschaft, es geht nicht um Gemeinsinn, sondern es geht um einen radikalisierten Konkurrenzkampf. Man begegnet sich da anders.» Schön gesehen: Anders. So euphemistisch kann Kritik ihr Interesse am Kritikwürdigen anmelden.
Es zieht oder verschlägt diesen Regisseur und Autor also etwa in den Supermarkt, wo die kleingeprügelten Preise rumsitzen. Pollesch beweist eher indirekt, aber spürbar, wenn er schon mal da ist, dass diese Preise hergestellt werden, indem anonyme Marktgesetze in der Dritten Welt kleine Kinder trocknen, zerbröseln und in luftdichte Tüten verpacken. Während aber die meisten Kulturschaffenden der Metropole, die diesen Zusammenhang zwischen Gequälten und der Warenwirtschaft zwar auch alle kennen, aber nichts mehr beweisen können, was damit zu tun hat, sich für die Armseligkeit ihrer Einkünfte, Hoffnungen und

Skijacken mit dem süßen Grusel trösten, dass es da, wo sie einander belügen, betrügen, hassen und veralbern, immerhin dämonischer, besessener und erotischer zugehe als in der Dritten Welt oder im Supermarkt, macht Pollesch diesen von einem allzu eigendünkelsatten Vergleich schief hergestellten Zusammenhang zum Gegenstand des Theaters oder das Theater zum Gegenstand dieses Zusammenhangs (je nachdem).
Geklatscht muss allerdings werden, sonst könnten wir ja gleich YouTube gucken oder Euripides lesen.
Beim Gastspiel in Avignon sitzt das Publikum auf weißen Gartenplastikstühlen; ein andermal, in Berlin, gehören die zu den Requisiten. So geht Kulissenschieberei in einer Welt, in welcher zum Beispiel (gestern in Bonn gesehen) derselbe Laden auf zwei verschiedenen, dicht nebeneinander hängenden Schildern verkündet, er sei einerseits ein «Imbiss-Grill», andererseits aber, ohne Bindestrich, ein «Grill Imbiss.»
Will man aber diese Welt überhaupt in Kulissen vergattern, bearbeiten, gar widerspiegeln? Ist Theater dank dem in den letzten zwanzig Jahren stündlich zunehmenden tätigen Interesse einer zutiefst unorganisierten, aber zugleich herzlich uniformen Kreativenavantgarde von literaturfeindlichen Bohemekarnevalisten nicht endlich so allseitig durchsichtig und selbstaufhebend geworden, wie sich das die Veranstalter von Diskussionen nach Aufführungen von Peter-Weiss-Stücken ab circa 1967 immer schon gewünscht haben? Und will man sich als Erwachsener eigentlich an eine Branche wegwerfen, die es nicht nur immer noch interessant findet, wenn Frauen Männerrollen spielen oder Männer Frauenrollen, sondern inzwischen sogar dazu übergegangen ist, dergleichen sagenhaften Wagnisse nicht mehr allein mit Brechts paramarxistischem Verfremdungsgefasel, sondern sogar unter Berufung auf topaktuelle Performativitätsbonmots aus Judith Butlers Kopf zu begründen? Darf die Bühne noch so tun, als könnte es zu ihrer grundschiefen Art Überbau überhaupt

so etwas wie eine diskutierbare Basis geben? Vielleicht sollte man sich schämen, in all dies verstrickt zu sein.

Sichschämen wirkt aufs ästhetische Empfinden ja manchmal wie Stretching auf die Sehnen.

Schämen sich aber nicht die Figuren bei Pollesch schon ganz gut? Immerhin halten sie sich, wie der Beschämte das Gesicht in den Händen birgt, des Öfteren Mikrophone vor die Gesichter, statt mit coolem Headgear von der Videoleinwand ins abwartende Nichts des Auditoriums zu starren. Was haben sie vor?

Eine Mutmaßung: Polleschs DarstellerInnen befinden sich, ob in weißen Brautkleidern oder in Jogginglumpen, stets auf der Suche nach einem ganz neuen Gegenteil von Dilettantismus, das nicht mehr einfach «Professionalität» heißen soll. Ein Dilettant versucht, etwas zu machen, was er nicht kann; eine Polleschfigur aber versucht, möglichst nicht einfach (nur) zu machen, was sie kann, weil «Können» unter den Bedingungen der kurrenten Castingscheiße viel zu leicht als «freudige Bereitschaft, von geldbetriebenen Robotern durchgenudelt zu werden» missverstanden wird. Nennen wir's vorauseilende Selbstfehlbesetzung, um nicht vom Status quo gecastet zu werden: Viel Glück. Ich würde ja auf die Kategorie des Gelungenen trotzdem ungern ganz verzichten wollen. Aber als Schreiber hat man es damit natürlich leichter als in den darstellenden Künsten.

Eine Falle ist beim Pollesch-Ansatz jedenfalls unbedingt zu umfahren: Wenn die Anmut, Strenge, Affektdichte oder Urteilsfähigkeit fiktiver Gestalten hinter der Anmut, Strenge, Affektdichte oder Urteilsfähigkeit jener kunstfernen Menschen zurückbleibt, deren Welt beim Volksbühnenabend durch Kunst unterbrochen werden soll (vulgo: Publikum), damit andere Anschlüsse als die geschenkten und selbstverständlichen jeder Alltagsstunde an jede andere möglich werden, dann entsteht mitunter eine Sorte Unwahrheit, die von systemerhaltender Propaganda nicht zu unterscheiden ist. Wenn sich, sage ich, die Leute nur prima fühlen beim Zugucken, weil sie wieder mal gesagt kriegen, wie gescheit und moralisch hochwertig das ist, den Zustand der Stadt und des Erdkreises abzulehnen, dann wird das Böse eher gefördert als gestört.

Dagegen möchte Pollesch sich mit induktiven Verfahren absichern, dagegen beobachtet, ja forscht er – ein Beispiel, in seinen eigenen Worten, über «Prater Saga 3 – in diesem Kiez ist der Teufel eine Goldmine» (von Pollesch in der Regie von Gob Squad): «Die casten Leute auf der Straße und bieten ihnen an, dass sie 20 oder 30 Euro verdienen können. Da gab es eine dicke ältere Dame, die sagte, sie käme gerade von einem 1-Euro-Job und hätte echt die Schnauze voll. Sie will jetzt nicht für 30 Euro auf die Bühne. Der 1-Euro-Job hätte sie so geschlaucht. Oder da gab es diese McPaper-Frau, die hinter der Kasse steht und einen Text von mir liest. Am Anfang weiß sie nicht, was sie redet, und mittendrin weiß sie dann, wovon sie redet. Das bewegt mich, weil sie der Text nicht zwingt, sich als Problem zu begreifen, sondern sie benutzt ihn.»

Man muss den dann erreichten Gleichgewichtszustand zwischen Kritikangebot und Zerstreuungsnachfrage ständig neu ausbalancieren, sonst denkt und schreibt man irgendwann daher wie eine Autorin der tollen Zeitschrift «theater heute» in ihrer August-/Septembernummer des Jahres 2008 über das Gastspiel einer von jemandem namens Tekand angeregten Truppe aus Istanbul auf einem gesamteuropäischen Theaterfest: «Denn wenn der autokratische Staatschef Kreon im staatstragenden Spotlight und fast Pollesch-verdächtigem Hochgeschwindigkeitstürkisch gegenüber dem Volkschor verbal seine Gesetze duchpeitscht (und dies tut er im Grunde abendfüllend, weil Tekand sich für die anderen Aspekte des Stückes wenig interessiert), ist das sowohl absolut schlüssig auf der nationalen Folie interpretierbar als auch zweifelsfrei global zu lesen.»

Pollesch kann sich dem lustig gemeinten Genanntwerden in

solchen grauenhaften Assoiziations- und Kritikvortäuschungszusammenhängen nicht mehr entziehen. Aber bevor wir darüber depressiv werden können, schreit wieder eine dieser Frauen mit Bordellschminke große Stücke aus dem Musikteppich unter dem neuesten Pollesch-Abend heraus, als wäre sie ein Teppichmesser, und wir dürfen uns bezaubert fragen: Kann mein eigenes Tun und Denken vor der Ungeduld dieser Person bestehen?
In diesen schleimlösenden, erfreulichen Augenblicken spürt man die alles andere als unsichtbare Hand des Moralisten, der aus dem Dramatikerpreisträger herauswill und das auch schaffen wird; immer wieder.
René Pollesch wartet nicht auf sich dabei. Er fängt schon mal an und geht, aus sich entkommen, schon mal vor.
Bitte nachmachen.

**Dietmar Dath**

# STÜCKE

# CAPPUCCETTO ROSSO

| | |
|---|---|
| Regie | René Pollesch |
| Bühne | Bert Neumann |
| Kostüme | Tabea Braun |
| Kamera | Ute Schall |
| Dramaturgie | Aenne Quiñones |

Eine Koproduktion der Salzburger Festspiele mit der Volksbühne am Rosa-Luxemburg-Platz Berlin.
Premiere in Salzburg am 24.08.2005 open air im Rollende Road Schau-Zelt/Berliner Premiere am 30.09.2005, Volksbühne im Prater

**T** Christine Groß
**C** Caroline Peters
**S** Sophie Rois
**V** Volker Spengler

**S:** *(alle in Garderobe, in die Kamera)* In Breloers Film «Speer und er» können die bestimmte Dinge nicht zeigen oder sagen. Und das ist doch wichtig festzuhalten, dass die in diesem repräsentativen Zeug über bestimmte Dinge nicht sprechen können. Und was ist denn das, worüber die nicht sprechen können? Die konnten zum Beispiel nie Hitler zusammen mit seinem Schäferhund Blondie zeigen. Das ging einfach nicht. Breloer konnte das nicht. Der wälzte sich nächtelang in seinem Bett, weil er das nicht zeigen konnte. Hitler war nämlich Tobias Moretti, und jetzt stell mal nen Schäferhund neben Tobias Moretti. Das schlägt nämlich sofort in Kommissar Rex um. Aber dieses Problem, das sie da hatten, wird immer als marginal betrachtet. Dabei ist es nicht marginal, dass Tobias Moretti als Hitler keinen Schäferhund an seiner Seite haben darf, wie Hitlers Blondie, weil das eben sofort in Kommissar Rex umschlägt, und das will ja der Breloer nicht. Und der Tobias Moretti will das auch nicht. Der will sein Leben nicht. Der will nur den Hitler. Jedenfalls in dem Moment. Aber die übersehn wieder mal, wo beim Repräsentieren die Probleme liegen. Dass die alle getrennt werden von ihrem Leben und es nicht mehr benutzen können! An allen Ecken und Enden rumpelt es und die übersehns einfach. Dass das ein Problem ist, das einfach übersehn wird.

**C:** Der Moretti wird also von sich selbst getrennt. Die können über nichts mehr reden, eigentlich. Jedenfalls nicht über ihre Probleme. Die müssen sich immer um andere Probleme kümmern. Damit sie sehen, dass sie selbst das Problem sind. Das Problem ist doch, dass sie alles sein wollen. Also wie Geld. Geld kann auch alles sein. Und das wollen die auch. Im Repräsentationstheater denken die immer nur ans Publikum. Und dabei werden die von sich selbst getrennt. Die denken immer von der Konsumentenseite und sich dabei als Ware. Aber muss man immer von der Konsumentenseite her denken? Weil sie damit das Allgemeine im Auge haben? Das allgemein verständlich ist? Aber dabei übersieht man, dass man über das Spezielle nicht reden kann. Auch über das Spezielle von jedem Einzelnen im Publikum. Also denken die doch eigentlich nicht ans Publikum.

**V:** 1000 Leute haben einen Schäferhund, warum soll der nicht einen haben.

**C:** Einmal den Kommissar spielen und dann den Hitler, aber der, der den Schäferhund spielt, spielt immer nur sich selbst. Der ist immer universell ein Schäferhund. So ein Schäferhund wird selten als Pudel besetzt! Oder eine Frau selten als Mann.

**S:** Ja, was würde passieren, wenn du Hitlers Blondie mit einem Pudel besetzt?

**C:** Dann würden alle denken, du spielst den Faust.

**V:** Ich hab den mal in München gesehen. Da war der ganz niedlich, der Moretti.

**S:** Aber hier geht's ausnahmsweise mal nicht darum. Du kannst nicht immer ans Ficken denken.

**C:** Wie stellt der Moretti «in sich» den Hitler her? Was sind das für Techniken, außer denen vom Max-Reinhardt-Seminar? Und warum kommt dem dabei immer ein blöder Schäferhund in die Quere? Warum wird Morettis Talent dauernd von einem Schäferhund geschändet? Das ist denen doch heilig, warum lassen die das dauernd von einem Tier schänden? Dieses bürgerliche Talent! Vielleicht sind links- 
progressive Künstler deshalb so gefragt auf dem Kunstmarkt, weil sie scheinbar KRITIKLOS in neoliberalen Verhältnissen leben und arbeiten. Und dann scheiß ich doch auf ihre INHALTE!

**S:** Vielleicht sind linksprogressive Künstler deshalb so gefragt auf dem Kunstmarkt, weil sie scheinbar KRITIKLOS in neoliberalen Verhältnissen leben und arbeiten. So, jetzt lasst uns mal anfangen. *(in die Kamera)* Hast du die Möhre an? *(Großaufnahme)* Was die puritanischen Hemmungen betrifft – ich bewundere sie jeden Tag mehr. Es sind Versuche, aus dem Leben ein Kunstwerk zu machen – um ein Modell der Schönheit in dem Saustall zu schaffen, der die tierische Existenz ist –, und sie gehen aus jenem göttlichen Hass auf das Leben hervor, der die tiefste und sensibelste Seele kennzeichnet.

**C:** *(räuspert sich)*

**S:** Ja, ich weiß, das war jetzt zu schnell. Was die puritanischen Hemmungen betrifft - ich bewundere sie jeden Tag mehr. Es sind Versuche, aus dem Leben ein Kunstwerk zu machen - um ein Modell der Schönheit in dem Saustall zu schaffen, der die tierische Existenz ist -, und sie gehen aus jenem göttlichen Hass auf das Leben hervor, der die tiefste und sensibelste Seele kennzeichnet.

**C:** Das ist jetzt aber komisch!

**S:** Was denn?



**C:** Das ist so anders. Du spielst ... so ohne Zauber.

**S:** Ohne was?

**C:** Ich steh dir gegenüber und frage mich die ganze Zeit, wo ist der Zauber?

**S:** Er ist nicht mehr da?!!

**T:** Jetzt wo du's sagst. Ich dachte auch dauernd, wo bleibt denn dieses ... diese Portion Wunder ... dieses Etwas ... was nicht herstellbar ist.

**S:** Ja, wo ist es denn? Wie sah es denn ungefähr aus! Du bist doch der Regisseur. Sag doch auch mal was!

**V:** Alle wollen immer das verkaufen, was nicht herstellbar ist! Ja, gut, aber wir kommen nun mal nicht ans Glück, weil wir es verdient haben.

**C:** Doch. Das geht. Das würde ich jetzt nicht ausschließen!

**S:** *(versucht zu spielen)* Was die puritanischen Hemmungen betrifft – ich bewundere sie jeden Tag mehr. Es sind Versuche, aus dem Leben ein Kunstwerk zu machen – um ein Modell der Schönheit in dem Saustall zu schaffen ...

*T unterbricht S.*

**T:** Na, geht doch. 

**S:** Ich hab meinen Zauber verlorn!

**T:** Deinen was?

**S:** Meinen Zauber! Dieses zarte Etwas. Ja, was ist denn das? Wo ist denn das hin?!

**V:** Wo ist denn das, was du eben noch warst? Was man ist. Wo ist denn das?

**S:** Warte! Warte! Gleich kommt's wieder. Das Wunder. Gleich hab ich es! Da ist es! Oder? Das war's doch gerade! Warum seht ihr so gelangweilt aus?

**C:** Also, wenn wir hier noch lange auf das Wunder warten, können wir die Probe gleich ganz vergessen! Um Breloers oder Eichingers Nazizeug überhaupt genießen zu können, diesen Nazipark, muss ich mir doch das Personal durch Arbeit vorher zu Gemüte geführt haben. Also die ganze selbst erarbeitete Aufklärung in meiner Jugend soll nur dazu dienen und gedient haben, das Nazipersonal entschlüsseln zu können, mit dem Eichinger Geld verdient? Diese Erfahrung, die ich für mich halte, macht der jetzt zu Geld. Diese ganze Entschlüsselung des Naziparks. Dann wäre es doch besser gewesen, die ganzen Täter zu vergessen. Sodass mit ihnen kein Geld mehr zu verdienen ist. Den ganzen Holocaust vergessen. Dieses leise Gefühl der Freude bei der Entschlüsselung dieses oder jenes Nazis im Nazipark ... Damit der EICHINGER GELD VERDIENT! Das kann doch nicht wirklich ein Gefühl von mir sein! Und wenn, wie führ ich es einem neuen Gebrauch zu und lass es nicht nur gebrauchen von der Kinoscheiße. Wie kann ich gebrauchen, dass ich etwas weiß und lass es nicht leerlaufen in irgendeinem Eichingerritual, an Geld ranzukommen! Das bist du. Diese Vorrichtung: Eichinger zu verstehn, wenn der Geld verdient! Das weißt du natürlich nicht, das ist das Wichtigste daran. Dass du nicht weißt, was du tust und was du bist! Wenn man das moralisch sehen würde, käme Eichinger an Geld, das ich verdient habe. Dieser ganze Film, dieser ganze Untergang, das bin alles ICH ICH ICH!

**T:** Wenn Oliver Hirschbiegel in Militärklamotten «Der Untergang» inszeniert, dann kann man dem natürlich nicht mehr vorwerfen, rechts zu sein, natürlich nicht, der ist aber getrennt von dem Problem. Wir alle werden getrennt von dem Problem, das wir sind. Der führt hier das Kommando über einen Blockbusterweltkrieg. Der muss so aussehen, der kann nicht mehr denken! Der kann nicht dauernd dran denken, dass er hier vielleicht auch nur in Polen einmarschiert. Oder der denkt lieber an den Einmarsch in Polen als an die Situation kurz vor Schluss im Führerbunker. Der Film darf ja nicht der Untergang vom Eichinger werden. Der Hirschbiegel muss diesen Repräsentationsapparat durchziehn. Und da darf die, die die Sekretärin spielt, auch nicht so dasitzen wie Hitler. Auch wenn sie es ganz lustig findet. Da geht's dauernd um Abgrenzung. Die werden nicht nur von ihrem eigenen Leben abgesondert, sondern auch noch jeder von jedem. *(in die Kamera)* Ich würde mich gerne mal kritisch mit Heterosexualität auseinandersetzen. Ja, gut, kann sein, dass das nicht so ein Exportschlager ist wie Nazis oder heterosexuelle Liebesschnulzen, die kein Problem darstellen, in denen sie nur immer wieder Probleme haben. Die Heterosexuellen.



**V:** Wer das Leben liebt, liest nicht. Und geht erst recht nicht ins Kino. Was auch immer darüber gesagt wird, der Zugang zum künstlerischen Universum ist mehr oder weniger für jene reserviert, die ein wenig die Schnauze voll haben. Das ist nun mal so.

**C:** Die haben in Liebesschnulzen ein Problem, sind aber leider keines! Ja, gut. Aber Heterosexualität und Mittelstand sind nicht als Problem markiert. Und mit denen ist kein Geld zu verdienen.

**S:** Ich kann doch jetzt meinen fehlenden Zauber nicht dadurch ersetzen, dass ich einen Nazi spiele!

**C:** Doch, das ist das Einzige, was hilft! Hitler ist das Einzige, was wir hier noch zu geben haben!

**S:** Warum werde ich nur immer so gedemütigt?! Als das Wunder noch da war, wurde ich gedemütigt, und jetzt ist es weg und ich werde immer noch gedemütigt! Ich habs kommen sehn! Irgendwann musste es passiern! Ich war doch so auf diesen Zauber angewiesen. Und jetzt? Wo ist er hin?

**C:** Ich liebe dich! Komm her! *(küsst S)*

24 **S:** Ich bin so verzweifelt! Ich komm mit meinem Beruf nicht mehr klar! Ich habe einen Pilz, weißt du?

**C:** Ja, ich weiß. Aber ich bin bei dir. *(beiseite)* Verlogen und einsam, verlogen und unfrei. Deine Eltern haben recht. Du bist Dreck, den sie geboren haben und den sie nur mit Schweigen aus der Welt schaffen können. Man muss dich als das Böse bekämpfen, das du bist! Man darf keine Form von Romantik auf dich anwenden. *(zu S)* Du bist allein, die ganze Zeit, seit einem Jahr habe ich dich verlassen, und du hast es nicht gemerkt. Du hast nicht gemerkt, dass ich dir nicht helfe. Dass ich nicht für dich da bin. Was dachtest du, was hier passiert? Dass alles so weitergeht wie bisher? Wie konntest du nicht merken, dass ich nicht mehr für dich da bin? Was glaubst du, wer nicht deine Miete bezahlt hat?

Was glaubst du denn, wer dir keinen Job gegeben hat? Wer war das wohl? Du siehst nicht mehr so gut aus, weißt du? Du bist nicht mehr in Gold getaucht, wenn die Sonne scheint. Wie kommt das? Warum sieht dein Kampf nicht mehr so schön aus, oder wenn ich dich schlage? Warum sieht das nicht mehr so toll aus, wie wir aneinander Geld verdienen? Oder wie wir uns vernichten? Warum klingen unsere Schreie nicht mehr so schön? Und warum trifft uns nichts mehr so gnadenlos? Warum probiern wir hier nicht mehr, aneinander zu krepiern, was wenigstens ein bisschen so aussieht, als würden wir etwas miteinander tun.

**S:** Ach, ich bin so froh, dass ich dich habe.



**C:** Die sind alle so froh, dass wir nicht mehr zusammen sind.

**S:** Ja, ich bin so froh, dass wir zusammen sind. Was mach ich bloß! Jetzt hab ich nur noch meine Fähigkeiten, die wer weiß wem gehörn. Dem Scheißkapitalismus wahrscheinlich. Ich muss mich doch jetzt nicht mit so einer bürgerlichen Scheiße wie Inspiration beschäftigen, oder doch?

**C:** Doch, das müssen wir jetzt wohl mein Schatz!

**S:** Aber ich kenn mich da nicht aus. Ich weiß nicht, was inspirierend ist. Bist du inspirierend?

**C:** *(in die Kamera)* Das könnte sein. Wir müssen es einfach mal probiern.

**S:** Nein nein nein. Wie soll das denn gehen? Nein, das riecht nach Arbeit! Schatz, ich liebe dich, aber du bist nicht inspirierend. Das ist mir zu ANSTRENGEND! MICH INSPIRIEREN ZU LASSEN!

**T:** Du weißt genau, was du mir zu verdanken hast.

**S:** Ja. Ich hab dir so viel zu verdanken. Lass dir dein Leben als stadtbekannte Pilzschleuder und Koksnutte doch patentieren. Mal sehn, ob das Profit abwirft. Aber du musst wissen, ich liebe nur dich.

**T:** Plötzlich ist es weg. Nicht dein Talent, nicht deine Tatkräftigkeit, deine Kreativität oder deine Flexibilität! Nein, etwas ist weg, das eben nicht unter die Bedingungen und Anforderungen eines neoliberalen Glücksversprechens fällt, etwas, das nicht unter den Bereich fällt, in dem wir es alle zu etwas bringen können. Nein, allein der Zauber ist weg. Etwas, das wir nicht in die Hand nehmen können. Ausgerechnet das. So ist auch gewährleistet, dass wir hier vor dieser Kamera, auf dieser Bühne nichts propagiern, was wir alle durch Ehrlichkeit und Gerechtigkeit erreichen könnten. An das wir alle durch Ehrlichkeit und Rechtschaffenheit herankommen könnten, wenn wir es nur versuchen. Nein, das ist unmöglich. Wir können das Glück nur da genießen, wo es uns nicht zusteht. Wir können nicht glücklich sein, der Kapitalismus beabsichtigt nur unsere Verzweiflung!

**S:** Wir müssen kriminell sein! Es geht nicht, dass wir das Geld verdient haben, das wir verdienen. In der Liebe ist es uns ja auch klar. Dass wir nicht geliebt werden können, weil wir es verdient haben. Das habe ich so lange probiert mit dir, mein Schatz. Aber liebst du mich? Nein. Du nimmst völlig ungerührt alle Geschenke von mir entgegen, so als hätte das nichts mit einem glücklichen Leben zu tun.

**T:** Du weißt, ich liebe nur dich. *(in die Kamera)* Ich habe so viel Scheiße erlebt in meinem Leben. Ja, auch durch meine eigenen Fehler, und ich habe auch ein Recht auf die. Sie ist leider nur ein Träumer und partizipiert an meinen Erinnerungen und Erlebnissen, um sie für sich zu benutzen und ihre Droge, das Theater. Ja, ich habe meinen Beruf gefunden und kann ihn jederzeit wieder verlieren durch Hass und Macht derjenigen, die es vermag, mir all das wieder 
zu nehmen. *(S wirft Tabletten ein)* Vergiftet von Selbstmitleid und getäuscht von Depressionen und Verlust. Sie ist doch wieder an der Macht, mich aus allem zu verbannen. Nein, eigentlich kann ich nur da lieben, wo es mir nichts nützt. Sie hat so viel kaputt gemacht, dass ich nicht weiß, wie ich jemals wieder lieben kann. Ich habe so unsagbar große Angst vor einem neuen Versuch. Wie soll ich mich denn in irgendwelche neuen Arme legen, die sich mir entgegenstrecken? Wird es wieder so ein Machtmonster und Kontrollmensch sein? Sie hat ihre Macht bewiesen und mir mein Leben zerstört.

**C:** *(zu S in die Kamera)* Man kann sich das Glück nicht verdienen! Was das Glück betrifft, ist es nicht viel wert, wenn man es sich ehrlich verdient! So wie du, mein Schatz! Ich kann mir deine Liebe nicht verdienen. Und was bedeuten Glücksversprechen, wenn niemand des Glückes würdig sein kann?

**S:** Aber das war doch keine Überlebensökonomie, mein Zauber, also nur eine Taktik, irgendwie an irgendwas heranzukommen. Kriminell oder illegal irgendwo herumzustehen, ohne Ausbildung. Und doch hab ich es verdient, ohne es verdient zu haben! *(schreit)* Und ich hab eine Ausbildung und zwar eine sehr gute. Ich habe vor Jahren am Max-Reinhardt-Seminar meine Kindheit in die Tasche gesteckt, um bis an mein Lebensende weiterzuspielen. Aber vielleicht spricht das, was ich verloren habe, doch eher von Überlebensökonomien als von irgendeiner anderen bürgerlichen Scheiße, wie zum Beispiel der, dass

ich das alles selber hergestellt hätte. Oh, dieses Gefühl der Ohnmacht.

**V:** So, und jetzt raus mit dir!

**S:** Ich geh da nicht ohne Zauber raus! Ich weiß gar nicht, was ich da tun soll! Es war irgendwie besser, für den Zauber schlecht bezahlt zu werden als für Arbeit! Ich will alles, nur nicht diese schreckliche Krankheit, die sich Arbeit nennt. Immer für Dreck ganz viel Geld bekommen oder nichts für Drecksarbeit! Es war doch da. Warum ist es jetzt nicht mehr da?

**V:** Ich erwarte von dir nicht mehr, als dass du 20:15 Uhr links auftrittst und um 20:18 rechts abgehst! Also schlaft nicht, Jungs. Achtet auf die Stichworte, die Szene muss Schwung haben, Temperament.

*(geht raus)* Ich kann nicht immer nur Nazis spielen.

**S:** Na, du hast Probleme. Ich muss ohne Zauber spielen!

**C:** Ja, aber du bist der geborene Konzentrations-Lager-Erhardt.

**V:** Konzentrations-Lager-Erhardt. Ja, aber das ist mir egal. Ich will einen KZ-Häftling spielen. So wie Ulli Matthes. Goebbels spiel ich, aber nicht Göring!

**C:** Aber Goebbels ist ein bisschen schlanker. Die werden sich alle fragen, warum Goebbels so fett geworden ist.



**V:** Na und. Dann ist jetzt eben Goebbels fett und Göring kannst ja du spielen!

**S:** *(zu V)* Flocki, vielleicht muss man mich jetzt quälen, damit ich gut bin. Vielleicht sollte man mich demütigen! Das wär jetzt das Beste, glaub ich.

**V:** Wir warten einfach, vielleicht kommt das Wunder ja wieder!

**T:** Ich find ja demütigen nicht schlecht.

**V:** Ja, vielleicht ... Sie sind überhaupt nicht da, Frau Tura. Sie sind überhaupt nicht anwesend. Sie ist der reine Stein. *(beiseite)* So ein warmes Wesen ist mir selten begegnet. *(zu S)* Sie sind nichts und tun so, als wären Sie ein Mensch. Sie sind ein Schwein. So ein Stück Scheiße. *(beiseite)* So warm und herzlich. Da weiß man gar nicht, ob man ihre Lügen wirklich aufdecken soll!

**S:** Nein, ich will nicht gequält werden! Bittebittebitte nicht wieder das! Ich hatte schon genug schlechten Service.

**T:** *(zu S an Garderobentür)* Mich kümmert dein Zauber wenig.

**S:** Der hat dich aber zu kümmern, schließlich hast du auch von dem profitiert! Von meiner Art, so unverdient an Geld ranzukommen. Ohne Leistung, ohne Hilfe, ohne ein neoliberales Glück.

**T:** *(in die Kamera)* Sie muss die Scheiße nur nachplappern, dann wird schon irgendein Charakter entstehn, da mach ich mir überhaupt nichts vor! Wenn sie was kann, dann das!

**S:** Es ist so demütigend. Was ich alles machen muss! Ich versteh gar nicht, warum das Theater so hartnäckig am Sozialen festhält, an Begegnungen von Menschen! Vielleicht haben wir es längst mit was ganz anderem zu tun ... Man kann doch nicht wirklich davon ausgehn, dass sich hier auf der Probe Menschen begegnen.

**C:** Warum darf ich nicht so was sagen? Das war doch ein Witz gerade! Warum darf ich immer nur den Göring spielen? Warum darf ich nicht auch mal einen Witz haben, sondern immer nur die die die.

**S:** *(in die Kamera)* Weil ich nun mal ES ES habe!

**C:** *(Richtung Garderobe sprechen)* Seit wann hast du denn ES ES? Na ja, aber wir warten jetzt schon ne Stunde, dass ES wiederkommt. Und was ist das denn – ES ES! Dann spielen wir ab jetzt eben ohne ES! Also ich spiele ganz gerne mit jemandem ohne Zauber, das bin ich gewohnt. Und ich hab ein bisschen mehr Text! Und auch ein paar Witze.

**S:** *(in die Kamera)* Ihr seid so undankbar! Undankbares Volk! *(raus auf Bühne, zu C)* Du darfst mich nicht so behandeln. So hinterhältig sein und so, das darfst du nicht. *(zurück in Garderobe, in die Kamera)* Die ist weg. So gut wie tot!



**V:** Das war schön. Jetzt warst du wieder ganz bei dir!

**S:** Ich bin nicht bei mir, ich bin außer mir.

**T:** *(in die Kamera)* Der Schauspielerberuf kann doch nicht damit einhergehen, dass ich jede Fähigkeit des Benutzens verloren habe. Das kann doch nicht nur museumstauglich sein. Zu spielen. Das muss doch auch benutzt werden können.

**S:** Der Zauber war mein einziger Kontakt zur Wirklichkeit.

**C:** Und woran kann das liegen, dass hier Zauber und Wirklichkeit gleichermaßen verlorengehen in diesem Museum.

*T und S raus auf Bühne.*

**S:** Ein Nazi! Was mach ich denn jetzt?

**T:** Wohnt hier ein Josef Tura?

**S:** Was wollen Sie denn von dem? Moment mal ... Josef Tura, das ist doch mein Mann *(zu T)* Nein, ich kenne keinen Josef Tura! *(beiseite)* Man muss vorsichtig sein. Man darf sich nicht verraten, ohne zu wissen, wer man denn überhaupt ist! Jetzt darf ich ihn natürlich auch nicht fragen, was er von ihm will. Das könnte ihm verdächtig vorkommen. Etwas wissen zu wollen. Ich stell mich einfach ganz dumm. *(zu T)* Ähm ...

**V:** Da war der Zauber gerade. Na geht doch.

**S:** Gott sei Dank.

**V:** *(zu sich)* Ganz kurz.

**T:** Sie scheinen mir aber ganz schön dumm zu sein!

**S:** Wie gut. Ich bin noch lesbar! Außerdem neige ich zur Hysterie. Ich bin überfordert. Ich werde hysterisch. Diese Nazis machen mich hysterisch! Aber ich bin lesbar. Ich bin überfordert, lesbar, und ich bin hysterisch. *(S rennt schreiend in Garderobe)*

Wenn ich merke, dass man das Glück nicht verdient, will ich sofort aufhörn, irgendwas zu tun. Ich kann mich hier abrackern und abrackern, aber das Wunder kommt einfach nicht! Oh GOTT! Jetzt wo ES weg ist, vermiss ich es so, das Wunder!! Nein, ich kann das nicht. *(in die Kamera)* Ich war nur gut, das war so langweilig! So will ich nicht leben, mit all dem Applaus und den Preisen.

**V:** Und jetzt die lesbischen Nazinutten von links nach rechts.

**C:** *(zu V)* Ich weiß nicht, ob das jetzt was bringt! Ich hab einen Pilz, weißt du? Ich war neulich beim Arzt, und der sagte mir, da wäre so was. Und der geht einfach nicht weg. Der fällt ganz und gar über mich her! Ich weiß nicht mehr, bin ich noch ein Mensch, also gehöre ich zur Gattung des homo sapiens, oder hat der Pilz nicht längst alle Teile an mir ersetzt, die mal zur biologischen Kategorie vom Menschen gehörten. Und dann sitz ich da in dieser Oper rum und seh mir Christian und Isolde an. Und mir fällt auf, da geht's gar nicht um Pilze. Diese anthropologische Maschine kann mich nicht mehr als Menschen denken. Was ist das bloß? Mit welcher Vorrichtung hab ich es da zu tun? Einer, die mich in jedes nette Café lenkt, das sich mir in den Weg stellt!? Nur, um den Pilz in mir zu füttern. Ich bin überhaupt kein homo sapiens mehr. Wie soll ich da noch Menschen darstellen? Dass ich kein Mensch mehr bin und nur noch Interesse an meiner Physiologie habe, lässt sich hier doch überhaupt nicht darstellen!

**V:** Na und? Da oben ging es eigentlich nie um den homo sapiens. Sondern immer nur um eine Grenze zum Tier, die da zugunsten einer Vorstellung von Menschlichkeit gezogen wurde. Hier oben ging es noch nie um biologische Wesen. Hier oben ging es noch nie um die Vernichtung von Menschlichkeit, und wir werden auch nicht damit anfangen! Ich will Kunst, verdammte Scheiße, auch wenn sie sinnlos ist. Und niemand mehr einen geschichtlichen Auftrag des Seins erkennt, außer der bloßen Verwaltung von Leben. Na und wenn schon, ich will es sehn, das Theater, auch wenn es nur dazu dient, dass wir danach nach Hause fahren können. Auch wenn das die einzige Möglichkeit ist zu handeln. Ins Theater zu fahren und wieder nach Hause. Ich könnte das trotzdem dauernd tun. Das dazwischen hat nichts mehr mit mir zu tun, na und wenn schon.

**T:** *(zu V)* Du hast auch schon mal besser geschrieben. Diese Szene, wo ich als zartes Reh auf der Wiese stehe und angeschossen werde. Das hab ich doch, wenn mich nicht alles täuscht, schon mal gespielt. Und zwar in: Das Reh auf der Wiese.

**V:** Ja, gut, aber jetzt heißt das Stück «Die Nazischickse» ...

**T:** Das ist es ja gerade, du hast es bloß aus dem Zentrum gerückt, das ist die einzige Neuigkeit. In «Das Reh auf der Wiese» gefiel mir das Reh auf der Wiese aber besser.

**V:** Ich denk eben immer an ein Reh auf der Wiese, wenn ich dich sehe! Du Reh auf der Wiese!

**S:** *(unter Tisch, auf dem Boden)* Flocki, ich würde hier gerne liegen bleiben! Ist das irgendwie zu machen?

**V:** Wenns der Wahrheitsfindung dient.

**C:** Du willst wieder jung sein, ist es das?

**S:** Komm mir nicht mit Psychologie. Nein nein nein. Auf keinen Fall. Nichts verfehlt mich so sehr wie Psychologie.

**C:** Die ganze Welt und alles will geliebt werden. Die ganze SCHEISSWELT WILL GELIEBT WERDEN! Aber das schaff ich nicht. Ich kann noch nicht mal dich richtig lieben.

**S:** Ja, ich weiß. Ich geh da nicht raus! Die wollen da alle was von mir, was ich nicht verstehe.

**C:** Doch, du gehst da jetzt raus!

**S:** *(in die Kamera)* Ich hab meinen Zauber verloren. Wie soll ich diesen Nazi denn spielen? Und womit? Ohne Zauber? Nein nein nein. Was machen wir denn jetzt? Ich bin völlig hysterisch!

**T:** Du hast uns immer so motiviert!

**S:** Ja? Nicht?

**T:** Lass dich nicht so hängen, vielleicht geht's auch ohne Zauber!

**V:** *(beiseite)* Sie war schon ein Wunder, wenn sie spielte. Das ist jetzt alles weg weg weg!

**S:** Ich wünschte, ihr könntet sehn, was ich sehe. Die vielversprechendste Crew, mit der ich jemals zusammengearbeitet habe.

**C:** Das ist so schade. Nichts mehr da von der alten Maria Tura! Und sie war wirklich witzig. Ich hab zufällig mal ihren kleinen Auftritt gesehn in «Vorsicht Kamera». Ich finde, sie ist irgendwie besser, wenn sie nicht weiß, dass man sie filmt.



**T:** Das ist es! Das ist die Idee. Vielleicht kriegt sie ihren Zauber wieder, wenn sie nicht weiß, dass man sie filmt.

**S:** Glaubt ihr, das geht?

**V:** Wir überraschen dich einfach irgendwie, irgendwo und halten das auf Zelluloid fest und machen einen Film draus. Und gehen damit nach Cannes.

## CLIP

**C:** *(in die Kamera)* Was bedeuten Glücksversprechen, wenn niemand des Glückes würdig sein kann? Wenn wir es uns gar nicht verdienen können! Und glaube mir, das ist doch eine Grunderfahrung von meinem erbärmlichen Leben: Dass ich mir das nicht verdienen kann, das Glück. Und mit dem Leben ist schon gar nichts zu verdienen. *(zu S)* Du kannst damit irgendwelche Feuerzeuge auf einen Kneipentisch legen, mit deinem Leben, und die Leute geben dir Geld dafür, das ist alles. Was bedeuten dann neoliberale Glücksversprechen? Mit dem Leben verdient man nur Geld, mit der Scheiße. Und die ist ganz schön billig. Aber mit meinem Zauber kam ich kurz an das Glück heran. Auch an das mit dir. Maria Tura hat den Zauber verloren, mit dem sie sich gegen all das, was verdient wird, zur Wehr setzte. Es wäre ja eine Katastrophe, wenn man geliebt wird, weil man es verdient. Und vielleicht ist es auch eine Katastrophe, wenn man das Geld verdienen würde, das man verdient. Aber so ist es ja nicht. Nun könnte sie sich abrackern wie die anderen, die glauben, zum Beispiel an Formen von Gerechtigkeit. Oder sich auf die Suche machen nach dem Zauber oder Zauberwort, das ihr vielleicht gar nicht gehörte, aber trotzdem zufiel! Es gibt keine Gerechtigkeit. *(Kamera auf S)* Polen 1942. Maria Tura, Polens größte Schauspielerin, verliert bei einer Probe zu «Die Nazischickse» ihren Zauber. Also das, was sie für Millionen Fans so anbetungswürdig machte, das, was sie ... also ES! Das, was dafür sorgte, dass die Leute an ihren Lippen klebten, an jeder Geste von ihr ... Sie hat einen jugendlichen Liebhaber, der wird sie jetzt nicht mehr lieben, wo sie ihren Zauber verloren hat ... Und ich bin scharf auf ihn. Es muss doch möglich sein, mit diesem Beruf mein Leben zu retten! Ich kann es doch nicht immer nur hergeben, das muss doch auch damit zu retten sein. Können wir durch die Darstellung von Leben Leben retten, also durch Repräsentation, indem wir uns gegenseitig was vormachen in diesem Museum hier, oder sollten wir das eher in unserer nächsten Nähe, Leben retten, wo wir ohne die Heroisierung von Individuen auskommen müssen!

**V:** *(zu S)* Kommen Sie doch bitte rein und setzen Sie sich.

**S:** Hallo. Ich dachte, Sie könnten mir helfen. Ich mache kein Theater. Ich bin in einer schweren Krise. Ich hab meinen Zauber verloren, der das Einzige war, womit ich mich in diesem neoliberalen Scheiß hier bewegen konnte. Ich weiß ja, dass ich mich ehrlich nicht zu schaffen machen kann. Mit dem

Leben verdient man nur Geld, mit der Scheiße. Aber mit dem Zauber kam ich kurz an das Glück heran. Und jetzt hab ich ihn verloren!

**V:** Wir wollen jetzt alle die Hände flach auf den Tisch legen. Ich würde gerne Ihre Handflächen sehn, meine Liebe. Doris, bring einen Waschlappen und eine Schüssel mit Wasser! Macht das Licht aus. Und Frank, du zündest die Kerzen an! Geben Sie mir bitte Ihren Ring und ein Haar. Sie schlafen jetzt ein bisschen!

## CLIP

**T:** *(zu C)* Ich liebe dich. Und auch Maria Tura!

**C:** Ja, ich weiß. Dieses Spiel hier muss doch auch Leben schänden können, so was wie deines. Du wirst weiterhin nur Scheiße erleben. Ich muss immer diese Sätze sagen, die ihn aus der Welt schaffen. Er ist überhaupt nichts wert, aber ich kann es ihm nicht sagen. Die Verachtung muss hinter unserem Rücken stattfinden. Aber da sich die Liebe jetzt dahinter breitgemacht hat, will die Verachtung unbedingt nach vorne. Das ist so besonders, dass ich dahinter gekommen bin, dass ich dich hinter meinem Rücken lieben kann. So, dass du es nicht merkst und nicht fühlst. Und trotzdem die ganze Zeit weinst.

**T:** Wenn sie eines Tages in irgendeinem Stück drin ist und ich werde es mir ansehen, ist das dann intensiver, als wenn ich was von dem und dem sehe? Und wie zerstöre ich sie? Wenn sie auf der Bühne steht und irgendwas macht? Wir müssen kriminell sein! Es geht nicht, dass wir das Geld verdient haben, das wir verdienen, deshalb stimmt das alles nicht.



**C:** Ohne Schändung ist diese Liebe einfach nicht zu ertragen. Ohne Schändung ist diese soziale Scheiße hier, die nur noch museumstauglich ist, einfach nicht zu ertragen. Sich dauernd überreden lassen von dem, was man sich gegenseitig als Wahrheiten sagt. Vielleicht müssen Schauspieler wieder was anderes werden! Wo alle spielen wie die und alle allen was vormachen. Vielleicht sollten die eher ihre Situation hier reflektiern, und wie sie ihre neoliberalen Biographien schänden können, als irgendwas darstellen. Ich kann doch nicht immer nur in einem Museum spielen. Dieser ganze Glamour muss geschändet werden. Diese Geldähnlichkeit der Verstellungskunst. Diese Techniken, mit denen wir uns über Wasser halten! Dieses Gesicht kann doch nicht nur einen Ausstellungswert haben. Das muss doch an was arbeiten können.

**T:** *(in die Kamera)* Dieses ewige Beiseitesprechen. Es ist wie in einem Porno. In dem sich die Darsteller mit entschiedenem Blick ins Objektiv auch mehr für den Zuschauer als für den Partner interessiern. Mit dem sie immerhin einen wirklichen Fick haben! Ein wirklicher Fick und trotzdem Interesse nur für sich als Ware! Wie geht das?

**C:** *(drängt sich neben T vor Kamera)* Und wir werden so sein bis zu unserem Untergang, obwohl ich dieses Scheißwort wegen dieser Eichingerscheiße nicht mehr benutzen kann. - Ein wirklich empfundenes Leben und trotzdem nur Interesse für sich als Ware! Diese Pornoscheiße - also alles, was sich nur noch zeigt - das kann man nicht mehr zeigen!

**T:** *(in die Kamera)* Weißt du, ich hab mal in nem Porno mitgespielt, und als wir so mitten dabei sind, fällt mir auf, mein Sexpartner kuckt immer irgendwohin und ich frag mich die ganze Zeit, wo kuckt der denn hin? Was ist denn da? Na, in die Kamera. Und daran muss ich doch glauben, dass der trotzdem mich meint, beim Ficken, auch wenn er dauernd irgendwo anders hinkuckt, also sich eher für eine Art Gott interessiert, der da dauernd anwesend ist. Oder Markt. Daran muss ich doch glauben, lieben heißt, ich muss ihm alles glauben. Die Leute meinen dich, kucken aber immer irgendwo anders hin.

**C:** So kann ich aber nicht arbeiten. Dass ich da auf der Bühne irgendwas mache und die Leute kucken irgendwo anders hin! Tom! Wir müssen doch die Stars auf ein menschliches Niveau herunterholen. Auch Maria Tura.

**T:** Nein. Nicht sie. Bitte nicht. Nicht Maria Tura!

**S:** *(an Tür, zu C)* Mach auf, Liebling. Ich weiß, dass du da bist. Ich hör dich Selbstgespräche führen. Baby, mach die Tür auf.

**C:** *(zu S)* Der kleinen Schauspielerin erweist der Star die Ehre seines Besuchs. Komisch, ich habe gerade über mein Leben nachgedacht und über die Premiere. Ich lege mich jetzt schlafen!



**S:** Liebst du mich? Was verlange ich schon? Was verlange ich schon?

**C:** Ich kenne Sie sehr gut, Frau Tura! Ich weiß, was Sie von mir wollen. Sie wollen, dass ich mich auf der Bühne lächerlich mache. Aber die zahlen mir nicht genug Gage, als dass ich mich auf der Bühne lächerlich machen würde. Ist das klar?

**S:** Du bittest mich nicht herein. Du bietest mir weder eine Zigarette noch eine Tasse Kaffee an. Macht nichts, macht nichts. Komm doch! Wag doch mal was! Packen wir dieses Stück und stellen wir es auf den Kopf, rütteln wir es durch und schauen wir, ob wir nicht irgendetwas Menschliches darin finden können. Ich meine, es müsste doch mehr vorhanden sein - wenn sich zwei Menschen schon sehr lange viel bedeuten - als Quälerei! Wie können wir die Welt retten, nur indem wir Nazis spielen?

**C:** Ja, genau. Nazis, Nazis, Nazis.

**S:** Immer muss ich Nazis spielen. Ich will nicht mehr! Einen Nazi nach dem anderen!

**C:** Gut, dann spiel ich ihn!

**V:** Jetzt macht euch mal keinen Knoten ins Gehirn und sagt euren Text auf, aber zack zack!

**S:** Sie kann keinen Nazi spielen. Das nimmt ihr doch kein Schwein ab!



**C:** Ich kann das sehr wohl spielen. Ich bin ein Nazi! Im Grunde meines Herzens bin ich ein Faschist!

**S:** Pah! Das wäre mir neu. Sie ist keine Faschistin. Sie kann bloß alles sein, das ist alles! Wenn das faschistoid ist, bitte. Aber sie ist kein Nazi!

**C:** Doch, das bin ich!

**S:** Wenn hier einer ein Faschist ist, dann bin ich das! Von Grund auf! Außerdem hab ich gerade einen Pilz, ich bin nicht nur ein Unmensch, sondern noch nicht einmal ein homo sapiens!

**C:** Kluges Kind. In ihrer letzten Komödie musste sie auf einen Stapel Papier zeigen und sagen, das ist die Rohfassung meiner Doktorarbeit. Die muss ich jetzt noch durchgehn. Es war der einzige Lacher im ganzen Stück.

**S:** Papperlapapp. Ich bin faschistoid, von Grund auf! Das nimmt mir jeder ab!

**C:** Ich bin ein Faschist!

**S:** Pah! Und was ist mit deinen Auftritten als linksprogressive Intellektuelle?

**C:** Mein Schatz. Schweinchen Schlau. Im Gegensatz zu allen anderen, kann ich zwei Fratzen schneiden.

**S:** Ja, gut, aber Schauspieler können doch, wie Geld, nicht immer nur alles sein wollen! Ich mag nicht, wie dieser Mistkerl mich behandelt. Er behandelt mich wie eine alte Schachtel. Und ich kann es auch nicht ertragen, wenn man mir nachspioniert. Ich kann nicht mal ins Badezimmer gehen, ohne dass jemand denkt, ich hätte einen Nervenzusammenbruch!



**C:** Ist mit ihr alles in Ordnung?

**S:** Ob mit mir alles in Ordnung ist? OB MIT MIR ALLES IN ORDNUNG IST?

**V:** So jetzt aber mal raus da! Schlaft nicht, Jungs. Die Szene muss Schwung haben. Temperament!

**S:** Wo sind denn die lesbischen Nazinutten? Waren die schon dran? Waren die gut?

**T:** Ja und sie warn sehr gut!

**S:** Wie viel waren's denn?

**T:** Keine Ahnung. Immer wenn sie angefangen haben, sich zu zählen, sind sie eingeschlafen!

**V:** *(zu S)* Wir haben Probe. Du kommst zu spät!

**S:** *(illustriert mit Gebärdensprache)* Ein schrecklicher Zwischenfall. Jemand stürzte in den Pool und konnte nicht schwimmen, aber er war Gebärdendolmetscher, und meine taubblinde Cousine hielt ihn mit einer ausgedehnten Konversation über Kafka über Wasser. Wir hatten die ganze Zeit Angst, sie hätte sich vielleicht das falsche Thema ausgesucht. Meine Fußpflegerin hatte einen Schlaganfall. Sie kippte vornüber und rammte mir ihre Polierfeile in den Zeh.



**T:** Es ist bestimmt sehr intelligent, was du da sagst. Leider versteh ich es nicht.

**S:** Was sagt sie?! Ich vertrag das nicht. Sie macht mich hysterisch. Ich bin hysterisch.

**T:** Ja, ist ja gut.

**S:** Wie kann sie so was sagen? Ich werde hysterisch, glaub ich. Ich kann nichts dafür. Es überfällt mich einfach!

**V:** *(zu C)* Du kommst auch zu spät.

**C:** Es war entsetzlich, wir waren was trinken, ich und der Führer, und Blondie, dieser dämliche Schäferhund, verlor die ganze Zeit Haare auf unserm Tisch. Der ganze Tisch war voller Hundehaare. Mein Whiskyglas sah aus wie von Meret Oppenheim. Wie findet ihr dieses Kleid? Ich dachte, es wäre vielleicht das richtige für die Silvesterfeier im Führerbunker!

**S:** Von der Seite hat sie etwas von einem Schaf!

**C:** Hör auf, so unverschämt zu sein.

**S:** Ich bin nicht unverschämt. Ich bin die Stenotypistin des Führers. Ich brauche einen Espresso, aber zack zack.



**V:** Die beiden waren früher Patientinnen von mir.

**T:** Sie sind hoffentlich schon länger wieder draußen. Nicht wie diese exhibitionistischen Kellner im letzten Jahr, die ausgerechnet während meines Geburtstages ihre Rückfälle hatten – und wir alle wegsehn und uns selbst bedienen mussten.

**S:** *(zu T)* Ein Nazi! Was mach ich jetzt?! Sie sind also ... Professor Siletzki!

**T:** Ja, der bin ich!

**S:** *(zu V)* Oh mein Gott! Noch ein Nazi! Ach, das ist ja mein Konzentrations-Lager-Erhardt!

**V:** Es ist so ein Witz, dass ausgerechnet w i r nicht zusammenkommen? Wo wir uns so sehr brauchen!

**S:** Nein, das ist kein Witz. Du bist ein Nazi!

**V:** Ja, und Sie doch auch, Frau Tura!

**S:** *(beiseite)* Ach ja. *(zu V)* Jetzt hätte ich mich fast verraten! Die Normalität zu schänden hat bei den Einzelnen nur einen parodistischen Wert. Wenn wir es alle machen würden, wäre das die Revolution!

**T:** Ich habe hier ein Drehbuch über das Leben von Adolf Hitler, das werde ich morgen der Gestapo übergeben!

**S:** *(am Bühnenrand, zu sich)* Das muss ich auf alle Fälle verhindern! Wenn das der Gestapo in die Hände fällt ...

**T:** Du bist das, was mich inspiriert.

**S:** Nein, nein, nein. Ich bin nicht gut genug für dein Genie ...

**T:** Ohne dich wäre ich nur ein einfacher Autor, einer dieser billigen Autoren, mein Schatz! Aber weil wir Roulette spielen, ist das Leben so aufregend!

**S:** Ach ja? Trotzdem hab ich das Gefühl, ich bin nicht gut genug für dich.

**T:** *(zu S)* Bevor ich dich kannte, hatte ich keine Inspiration. Ich war zu nichts nütze, wirklich. Und jetzt ... Ich weiß, dass du nichts taugst, du bist nur eine Frau, aber ich liebe dich. Und ich glaube an Inspiration. Ich bin nicht sehr selbstsicher, aber ich kenne dich, weil ich dich betrachte, während du schläfst.

**C:** *(zu V)* Warum darf ich das nicht sagen? Die Leute finden das vielleicht komisch. Ich kenne dich, weil ich weiß, wie du schläfst.

**S:** *(zu C)* Glaub mir, es ist besser für dich. Dann muss ich eben ohne Zauber spielen! Wie ging das nochmal! Du kennst dich da doch aus. *(zu T)* Oh Gott! Tom! Ich bin ein Pilz, der auf der Bühne steht ...



**V:** *(zu S)* Es ist so reine Scheiße und Taktiererei, dass man's nicht fassen kann. Gibt es denn keine menschliche Regung da in dir. Nirgends.

**S:** Nein. Ich bin ein Pilz. Ich seh zwar noch so aus wie ein Mensch, aber du solltest mich mal Torten fressen sehn. Ich bin so froh, dass wenigstens der Pilz in mir weiß, was er will!

**C:** Ich setze dich auf Diät!

**S:** Nein!

**C:** Doch. Das ist nicht mehr mitanzusehn. Wie du dich hier fernsteuern lässt.

**S:** Ja, aber das geschieht für den Warschauer Untergrund.

**C:** Nichts da. Für die Torten geschieht das! Für deine maßlose Gier nach Zuckerzeug.

**S:** *(zu V)* Wie schön Sie sind!

**V:** Hugo Boss. Hugo Boss ist mein Herrenschneider.

**T:** Der Nazi sieht so gut aus. Und steckt in Hugo Boss, die Sau!

**V:** Und jetzt zack zack. Unsere Nazikomödie ist der Renner. Wir sind ausverkauft, auf Wochen hin. Was sagst du dazu?



**C:** Das war der Kessel von Stalingrad auch.

**V:** So und jetzt Text. Achtet auf die Stichworte!

**T:** Im Auftrag des Vatikans haben lesbische Nazinutten in Hugo-Boss-Uniform vor ein paar Jahren Partikel aus dem Schweißtuch der heiligen Veronika geklont, und heraus kam ein italienischer Meister im Aerobic. Natürlich hatten sie mit dem Erlöser gerechnet, was ein unglaublich hoher Erwartungsdruck war für den kleinen Knaben. Er hat dann zwar noch ein paar Nonnen das Fett von den Hüften trainiert und den Papst im Armdrücken geschlagen, aber sie haben ihn nie wirklich als Jesus akzeptiert.

**S:** Ah! Ein Nazi! Was mach ich jetzt! Der hat doch die Liste von all den Mitgliedern im Warschauer Untergrund. Damit lässt sich doch Leben retten! *(zu V)* Ich habe geträumt, und ich sah in diesem Traum nur Nazis. Überall waren Nazis.

**V:** So?

**S:** Ja ja ja, Nazis, so weit das Auge sah, alles voller Nazis, und du kamst auch drin vor! Ich wurde völlig hysterisch. Ja, und in diesem Moment von Hysterie fand ich zu vollkommenem irdischem Glück. *(zu T)* Ich kann das nicht. Das soll Joseph Goebbels sein?

**V:** Sie suchen meine Nähe und sind doch angeekelt von meiner Anwesenheit. Dein Spiel ist aufgeflogen. Sie haben mir nur was vorgemacht, Frau Tura!



**S:** Was!? Nein. Drohn Sie mir nicht! Ich kann das nicht.

**V:** Seit Sie mir hier was vormachen, Frau Tura, ist mein Leben auf den Kopf gestellt. Ihr Spiel und seine Absonderung von Wirklichkeit lassen mich in einem Gefängnis zurück aus Verzweiflung und Orientierungslosigkeit. Ich erkenne nicht mehr, was mir etwas bedeutet und was nicht. Außer Ihnen natürlich. Bei Ihnen weiß ich das sehr gut.

*Video: Autobahnszene aus Bowfinger.*

**V:** So, und jetzt musst du da rüber!

**S:** Wo rüber jetzt?

**V:** Über die Autobahn und wir filmen das.

**S:** Neinneinneinnein. Das mach ich nicht!

**V:** Doch, das sind alles erfahrene Stuntleute hier.

**S:** Ich geh da nicht rüber!

**V:** Doch. Wir drehn das sofort mit. Du gehst da jetzt rüber.

**C:** Darf ich rüber?



**S:** *(geht los, C hinterher, versucht S zu überholen, scheitert)* Nein, du gehst da auch nicht rüber! Ich liebe dich, und es könnte dir was passiern.

**C:** Ja gut.

**S:** *(zu V)* Ich bin so glücklich mit dir, du bist mein Lieblingsregisseur! *(beiseite)* Ich hab dich immer geliebt, dein Gesicht und so, deinen Kopf, wie ich ihn halten kann, wenn ich ihn halten darf. Ich hab dich immer geliebt, wie du fett auf mich zugeschwabbelt kamst und mir gesagt hast, dass du mich nicht liebst. Ich hab dich immer geliebt, wenn du so dreckig warst in deinen Absagen an mich und unsere Sexualität und unsere schwere Art zusammenzukommen und zusammenzuhalten. Das ging gar nicht, dass wir zusammenhalten, und trotzdem war da der Wunsch da, zusammen zu sein.

**V:** Ich bin dein Regisseur, Kleines! Jetzt wollen wir doch mal sehn, ob wir deinen Zauber nicht wieder zurückbekommen.

**S:** Jajajajaja. Den Zauber zurück. Das will ich. Ich will den Zauber zurück. Mir ist unbegreiflich, wie er gehen konnte! Als ich noch mit den harten Knochen gearbeitet habe, mit den harten Regisseursknochen, da war er noch da. Sie hatten ihn nicht verdient, aber er war noch da! Ich kann mir doch hier nichts erarbeiten! Ja, gut, ein wenig von dem, was ich will, ist schon herstellbar, aber ich frage mich, ist das wirklich das, was ich möchte. Diese Illusion: ich habe das selber hergestellt. Leute, das ist eine Illusion, dass ich das hier selber hergestellt habe, mich. Und nur der Glaube an einen Zauber kann diese Illusion zerstörn! Diese Technik, mit der ich mich hier durchschlage und die ich für mich halte, interessiert mich nicht. Mich interessiert die Zauberformel, mit der ich all das wieder in eine gerechte Form von Ungerechtigkeit verwandeln kann. Ja, was wollen die denn? Was soll ich denn machen? Soll ich jetzt auch Elend darstellen? Aber das hab ich doch gar nicht, das Copyright am Elend. Das ist doch nur ein kulturelles Almosen. Ich will nicht dieses kulturelle Almosen verteilen. Wer hat denn das Copyright an deinem Elend?

**Martin** (Tontechniker)**:** Ich.

**S:** Mach dir nichts vor! Mit der Wirklichkeit kann ich nicht mehr angemessen auf meine Probleme mit der Wirklichkeit reagiern.

**T:** Welche Leben sind denn zu retten? Ich hab eine Freundin und der geht es schlechter als mir. Und jetzt ist die Frage, inwieweit lass ich mich oder bin ich in ihr Leben involviert? Oder sollte ich vielmehr dafür sorgen, hier drin in diesem Theaterdreck ihr Leben zu involviern! Also über sie zu reden, und ihr Leben und so was! Und warum bearbeite ich ihr Leben nicht viel lieber und besser in meiner Freizeit? Als mich hier in diesem repräsentativen Dreck drum zu kümmern! Natürlich ist unser Leben schneller als das hier, als alles, was sich damit beschäftigt. Das Leben von Leuten, die ich kenne und die nicht hier sind! Und vielleicht sollten wir hier mit dem argumentiern, das nicht wartet, bis hier etwas zum Allgemeinen geronnen ist, zum allgemein Verständlichen! Ich sollte an Praktiken denken, die dein spezielles Leben verbessern. An deinen Alltag und nicht an Alltagsrepräsentation. Während der Arbeit, das Spezielle ins Allgemeine, in irgendwas Universelles umschlagen zu lassen, gehen zu viele Leute unter. Und die Übertragungsarbeit im Publikum tröstet nur. Die SCHEISSÜBERTRAGUNGEN DA IM PUBLIKUM TRÖSTEN NUR! Mein spezielles Leben kann nicht plötzlich in irgendwas UNIVERSELLES UMSCHLAGEN, NEIN NEIN!

**S:** Und wenn wir Schnaps im Publikum ausschenken?

**C:** *(zu S)* Man kann doch nicht immer alles sein wollen. Zum Beispiel einmal als Sophie Rois bei Breloer die Erika Mann geben und dann wieder in Berlin bei Kartoffelsalat und Wasser. Das geht doch nicht.

**S:** *(zu C)* Du kannst auch nicht als Caroline Peters einmal bei Dimiter Gotscheff als Salomé ins Sektglas hüpfen und am nächsten Tag «Wasserflasche, Scheiße» schreien.

**C:** Was steht denn für die Vielfalt von Wahlmöglichkeiten? Geld. Geld steht aber nicht dafür, dass einige nichts zu wählen haben. Ich als Schauspielerin würde aber gerne dafür stehn, dass einige nichts mehr zu wählen haben. Also würde ich mich jetzt gerne mal auf ein PROBLEM BESCHRÄNKEN! Scheiß auf die Geldähnlichkeit dieser Verstellungskunst! Scheiß auf die Geldähnlichkeit, 
die Corinna Harfouch sein will, nämlich alles sein zu wollen! Nein, die Körper sind so vergänglich. Und das Geld nicht. Scheiß auf die Geldähnlichkeit von Uli Matthes, alles sein zu wollen! Ich kann in diese Scheiße hier keine Salomé mehr reinkriegen. Diese Scheiße hier macht schon ganz andere Sachen, die kümmert sich zum Beispiel um ihr Überleben und frisst, um den Pilz in sich zu ernähren. Migration und Genetik, die Scheiße hier muss sich nur noch um ihre reine Physiologie kümmern. Es gibt ja kein geschichtliches Projekt mehr, als alles von unseren sozialen Displays, also das da, zusammenzukratzen, was noch irgendwie zu gebrauchen ist, damit ich dich Stück Scheiße überhaupt noch lieben kann. Ich kann in diese Scheiße hier, die sich nur noch um die Biologie kümmert, kein bürgerliches Subjekt mehr reinbringen. Nein, nur noch

Torten. Nur noch das. Oder Genetik. Ja, ich weiß, einige können sich noch was vormachen, dass ewige Wahrheiten noch was mit ihnen zu tun haben! Und die Menschenrechte, aber nicht die Migranten, und nicht die in Guantanamo, nicht die ohne nationalstaatliche Bürgerrechte ... und ich auch nicht, ich fresse vor allem Torten im Moment, ich kann das auch nicht! Ich bin da irgendwie rausgefallen.
Die hat ihren Zauber verloren. Und die weiß: mit den Leben ist nichts zu verdienen, mit diesen überflüssigen Leben. Wir sind von uns getrennt. Seele, Körper in Guantanamo und in Hamlet. Das sollte man endlich mal sehen, dass das Repräsentationstheater uns von uns selbst trennt. Dabei könnten die hier eigentlich ziemlich gut ablesen, wie man von seinem



Leben getrennt wird, indem man eben nur von der Konsumentenseite her denkt. Nicht die überflüssigen Leben verschimmeln in den Regalen, sondern die ewigen Wahrheiten.

**S:** Nicht sprechen! *(hält C den Mund zu, beiseite)* Ich schaff dich jetzt aus der Welt mit ganz ausgeklügelten Mitteln! Ich frage mich, was du überhaupt willst! Was denkst du denn? Du willst, dass ich dir helfe, weil wir uns hassen? Hast du dafür irgendein Beispiel? Wie soll ich das denn machen, ohne irgendeine Technologie, die Hass in Hilfe verwandelt? Konkurrenzkampf in Solidarität! *(zu T)* Sag mal, was willst du überhaupt von der? Die hat weder Zauber noch Geld. Tom! Ich versteh dich nicht! Welchem Modell folgt denn dein Irrsinn? Du hast dein Leben aufs Spiel gesetzt! Du, dieses Spiel von irren Gedanken seit deiner Geburt ... du, dieses

Delirium, mit dem du dich hier über dem Unzumutbaren hältst. Deine Launen haben alles aufs Spiel gesetzt. Tom, du hättest so ein guter Schauspieler sein können. Du quakende Pilzschleuder. *(zu T)* Du weißt, ich liebe nur dich. *(zu C)* Du Zecke hast mal kurz am Leben gerochen, aber das Kreatürliche in dir zwingt dich immer wieder zu der gleichen Zerstörung dieses unhaltbaren Selbst. Dein Leben war immer der Tod. Jede Sekunde. Ich würd dir jetzt wirklich mal Selbstmord vorschlagen.

**C:** Nein, kein Selbstmord. - Gibt's hier irgendwie ne Torte?

**S:** *(reicht C Torte)* Sie muss immer diesen Pilz in sich füttern! Hör auf zu fressen! 

**C:** Ich kann nichts dafür, ich werde gezwungen zu fressen. Ich bin durch und durch am Leben und am Wuchern. Aber was bringt mir das? Wenn alles möglich ist, das hält doch kein Mensch aus! Ich brauche doch Grenzen. Ich brauch doch einen Regisseur! Das kann doch dieser globale Kapitalismus nicht gewollt haben! Dass ich hier wild vor mich hin improvisiere!

**V:** Weißt du nicht, dass du der Dreck der Welt bist! Doch schon, oder? Das weißt du! Wie du immer Texte von mir, vor irgendwelchen Insekten, die du triffst und die in deinem versifften Bett aufwachen, aufsagst, du lächerliches Ding, weißt du denn nicht, dass du nur benutzt wurdest?! Dass ich dich in was geworfen habe, in dem du nur versagen konntest und dabei meine Texte aufsagst! Du trostloses Stück Dreck. Was denkst du denn, wer du bist!? Du sagst, du bist ein Schauspieler, dabei hören alle gleich, dass du nur ein piepsender Scheißhaufen bist! Das kann ich dir von hier oben nur bestätigen. Da ist nichts! Alle zertreten dich, die du triffst! Das ist merkwürdig, das mit anzusehn! Wie du eine merkwürdige Art von Insekt bist, das alle zertreten! Und zwar jeder! Du wirst keine Texte mehr sagen, du wirst verschwiegen werden! Du wirst nur noch Angst haben!

**C:** Ich bin tot. Ich bin verloren! Ich geh auf die Bühne, oder jedenfalls dieser Pilz, der ich bin und nichts ... nichts passiert. Keine Nora, keine Hedda, keine Kriemhild. Alles gegangen. Jedenfalls die bürgerlichen Varianten davon. Es tritt schon eine Nora auf, aber da sitzt eine bürgerliche Vorstellung auf einem Pilz und nicht auf einem homo sapiens. Ich wurde von mir getrennt. Nora wurde von mir getrennt, der ganze Ibsen, Shakespeare, alles weg weg weg. Gefressen von einem Pilz.

**V:** *(zu C)* Du bist eine Idiotin und du wirst untergehn, weil du eine Idiotin bist! Kein anderer ist daran schuld, nur deine Idiotie! Du bist keine Schauspielerin, ich will, dass du daran denkst, wenn du deine Rolle spielst. Ich will, dass du weißt, wenn du spielst, dass du die Idiotin bist, als die ich dich benutzt habe. Als Teil eines Tierversuchs, mit dir durchkapitalisierter Zecke! Du bist ein Stück Dreck, das benutzt wurde. Mach deine Erfahrungen mit dem Stück und hör zu, was die da sagen, dass du nur ein Schwein bist, das nichts wert ist, du wirst es hörn! Es wird sich langsam in dein stumpfsinniges Gehirn einnisten, dass du ein Clown bist, und jeder, den du jemals zu einer Vorstellung mitgebracht hast, hat es gehört, dass du ein Clown bist, der vorgeführt wurde! Nur du nicht. Deine Freunde hast du nur in eine Kapitulationserklärung eingeladen! Und du hieltest es für Glamour. Du Scheißopfer. Du verblödetes Stück Scheiße, ich darf dich nochmal daran erinnern, dass das Leben, das sich noch Leben nennen kann, für dich nun endgültig zu Ende ist. Im Nahkampf mit den Vorrichtungen der Macht sind wir plötzlich nicht mehr mit Zaubersprüchen ausgestattet. Und wir versuchen es dauernd trotzdem und gehen unter.



**C:** Danke Flocki. Ich kann wirklich noch viel von dir lernen.

**S:** Gott sei Dank gibt es diese Voraannahme, dass wenn dieser Körper die Bühne betritt, es auch automatisch eine Vorstellung vom Menschen tut. Diese Vorrichtungen, mit denen wir gemeinsam die Bühne betreten, die werden uns nicht im Stich lassen. Und dass die da unten wissen, was Theater ist, darauf können wir auch aufbaun!

## CLIP

**C:** Ich fahre zu dir und höre dieses Lied und es erinnert mich an den Pilz, der ich bin. Es macht nur das. Es macht mich krank und ich denke, wie schön das war. Wie schön ist das Leben der Pilze. Wie schön, nicht dauernd zu denken, geht das mit der Maschine, die mich als Menschen denkt, zusammen? Die ganzen Widersprüche. Kohl und Bernd Eichinger bei der Bambi-Verleihung. Hitler, der das Bambi bekommt und Eichinger, der bei der Preisverleihung seine todkranke Mutti übers Fernsehen grüßt. Ist das Melancholie oder Psychologie? Ich denke, es ist einfach nur das. Dass wir nichts mehr in uns integriern können oder alles. Alles was wir sind, können wir nicht mehr in uns integriern oder tun es eben doch. *(in die Kamera)* Warum ist jetzt die Liebe vorbei, wo wir uns so viel zu geben hatten? Ich dir und du mir. Jetzt ist trotzdem alles vorbei und wir lieben Andere. Und dieses ‹Andere lieben› hat irgendwas von Zerstörung. Aber: Andere zu lieben darf keine Zerstörung sein. Nein nein, das will ich nicht! Dass das Zerstörung ist, Andere zu lieben und nicht uns. Das ist nun mal die Realität jetzt. Alles andere zerstört alles.

**V:** *(zu S)* Jetzt raus da! Du bist ein hochbezahlter Profi!

**S:** *(vor Garderobenspiegel)* Ich bin WAS?!

**V:** Was ich sagen will ist, dass du eine zerbrechliche, erfahrene Frau bist, die ich über alle Maßen attraktiv und hinreißend finde. Eine Frau, die mich durch ihren Mangel an Selbstvertrauen erstaunt.

**S:** Du weißt, ich bin immer nervös, einen Tag vor der Premiere. Aber ich hab immer durchgehalten. Ich habe Standvermögen. Ich bin nicht jemand ...

Aber die Sache mit dem Schäferhund, da geh ich die Wände hoch.

**V:** Raus mit dir!

**S:** Sag mal, was soll denn das. Habt ihr noch alle Tassen im Schrank. Ich hab mir die Haare gemacht. Ich hab mich in die Garderobe gesetzt. Ich hab mich aufgewärmt. Ich hab mich eingesungen. Ich hab einen Kaffee getrunken. Kriegt ihr denn nie genug. Was wollt ihr denn noch?? Ich bin da! Ich bin doch hierhergekommen? Ich hab mich bei diesem Scheißwetter aus meiner warmen Wohnung gequält. Habe mich in ein Taxi gesetzt und bin in diese Bretterbude gefahren. Habe mich in dieser feuchten Garderobe umgezogen. Und jetzt soll ich auch noch da raus? Sagt mal, seid ihr alle verrückt geworden? Ist denn die ganze Welt verrückt geworden? Was wollen die denn? Und ich bin da, ich bin da. Ich bin vielleicht nicht gut, aber ich bin da. Das ist mehr, als die meisten von sich behaupten können. Also, worum geht es hier eigentlich? Dass ich mir da draußen die Frisur ruiniere? Ich dreh mir die Haare ein, gehe auf die Bühne, und nach fünf Minuten ist sowieso alles im Eimer. Und jetzt kommt mir nicht mit den Talenten. Was für eine Frechheit, mir immer mit diesen ehrgeizigen Talenten zu drohen, die in der Kastanienallee zu fünft auf einer Kaffeebohne herumtanzen, bis sie irgendwann mal anstatt mir hier raustrampeln dürfen ... diese blöden Talente! Aber was ist denn das für eine reaktionäre Scheiße, mir immer damit zu drohen, dass die Talente sich abstrampeln dafür, irgendwann mal da raus zu dürfen, das sollte ich mal den Gewerkschaften erzählen. Dass ich das Maul halten soll, nur weil ich hier Arbeit habe. Ich denk nicht dran. Ich bin lieber hier drin sozial, ich muss nicht da raus um zu zeigen, dass alles Soziale nur noch museumstauglich ist! Moralische Kategorien sind hier unverantwortlich! Moralische Kategorien sind nur in Hinterköpfen zu Hause, aber die handeln nicht. Juristische Kategorien handeln. Deshalb kann ich hier nur aufrufen, Jura zu studiern und keine weiteren moralischen Kategorien zu propagiern! Glotzt hier nicht so, undankbares Volk, geht nach Hause und studiert Jura. Wie können wir die Welt retten, nur indem wir Nazis spielen.

**V:** Wisst ihr, selbst bei all dem Druck die ganze Zeit in New Haven, selbst wenn sie Mist gebaut hat, brachte sie mich zum Lachen. Auf irgendeine verrückte Art und Weise bei all ihren Macken und all ihrer Spinnerei war es wirklicher für mich, das mitzuerleben, als das Stück zu spielen. Auf irgendeine vertrackte Art und Weise war es realer.

# DAS PURPURNE MUTTERMAL

| | |
|---|---|
| Regie | René Pollesch |
| Bühne | Bert Neumann |
| Kostüme | Janina Audick |
| Kamera | Meika Dresenkamp |
| Licht | Felix Dreyer |
| Dramaturgie | Andreas Beck |

Premiere in Wien am 26. November 2006, Burgtheater im Akademietheater

| | |
|---|---|
| **S**ophie Rois | Hans Moser, Schauspieler |
| **M**artin Wuttke | Josef Tura, Schauspieler |
| **C**aroline Peters | Eve Harrington, Schauspieler |
| **D**aniel Jesch | Lex Barker, Schauspieler |
| **H**ermann Scheidleder | Erich von Stroheim, Schauspieler und Regisseur |
| **Sa**chiko Hara | Die Eifersucht, Schauspieler und Beleuchter |
| **St**efan Wieland | Fräulein Schober, Requisiteurin und Schauspieler |

**S:** Darf ich dir den Brief vorlesen? Er ist an meine Mutter! 

**M:** Ja, gerne.

**S:** Stör ich dich auch nicht. Möchtest du nicht das Konzert zu Ende hörn?

**M:** Nein, lies ruhig vor.

**S:** Mutter! Wir werden von unseren Leben getrennt. Und erst die demenzkranke Maria Schell in dem Dokumentarfilm ihres Bruders macht uns darauf aufmerksam. Auf jede Frage ihres Bruders nach ihrer Karriere, auf jede Frage nach den glanzvollen Höhepunkten ihres Lebens, antwortet sie immer: Das war alles Angst. Sie kann sich nur an die Angst erinnern. Die ist das gelebte Leben. Und als sie noch von ihrem Leben getrennt war, konnte sie sich an ihre Karriere erinnern, an einen positiven Begriff vom Leben. An die Geschichte, die sie sich dauernd erzählte. Alle, die versuchen diese Wahrheiten zu neutralisieren, sagen, die demenzkranke Maria Schell hat einfach ihr Leben vergessen und alles, was jetzt davon übrig geblieben ist, ist Angst. Die hat aber ihr Leben nicht vergessen. Du kannst damit die ganze Sache nicht neutralisiern. Die weiß sehr gut, was das gelebte Leben ist. Die ist vielleicht zum ersten und letzten Mal nicht getrennt von ihrem Leben. Findest du, ich soll ihn nochmal schreiben?

**M:** Nein, er ist gut so. Du könntest noch das Kontingenzproblem berühren. Die prinzipielle Offenheit der menschlichen Existenz. Alles kann so und gleichzeitig ganz anders sein, und unsere soziale Welt ist nur eine Möglichkeit unter vielen.

**S:** Ja ...

**M:** Und dass die Konversation ins Stocken geraten ist. Es ist einfach zu kontingent, was wir miteinander machen und machen können. Das macht alles so riskant. Ich dachte erst, es ist unsere Problemlosigkeit, die ein ernstes Problem darstellt, liebste Marianne, aber ich könnte einfach nichts mehr in dich investieren, wenn alles so und gleichzeitig ganz anders sein kann. Wenn wir die Komplexität nicht reduzieren können durch soziale Systeme, und Vertrauen.

**S:** Möchtest du was essen? Soll ich dir den Kalbsbraten machen.

*S geht nach hinten.*

**M:** Ich wünschte, ich könnte ihr ein einziges Mal sagen, dass sie ohne jeden Vorbehalt geliebt wird ...

**S:** Ich bin Hans Moser! Ich bin der größte Star der Welt.

**St:** Du warst großartig. Ganz wundervoll!

**S:** Na ja, meinst du? Wo ist Eve?

*C steht auf, geht nach hinten.*



**M:** ... aber ich kann es nicht so sagen, dass sie mir glaubt; mir fehlen die richtigen Worte. Sie schrieb zwei kleine Bücher. Das ist das erste ihrer beiden Bücher: «Die größte Schwierigkeit ist, dass ich nicht weiß, wer ich bin ... Ich tappe im Dunkeln. Wenn mich jemand liebte, wie ich wirklich bin, dann könnte ich vielleicht endlich den Mut haben, mich selbst anzusehen.»

**S:** *(zu C)* Wo warst du denn?

**C:** Im Zuschauerraum.

**S:** Du darfst mich nicht immer anlügen. Ich hab hier einen schwierigen Beruf und wenn du immer lügst dann ...

**C:** Du warst großartig. Ich liebe dich.

**St:** ... alle auf Position ... einrichten für Herrn Moser ...

**C:** Ich bin Schauspieler und Drehbuchautor, aber ich will auch in der Wirklichkeit spielen! Aber alle starren mich immer so an, wenn ich in der Wirklichkeit spiele, als würde ich sie über irgendetwas im Ungewissen lassen. Aber worüber eigentlich? Ob ich das alles auch mit meinem Leben belegen kann?! Warum denn? Sie kann vor eine Kamera! Dort gibt sich immer alles sofort als Schein zu erkennen. Dann muss sie das nicht machen. Aber was mache ich? Ich gehe seit 1999 zu mehreren Vorsprechen und man lässt mich einfach nicht vor eine Kamera, die das Spiel als Schein zu erkennen gibt. Ich muss immer in der Wirklichkeit spielen!

**H:** *(zu C)* Sind Sie nicht der Deutsche Schäferhund von Miss Desmond?

**C:** Nein, bin ich nicht.

**S:** Wenn Sigourney Weaver, eine Millionärin und Schauspielerin, sich im Schnee rumwälzt und eine Autistin spielt, dann gibt die Kamera ihr Spiel immer als Schein zu erkennen. Aber wenn jemand, nach Millionen von Vorsprechen, immer noch keine Kamera findet, die das Leben als Schein zu erkennen gibt, was macht der dann? Dieses prekäre Leben? Wälzt sich das auch im Schnee rum, auf der Suche nach Anerkennung, oder macht das was ganz anderes?

Spielt das in der Wirklichkeit? Und was soll es auch sonst machen?

**C:** Ihr Leben ist so tot. So unerfüllt. Es ist nur ein Spiel! Und ich muss in der Wirklichkeit spielen ... Moment mal ...

**S:** Schatz, geh bitte aus dem Bild, das hier ist ernst, wir sind bei der Arbeit.

**C:** Ach so. Wo ist dein Mann?

**S:** Er steht auf der Bühne, wo soll er denn sonst sein? Warst du wirklich im Zuschauerraum? Du musst mir da jetzt wirklich die Wahrheit sagen!



**C:** Sie hat recht. Wenn wir nur noch so tun als ob, dann hat das europäische Denken ein Kontingenzproblem, dass alles auch nur ein Spiel sein kann.

**S:** Ich muss mich doch an was halten können. Das ist mir sonst alles zu komplex.

**C:** Diese Unwahrscheinlichkeit gelingender Kommunikation. Aber du weißt doch, ich muss dich immer im Ungewissen lassen.

**S:** Ja, ich weiß.

**M:** Aus! Es ist aus!

**S:** Schatz, was ist denn? Was machst du hier?

**M:** Es kam, wie es kommen musste. Einer ist während meines Monologs gegangen. Glaubt man mir auf der Bühne nicht mehr? Nimmt man mir nichts mehr ab? Ist niemand hier außer euch beiden?

**S:** Nein.

**C:** Er nimmt mich als Nebenbuhler überhaupt nicht wahr. Wir müssen die Arbeit der Betrüger hoch einschätzen, das wissen wir, das können wir aber nicht leben, das ist das Problem europäischen Wahrheitsdenkens.

**M:** Aber er hat den Saal verlassen!

**S:** Vielleicht war ihm übel. Vielleicht musste er raus. Womöglich hatte er was mit dem Herzen.



**M:** Ja, hoffentlich.

**S:** Vielleicht ist er schon tot.

**M:** Er hat den Saal verlassen. Und dann ist alles auch noch so kontingent. Was ist denn mit Komplexitätsreduktion? Ist das plötzlich nicht mehr interessant, jede Unsicherheit zu vermeiden und die unzähligen Möglichkeiten zu reduzieren? Das kann doch nicht alles kontingent sein, was passiert! Ich kann dir doch vertrauen.

**S:** Aber sicher, mein Engel.

**M:** Du bist so gut zu mir. Das Publikum ist heute etwas lau.

**S:** Bei mir nicht.

**M:** Ja, ich weiß. Ich war heute sicherlich miserabel. Das bin ich immer, wenn wir uns streiten. Sag was Nettes.

**S:** Ich würde dir sofort einen Kuss geben, aber ich habe Angst um mein Make-up.

**M:** Ach, Schätzchen. Übrigens warst du heute Morgen im Recht. Ich war so fertig nach der Probe. Ich war auch noch bei Dovoc, ihm zu sagen, dass dein Name an erster Stelle auf den Plakaten stehen muss.

**S:** Das hast du getan? Ach, das finde ich süß von dir. Aber das ist doch gleichgültig.



**M:** Das meinte Dovoc auch, deswegen haben wir es dann gelassen.

**S:** Oh!

**M:** Wir können doch nicht in der Wirklichkeit spielen, das wird doch alles viel zu komplex.

**S:** Liebling, komm, setz dich ein bisschen vor den Spiegel, dann geht es dir gleich besser.

**M:** Wie gehen wir denn miteinander um, wenn alles so sein kann und gleichzeitig auch ganz anders. Liebchen, du weißt doch, ich würde alles für dich tun. Ich würde sogar – Oh! – Blumen!

**S:** Ja, hübsch, nicht?

**M:** Weich mir nicht aus, von wem sind die?

**S:** Sie kamen ohne Karte. Liebling, das hat doch nichts mit mir persönlich zu tun. Der Mann ist bestimmt ein Theaternarr, ein Kunstfanatiker.

**St:** Herr Tura, Ihr Auftritt.

**M:** Ich hab jetzt meine große Szene.

**S:** Du bist weltberühmt in Polen. Nun geh schon raus. Ich hab es durch den Vorhang gesehn, du warst so gut wie noch nie.



**M:** Du hast mich wieder aufgerichtet. Natürlich kann einen alles zerstörn, aber wir müssen dafür sorgen, dass es uns am Leben hält, wir müssen die ganze Zeit dafür sorgen, dass das, was uns zerstört, uns am Leben hält und dass diese Arbeit gut ist, dafür müssen wir auch sorgen.

Manchmal sitze ich da und betrachte meine Frau, ohne dass sie es weiß. Am liebsten sitzt sie dort drüben am Eckfenster ...

*C betritt den Zuschauerraum.*

... als sie das erste Mal dieses Zimmer betrat, sagte sie: Hier ist es schön, hier will ich bleiben. Wir kannten uns damals erst seit ein paar Tagen von einer Bischofskonferenz in Trondheim, an der sie als Vertreterin einer kirchlichen Zeitung teilgenommen hatte.

**St:** *(zu S)* Du bist dran!

**S:** Oh. Wo ist der Koffer?

**St:** Welcher Koffer?

**S:** Komm ich nicht gerade von einer Weltreise zurück?

**St:** Nein. Du bist in Schweden. In diesem Landhaus. Du weißt schon ... Wird schon schiefgehen.

*S tritt auf.* 

**S:** Liebling, darf ich dir den Brief vorlesen? Er ist an meine Mutter.

**M:** Ja, gerne!

**S:** Mutter! Ich weiß nicht, vielleicht hättest du Lust, zu uns nach Blindal zu kommen, für ein paar Tage oder Wochen ins Pfarrhaus. Ich kann dir versichern, dass das Pfarrhaus sehr groß ist. Wem gegenüber sollen wir noch Rechenschaft ablegen? Da ist keine Religion, keine Philosophie, nirgends eine Entscheidung, die auf einen geschichtlichen Auftrag des Seins antwortete. Heidegger steht da ganz ratlos vor dieser Entscheidung, die plötzlich weg ist, wenn alles möglich ist. Mutter, wir kommen mit dem Rationalen nicht mehr weiter.

Warum sollten wir unsere Physiologie nicht in Wunder involvieren. An uns sind alle Geschichten vorbeigezogen. Wie an einem Pyjama. Pyjamas haben auch keine Geschichte mehr. Das erzählt niemandem mehr was, sich umzuziehen fürs Bett. Vielleicht schreib ich ihn lieber nochmal!

**M:** Erstaunlich, welchen Problemen du dich widmest. Ich dachte, unsere Problemlosigkeit sei die eigentliche Gefahr in unserer Ehe.

**S:** Da denke ich anders als du, Johann!

**M:** Aha, wie denkst du denn?



**S:** Ich glaube an die Fürsorge unter uns Mitmenschen. An ...

**M:** Darf ich dir auch meinen Brief vorlesen?

**S:** Ja gerne.

**M:** Mutter! Es wird einem alles aus der Hand genommen von diesem Gespenst von Normalität, wir kommen kaum noch selber auf was. Ich nehme das auch alles nicht mehr persönlich. Du weißt gar nicht, was verletzend ist und was nicht. Du weißt das gar nicht mehr. Wie sollte ich dann denken, dass du mich meinst, mit all deinen Verletzungen. Du kennst das nur nicht, wie man sich verhält, wenn man liebt oder trauert oder so, und ich ja auch nicht. Vielleicht sollte ich ihn nochmal schreiben.

*C steht auf, geht nach hinten.*

**S:** Ich kümmere mich mal um den Kalbsbraten ... *(geht nach hinten)* Ich bin Hans Moser! Der größte Filmstar der Welt! Hat die Paramount angerufen?

**H:** Ja.

**S:** Und? Will Cecil B. DeMille einen Film mit mir drehn?

**H:** Nein. Er will nur Ihren Wagen.

**S:** Meinen Wagen? Was will er denn damit?

**H:** Hier ist ein Brief für Sie. Ein Brief von der 
Mietzi. Aus Mexiko.

**S:** Ein Brief von der Mietzi? Wie ist denn die nach Mexiko gekommen?

**H:** Diese Frau ist mir ein Rätsel. Andererseits ist die Welt so unterkomplex ohne ihre Betrügereien.

**M:** Es ist wie es ist. Die Erinnerung an unseren Sommer, der uns bevorstand und dann nichts war. Und dann nochmal nichts und dann nochmal nichts! Als gäbe es so was wie Erinnerung, als hätte irgendetwas einen Wert und ist nicht bloß wahnsinnig. Wie würde es weitergehen. Nichts und nochmal nichts und nochmal. Ab irgendeinem Punkt wusste ich, ich darf dir nicht mehr antworten, dir, den ich so sehr liebe. Ich wusste, jede Antwort ist der Tod. Also antworte ich nicht und lebe mein Leben und nicht unseren Tod. *(ab)*

**S:** Sie schreibt mir, sie hat mir eine Million vermacht! Na so was, nein, die Mietzi! Jetzt bin ich ein mehrfacher Millionär, ich, Hans Moser.

**St:** Als reichster Mann von Windeck werden Sie doch jetzt nicht mehr die Post austragen.

**S:** Ein jeder will mich aus dem Beruf herausdrängen, nur weil ich, Hans Moser, Millionärin bin! Soll ich etwa nicht mehr die Post austragen oder mich im Schnee rumwälzen und die Autistin spielen?



**C:** Bin ich ein Betrüger? Meine Strategie ist doch nur, unsere Kommunikation als nicht mehr mit einer Praxis verbunden zu denken. Das ist alles. Einige nennen das Lüge. Ich nenne das einen aufrichtigen Kampf gegen die Art von Kommunikation, in die dieser markierte Körper verwickelt ist. Man kann nicht von mir sprechen, man kann mich mit Kommunikation nur aus der Welt schaffen! Ich bin doch grundsätzlich aufgefordert, immer so zu kommunizieren wie ich kommuniziert werde, sonst versteht kein Schwein was. Aber das hab ich nicht vor. Deshalb lüge ich, und erfinde, was von mir erwartet wird, denke aber nicht daran, es mit meinem Leben zu belegen. Das Einzige, womit ich fertig werden würde, ist ein Doppelleben. Ich schaffte es nur bisher nicht, eines zu führn. Ich hasse die Menschen, die ich liebe, so sehr, dass ich sie zu Tode foltern könnte.

**H:** Wir drehen jetzt Anna Karenina. Auf der Freud-Couch.

**S:** Was?! Auf die Couch in meinem Anna-Karenina-Kostüm?

**C:** Das ist doch mehr als der zufällige Gang der Dinge ... Diese Lügen. Diese Lügen sind doch mehr! Alles was denkbar ist, jede unerschlossene Möglichkeit, alles was noch nicht zu verstehen ist mit unserer Art des Verstehens, das ist doch mehr, als an einem authentischen Mist festzuhalten, der nicht zu leben ist.

**H:** In drei Minuten sind wir drehfertig!



**C:** Ich brauche 300 Euro. Sonst holen die meinen Wagen ab!

**S:** Wer denn?

**C:** Mein Gott. Brauchen die denn immer eine zusammenhängende Geschichte von mir, nur weil ich 300 Euro brauche. Ich will dein Geld nicht! Ich brauche aber 300 Euro.

**S:** Dieses authentische Gerede, dass Geld alles vergiftet, das der Mittelstand verbreitet von seiner Erzählerposition aus, irgendwo da draußen auf einer Weltraumplattform ... Warum willst du denn mein Geld nicht? Ich denke, du brauchst 300 Euro.

**C:** Ich brauche 300 Euro, aber ich brauche dein Geld nicht. So ist das nun mal. Wir Normalsterblichen müssen uns mit diesen Widersprüchen rumschlagen. Wir müssen dauernd in ihnen handeln.

**S:** Schrei mich nicht so an! Was kann ich dafür, dass du nicht weißt, was du willst! Du bist ein erfolgloser Autor? Das wusste ich gar nicht!

**C:** Du hast immer gelogen ... Sie spielt doch auch in der Wirklichkeit, aber die Kamera gibt das immer als Schein zu erkennen. Ich könnte durch jede meiner Äußerungen den anderen im Ungewissen lassen.



**S:** Ich bin mir eh selbst ungewiss, ich bin eh nicht in mir zu Hause. Nicht bei sich zu Hause zu sein und damit leben können. Das macht den Star aus.

**C:** Und da er sich selber ungewiss ist, fühlt er sich dann zu Hause. Was macht man, wenn man kein Geld hat? Oder besser, was macht man, wenn man gerade dreihundert braucht? Natürlich braucht man kein Geld. Aber man braucht gerade mal dreihundert.Und was macht man dann? Man braucht kein Geld, aber man braucht dreihundert. So ist es immer. Es ist paradox, aber ich brauche kein Geld, ich bin Drehbuchautor und Schauspieler, ich brauche aber dreihundert Euro.

**S:** Die geb ich dir doch gern. Aber einen nach dem anderen.

**C:** Cecil B. DeMille will einen Film mit dir drehen!

**S:** Ehrlich?!

**C:** Aber jetzt, wo du Millionärin bist, wirst du sicher nicht mehr spielen! Du könntest dich zur Ruhe setzen, denk doch mal an die, die auch spielen wollen.

**S:** Nein, lasst mich spielen, wo ist die Kamera, ich bin nicht zu reich. Hört doch endlich auf damit!

**St:** Sie sind Millionär.

**S:** Nein, ich bin Hans Moser, ich bin eine Autistin und für den Oscar nominiert.



**St:** Hören Sie auf, uns was vorzumachen! Dass diese Schauspieler immer vergessen, dass sie Millionäre sind.

**S:** Was erlauben Sie sich! Hören Sie auf, mich hier als Millionärin anzusprechen, ich bin Schauspielerin. Das ist doch so einfach.

**M:** Aus! Es ist aus! So können doch Menschen nicht miteinander umgehen! Die können doch nicht einfach aufstehen und gehen, das war nicht zu erwarten! Es war ein Affe im Publikum und der ist rausgegangen.

**S:** Ein Affe? Schatz, reagierst du nicht etwas überspannt?

**M:** Wo kommen wir denn hin, wenn wir nicht mehr davon ausgehn können, dass die sitzen bleiben.

**S:** Es war ein Affe, vielleicht wollte er sich Erdnüsse holen!

**M:** Ich meine, diese Täuschungen in der Wirklichkeit. So können wir doch nicht miteinander umgehen, wenn wir annehmen, es ist so und gleichzeitig ist es ganz anders.

**S:** Ja, ich weiß.



**H:** Hier bin ich schon. Eine Aspirin, für den Herrn Monsieur!

**S:** Für welchen Monsieur.

**C:** Für den Monsieur Monsieur! Wie sagen wir es deinem Mann?

**S:** Was sollen wir ihm denn sagen?

**C:** Dass ich dich liebe und dass ich deine Zweitbesetzung bin, du könntest eines Tages mit deinem Wagen liegen bleiben, und wer spielt dann deine Rolle?

**S:** Das können wir nicht machen, das wird ihn umbringen. Du bist meine Zweitbesetzung?!

**C:** Jetzt können Sie klingeln!

**H:** *(klingelt)*

**M:** Das ist eine fixe Idee von Ihnen, diese Tablettenschluckerei! Aspirin gibt mir doch nicht den Glauben an die Menschheit zurück!

**S:** Aber ich brauch eine! Du darfst nicht immer solche Sachen mit mir machen! David, du musst jetzt sehr sanft mit mir sein, du weißt, ich bin schon so oft verletzt worden.

**C:** Aber stell dir vor, du bleibst mit deinem Schlitten im Schnee liegen, was machen die im Theater dann?



**S:** Ja, ich weiß nicht ... vielleicht hast du recht.

**M:** Hans Moser hat mich betrogen. Natürlich fallen manchmal Sätze, die meine kleine Welt, meine kleine obsessive Welt zerstören. Weil jetzt all jene mein Leben in der Hand haben, die ihn sehen und von ihm erzählen. Warum kann das sein, dass der das alles mitgenommen hat, ohne Interesse, nur mit dem Interesse an dieser Komödie, die er mir vorgespielt hat. Und warum ist das nicht ein schönes Interesse, das der hat, warum gefällt mir das nicht, diese Komödie, die er mir vorgespielt hat. Und alles nur deshalb, weil sie sich nicht als Schein zu erkennen gibt. Ist das der Grund, dass alles ausgelöscht wird, nur diese eine Sache, dass wir immerzu sagen müssen, dass wir spielen! Das könnte alles wahr sein, und du könntest mich nur zum Besten halten, warum ist mir das eine alles und das andere nichts. Warum lassen wir unsere Leben vergiften von Vorstellungen von Wahrheit. Er steht vor mir und sagt: Ich liebe dich. Und ich sage: Du spielst so schön?? Wie soll das gehn? Wir würden beide schlagartig schlechte Laune kriegen. Wir können das Spiel nicht leben, wir sind nicht so konstruiert, jedenfalls nicht mit den Geschichten, die wir bewohnen müssen. Hat jemand eine Aspirin für mich?

**H:** Hier! Nehmen Sie die zwei, Monsieur.

**M:** Was? Beide? Oh mein Gott. Jetzt hab ich zu laut «beide» gesagt.



**S:** Du hast zu laut «beide» gesagt.

**H:** *(klingelt mit dem Glöckchen)*

**M:** Und hören Sie auf, immer mit dem Glöckchen herumzufuchteln.

**H:** *(in die Kamera)* Also was ist denn jetzt genau das Problem, wenn Sigourney Weaver eine Autistin spielt. Wenn eine Millionärin sich auf dem Boden rumwälzt und für die Autisten sprechen will und welches Heil die für die Menschheit bedeuten, wenn wir einen Blick aus ihren Augen auf die Welt werfen würden. Auch für sie als Millionärin. Es ist diese Mittelstandsposition, die diese Millionärin einnimmt, die immer das Glück bei den andern findet. Das ist das Problem. Sie schreibt den anderen das

Glück zu. Ein Autist oder ein Schwarzer performt dauernd und ununterbrochen Biologie. Und Sigourney Weaver performt nach wie vor ihre Position und ihren Blick und ihre Erzählerposition, von irgendwo da draußen auf einer Weltraumplattform. Sie lässt die Andern das Glück entgegennehmen, als sei der Autist und ihr Blick auf ihn befreit von Medikamenten, Chemie und der lebenslangen Performance einer Differenz. Sie sagt, so sieht das Glück aus, und in dem Moment, wo sie den Glücklichen und seine Differenz zu ihr darstellt, schafft sie ihn aus der Welt. Der kann das Glück, das sie ihm zuschreibt, dann auf den Seiten seines prekären Internettagebuchs veröffentlichen. Sie performt dauernd ihre Differenz zum Autisten, und der muss sein Leben lang seine Differenz zu ihr performen. Sie will niemals die Andere sein, deshalb muss sie dauernd von dem Anderen reden und die Differenz performen und zementieren. Deshalb ist es so wichtig zu sagen, dass sie eine mehrfache Millionärin ist.



**St:** Schauspieler vergessen so oft, dass sie Millionäre sind, besonders wenn sie in Zusammenhängen auftreten, wo alle nur für das Versprechen arbeiten, es irgendwann einmal zu schaffen zum Beispiel.

**S:** Fräulein Schober! Und jetzt geben Sie mir meine Requisiten! Oder muss ich mir die selber zusammensuchen.

**Sa:** Herr Moser? Hallo! ... Herr Moser! Hier oben, Herr Moser! Ich bin's. Holzauge.

**S:** Ah! Holzauge! Nun hallo!

**Sa:** Sehn Sie sich nur an! Herr Moser!

**S:** Ja, ist das schön, wieder bei euch zu sein! Ich hätte nicht geglaubt, wie sehr ich das vermissen würde. Und dabei war ich nur zehn Minuten weg.

**Sa:** Herr Moser, Sie sind doch Millionärin!

**S:** Warum sagt das jeder? Das muss man doch nicht dauernd betonen. Ich kann trotzdem eine Autistin spielen. Hier! *(spielt eine Autistin)* Millionärin sein, das ist doch langweilig. Autistin, das ist aufregend.



**H:** Sag mal, diesen schrecklich hässlichen Lappen trägst du doch nicht in der Szene im Konzentrationslager!

**S:** Findest du es denn nicht himmlisch? Ich hab es direkt aus dem Müll.

**D:** Im Müll? Wo du dich so rumtreibst.

**S:** Ich werde im Dunkeln gepeitscht, plötzlich geht das Licht an und man sieht mich in diesen Lumpen auf dem Boden liegen und die Peitschen sausen über mich hinweg.

**D:** Du bist eine Millionärin. Was sollen denn die Leute denken?

**S:** Ich darf keine hässlichen Sachen tragen?

**M:** Nein. Dieser Lappen ist das Letzte! Du trägst natürlich ein nettes Abendkleid. Die Zuschauer haben ja auch nette Sachen an, du kannst dich doch hier oben nicht mit diesem KZ-Fetzen zeigen. Bist du jetzt völlig verrückt geworden?

**S:** Stimmt, ich habe mich geirrt! Was für ein Irrtum! Ich habe die falsche Entscheidung getroffen. Darauf muss ich sofort einen Champagner trinken. Es hat mir so gut gefallen. Wahrscheinlich war ich kurz von meinem Leben getrennt. Ich habe eine falsche Entscheidung getroffen.

**C:** Eine Autistin zu spielen ist auch die falsche Entscheidung. Wer will denn wirklich eine Autistin sein. Es will jeder nur Bauchredner eines Autisten sein, oder Bauchredner eines Schwarzen oder einer hässlichen Mörderin sein. Aber nicht Bauchrednerin einer Millionärin. Auf einer Theaterprobe unterhalten sich nur die Bauchredner der Elenden. Es gibt keine Sprache, die die gelebten Leben berühren.



**M:** Deshalb bin ich so verzweifelt, ich kann diese Lügen nicht auseinanderhalten. Ich liebe dich und ich hasse dich gleichzeitig. Es gibt gar keinen Unterschied.

**C:** Ja, so soll es sein. Eine Welt ohne Unterschiede, die ist vielleicht orientierungslos, aber dann muss ich nicht dauernd meinen Unterschied performen, meinen Unterschied zum weißen, heterosexuellen, männlichen Mittelstand.

**S:** Es ist so ungewöhnlich, dass dieser Affe sprechen kann.

**M:** Marianne, wer ist das denn?

**C:** Ich bin ihre Zweitbesetzung. Wie sagen wir es deinem Mann?

**S:** Was denn?

**C:** Dass wir uns lieben. Dass ich deine Zweitbesetzung bin. Eines Tages wirst du im Schnee liegen bleiben und dann sollte irgendwer deine Rolle spielen.



**S:** Bist du verrückt geworden? Ich liebe meinen Mann. Und du bist meine Zweitbesetzung ...

**M:** AHHH! Er! Er ist aufgestanden! Das warst du!

**S:** Nein, ganz bestimmt nicht.

**Sa:** Dingdong!

**H:** Es ist 8 Uhr morgens.

**Sa:** Es geht um eine wichtige Mitteilung.

**H:** Monsieur?

**M:** Ja, was gibt's?

**H:** Eine junge Dame möchte Sie sprechen. Oh, sie ist schon weg.

**M:** Da ist sie doch.

**H:** Ach ja. Da ist sie ja.

**M:** Wer sind Sie denn?

**Sa:** Ich bin die Eifersucht.

**M:** Was hat die hier zu suchen?

**H:** Ich hab keine Ahnung. Tun Sie einfach so, als wären wir nicht da.

**M:** Das ist alles so irreal. Aber Sie sind doch da.

**Sa:** Lassen Sie sich nicht stören. Wir sind für Sie nicht vorhanden.

**M:** Aber ich seh Sie doch.

**S:** Schatz, jetzt tu bitte einfach so, als wären sie nicht da. Sonst werden wir sie nie wieder los!

**H:** Wo ist denn die junge Dame? Oh, sie ist schon weg.

**M:** Da ist sie doch.

**H:** Ach ja. Da ist sie ja.

**C:** Du sollst doch so tun, als wären sie nicht da.

**M:** Ach ja. Hört sofort auf damit! Wo kommen wir denn da hin? Wenn alle nur spielen! Spielen ist Gift für mich. Es kann doch nicht plötzlich alles so, und gleichzeitig ganz anders sein! Wir können doch nicht die ganze Zeit so tun als ob! Ich muss doch an was glauben können.

**S:** Was? Was muss er können?

**Sa:** Alle wollen immer für die Andern reden. Für Autisten, weil sie dafür eben noch mehr Kohle kriegen, wenn sie für die Autisten reden.



**H:** *(klingelt)* Wer von den Herrschaften wollte denn jetzt das Aspirin?

**M:** Hörn Sie sofort auf damit! Aspirin gibt mir doch nicht den Glauben an die Menschheit zurück.

**D:** Sollten Sie nicht so tun, als wären die nicht da!

**M:** Sagen Sie mir nicht, bei wem ich so tun soll, als wäre er nicht da! Sie nicht! Wer sind Sie überhaupt?

**H:** Ich muss mich entschuldigen. Eben war sie noch da.

**M:** Aber da ist sie doch?

**H:** Wo denn?

**C:** Wir sollten es ihm jetzt sagen?

**S:** Was denn?

**C:** *(zu H)* Bringen Sie dem Monsieur das Aspirin. Dass ich deine Zweitbesetzung bin.

**S:** Du kümmerst dich so rührend um mich. Was sollte ich nur ohne dich machen? Es ist so merkwürdig, dass die ganze Presse eingeladen war, um eine Aufführung anzusehn mit einer Zweitbesetzung!

**St:** Sie, Sigourney Weaver, werden von mir als Millionärin markiert. Da können Sie noch so lange so tun als ob. Wir sind, was wir tun, und nicht, was wir gerne sein würden. Und wenn wir nur noch so tun als ob, dann sind wir eben nicht mehr, was wir tun.



**S:** Fräulein Schober, was erlauben Sie sich eigentlich! Was ist denn bloß mit dem Personal los. Die sollen endlich aufhören, so zu tun, als ginge es hier um Geld. Es geht hier um Kunst. Ich bin Hans Moser und ich bin Autistin und basta!

**St:** Na, von mir aus! Ich hab bald selber vier Domestiken.

**S:** Na, da werden sie endlich selber sehn, was es heißt, Ärger mit dem Personal zu haben! Aber das Leben einer Schauspielerin, das ist hier doch langweilig. Blinde Autisten, das ist aufregend. Das Elend, das ist aufregend.

**C:** Sie hat schon wieder eine falsche Entscheidung getroffen. Sie hat ihren Kontakt zur Wirklichkeit verloren!

**S:** Ja, das hab ich wirklich, ich dachte kurz, ich müsste mich in diesem Fetzen zeigen, dabei bin ich doch Millionärin. Ich kann mir was Besseres leisten, wie konnte ich das vergessen?

**M:** Und es ist wirklich niemand Anderer im Zimmer, nur ihr beiden?

**Alle:** Nein.

**S:** Nein, mein Schatz, nur wir beide. Nur dieser

Affe und ich.

**M:** Alles was du sagst, es kann das eine heißen, aber auch sein Gegenteil. Es kann heißen, dass du mich liebst, und es kann heißen, dass du mich nicht liebst, in so einer Konstruktion befinden wir uns. Und da wird man doch verrückt ...

**S:** Wolltest du nicht vorhin noch das Kontingenzproblem berühren. Na, jetzt hast du es jedenfalls! Ich liebe dich. Das hier ist ein Affe.

**C:** Er kann mich einfach als Nebenbuhler nicht akzeptieren, nur weil ich ein Affe bin. Wir sind radikal unterschiedliche Arten von Subjekten. Ich bin auch ein Subjekt. Vielleicht sollte es anerkannt werden, dass Tiere ihre jeweilige Welt ebenfalls sozial konstruieren, und darüber hinaus auch deine

Welt mitformen. Autisten und das abgehängte Prekariat übrigens auch. Die brauchen niemanden, der für sie redet, als hätten sie keine sozial konstruierte Welt, die ebenfalls deine mitformt.

**St:** Das gilt auch für jede Darstellungspraxis, das gilt auch für Sigourney Weaver.

**C:** Du kommst durch die Tür und du bist automatisch heterosexuell und akzeptierst alles Nicht-Menschliche nicht als Nebenbuhler. Vor allem nicht als andere Konstruktionen, wie wir soziale Beziehungen führen können. Zum Beispiel die Liebe nicht an Zufall zu koppeln. Die einzig gültige Liebe ist die, die auf Kalkül beruht, der Zufall ist bedeutungslos. Und das ist auch eine soziale Konstruktion, 
und die hat die gleiche Berechtigung wie deine bürgerliche, Monsieur!

**M:** Das ist alles so irreal.

**C:** Alles voller Irrtümer und blinder Stellen.

**M:** Was bedeutet das jetzt? Ich kann unmöglich zulassen, dass dieser Affe meine menschliche soziale Welt mitformt. Anderseits lieben sich die beiden. Und ihr habt das alle gewusst?!

**Alle:** Wir sind nicht da.

**S:** Tun Sie einfach, als wären sie nicht da.

**M:** Hör sofort auf, diesen Schimpansen zu küssen! Da sind immer diese Viecher, von denen du nicht weißt, was du an ihnen lieben sollst. Weil es ja nichts zu lieben gibt.

**H:** Moment mal, normalerweise ist doch diese menschliche heterosexuelle Welt hier so selbstverständlich, dass das nicht ausgesprochen werden muss.

**St:** Aber nicht, wenn wir das Nicht-Menschliche unserer Leben berühren wollen. Hier sitzen nun mal auch Primaten zusammen.

**M:** Du hast einen Schimpansen auf deinem Schoß. Wie soll ich über uns nachdenken, wenn ich dieses gattungsübergreifende Verhältnis sehe. Mir steht überhaupt nichts zur Verfügung, das zu denken. Verschiedene Dinge haben nun mal nichts miteinander zu tun, Tiere und soziale Beziehungen, und Menschen und ein gattungsübergreifender Begriff von sozialen Beziehungen.



**S:** Joe! Du bist gar nicht, wofür du dich ausgegeben hast.

**C:** Woher weißt du das?

**S:** Die Eifersucht hat es mir gesagt! Du hast dein Leben erfunden.

**C:** Na und? Ich sehe keinen positiven Wert in einem nicht-erfundenen Leben. Wo ist sie, dieses verkommene Luder? Joe! Du darfst nicht gehen!

**S:** Ich liebe einen Schimpansen, was gibt's denn da zu glotzen! Ich muss mit meinem Affen zum Gehorsamkeitstraining, da er Menschen anfällt. Mir ist sein kriminelles Verhalten zwar bewusst, aber das schmälert nicht meine Liebe zu ihm. Natürlich tragen wir beide Züge eines gebrochenen Verhältnisses zur Autorität, aber nur bei einem von uns kann dies zu schwerer Körperverletzung führen und zu einem Todesurteil. Er hat die Zähne dazu und den Objektstatus. Wir sind aufgefordert, bestimmte Geschichten, die dem öffentlichen Frieden dienen, gemeinsam zu bevölkern. Also muss ich auch zum Gehorsamkeitstraining!



**S:** Wir brauchen Hilfe! In einigen wichtigen Situationen scheinen wir nicht dieselbe Sprache zu sprechen, jedenfalls über die Gattungsgrenzen hinweg. Die gemeinsame soziale Geschichte ist neu zwischen uns, die biologische schon ein bisschen älter. Und jetzt müssen wir eine pädagogische Beziehung eingehen. Ich muss lernen, mit einem Schimpansen eine soziale Beziehung zu führen.

**C:** Wenn wir beide auf den Hundetrainingsplatz gehen, um unsere Beziehung irgendwie hinzukriegen, dann laufen dort konstruierte Lebensformen miteinander vertrauten Wesen herum! *(zu S)* Ich war mit dir bei einem Hundetraining.

**S:** Ja, ich weiß.

**C:** Und sowohl du, mein kleiner Hund, als auch ich hatten ein gebrochenes Verhältnis zur Autorität, deshalb konnte ich nicht unterscheiden, auf wen ich es mit meinem Training hier eigentlich abgesehen hatte. Und du bist so ein schöner Hund!

**S:** Du bist so nett zu mir.

**C:** Vielleicht machte ich mir nur vor, ich würde meinen Hund einem Gehorsamkeitstraining unterziehen. Aber es ging anscheinend um mich. Außerdem hast du einen längeren Stammbaum als ich. Die Grenzen zwischen mir und meinem Hund waren gefallen. Ein für allemal.



**S:** Es ist so ungewöhnlich, dass dieser Affe sprechen kann. Ich liebe ihn wahnsinnig.

**C:** Aber unsere Trainingsbeziehung ist weder rein menschlich noch rein in Tierform. Unsere Trainingsbeziehung ist eine moralische, die die Persönlichkeit aller Partnerinnen erfordert. Deine und meine. Aber du bist ein Hund und unsere moralische Beziehung kann nicht auf einer von allen geteilten anthropomorphen Beziehung beruhen.

**S:** Ich finde es unglaublich, dass Blindenhunde immer an der Leine gehen müssen! Aber wahrscheinlich handelt es sich dabei um eine historisch spezifische Lebensform, die während einer Trainingsbeziehung konstruiert wurde und anscheinend nicht mehr verlassen werden kann.

**C:** Wir müssen jetzt spitzfindig sein, was die Möglichkeit menschlicher Kontrolle über Hunde angeht. Hunde haben ein Recht auf die Folgen ihrer Handlungen, auch du mein Schatz, auch du hast ein Recht auf die Folgen deiner Handlungen. Und ich stolperte während dieses Hundetrainings in eine abstoßende Konversation, wenn ich mal nicht nur den Gesten und Berührungen und anderen semiotischen Prozessen folgte, sondern der Sprache folgte, die diese Trainer sprachen. Je mehr gesprochen wurde, desto gewaltbereiter wurde mein Hund!

**S:** Grrrr!

**C:** Gib das Glas her!



Sie vertrauten auf eskalierende Gewalt und die Sprache nackter Unterwerfung. Denn diese Hundetrainer waren den Umgang mit Anarchisten und Kriminellen nicht gewohnt. Diese behüteten Hundetrainer. Und mein gattungsübergreifender Partner war nun mal kriminell. Und zwar ziemlich. Deshalb war ich ja beim Hundetraining gelandet. Ich wollte nicht, dass man ihn einschläfert.

**S:** Dieser Schimpanse verblüfft mich! Vielleicht sollte ich ihn doch nicht kastrieren lassen.

**C:** Was ist mit der Liebe los, wenn sie nur noch schwindel- und schreckenerregend ist? Ich will nur noch darüber sprechen können, was in meiner nächsten Nähe passiert, hier zwischen uns beiden, zwischen mir und dem Hund, und ich will dabei an keine Universalität denken, die etwas über die Menschen erzählen soll. Außer vielleicht, dass Seele und Körper voneinander getrennt wurden und es interessanter ist, über ihre Trennung nachzudenken als über ihre Vereinigung. Was erzählt unsere Liebesgeschichte? Dass es keine Trennung gibt zwischen Mensch und Tier, wohl aber zwischen Körper und Seele.

**M:** Ich frage mich, Hans, ob nicht andere Geschichten möglich sind. Ganz andere Geschichten als dieser narrative Sumpf von romantischer Liebe. Geschichten des Betrugs, der Lügen und nicht der Wahrheit, nicht die Geschichten, die schon die Welt erbaut haben, sondern Geschichten von einem mikro-

skopisch kleinen Haar im Darmtrakt einer Termite, das sich so lange mit seiner Beute unterhält, bis es ein Gast und schließlich ein adoptierter Verwandter ist. Wir müssen uns Geschichten unserer Biologie und unserer Natur erzählen, die uns nicht nur Biologie performen lassen, Heldengeschichten, eine Kohärenz, uns, die es nirgendwo als Ort gibt. Wir sind nicht in uns zu Hause, wir tauchen nur immer auf, an materiell semiotischen Erzeugungsknoten, an denen sich Gebiete, die nicht zusammengehören, etwas erzählen, Konversation betreiben. Ein Zusammentreffen von sich dauernd verändernden Partnern, das sie ständig verwandelt, diese löchrigen Einkaufstaschen, die wir sind und mit denen wir durch die Stadt streichen. Wir haben es mit unerwarteten Partnern zu tun. Ob du Zecke irgendwann einmal ein Gast sein kannst bei mir, wo du schon überall Gast bist in den Gedärmen da draußen, mit denen du schon in Konversation getreten bist. Nur unsere gerät immer ins Stocken! Warum nur? Wie viel zahlst du denn für euer Liebesnest. Kann er nicht bei uns wohnen?

**S:** 2000€. Aber er wohnt doch schon bei uns. Hat die Paramount angerufen?

**H:** Ja, sie haben gerade angerufen.

**S:** Und? Will DeMille Maria Magdalena mit mir verfilmen?

**H:** Nein, sie wollen nur deinen Wagen.

**S:** Meinen Wagen? Meinen Wagen? Was interessiert DeMille bloß so an meinem Wagen? Die Geschichte der Mutter Jesu. Diese große Rolle bin ich meinem Publikum schuldig.



**H:** Und die hast du dir so verdient! Aber du bist zu häufig drin, man will dich nicht mehr sehn.

**S:** Der Satz heißt: ... man will dich nicht immer sehen.

**H:** ... man will dich nicht immer sehen.

**S:** Man will mich nicht was?! Ich kriege zehntausend Briefe im Monat.

**C:** Aber die schreibt sicher e r!

**M:** Ich? Bist du verrückt geworden? Ich schreib doch keine zehntausend Briefe. Für keine Lüge der Welt.

**C:** Man muss nur richtig besessen sein, dann macht man das.

**M:** Sie hat recht. Ich bin besessen. Ich schreibe zehntausend Briefe pro Monat in der Hoffnung, sie kuckt nicht auf den Poststempel mit immer dem gleichen Ort. Ich muss wohl verrückt sein. Und alles nur wegen der Bischofskonferenz in Trondheim.

**S:** *(zu C)* Wo warst du denn?



**C:** Im Zuschauerraum.

**S:** Du darfst mich nicht immer anlügen. Ich hab hier einen schwierigen Beruf, und wenn du immer lügst, dann ... *(zu C)* All die Briefe. Die Briefe, die du mir geschrieben hast.

**C:** Die hat er geschrieben.

**S:** Antworte mir nicht immer so melodramatisch. Selbst wenn sie Max geschrieben hat, zeugen sie von deiner Liebe ... Ich hab nicht umsonst alles Wissen vor uns ausgebreitet, damit wir unsere Liebe endlich als Liebe erkennen können! Aber du erkennst sie immer noch nicht. Du läufst immer noch da draußen rum und suchst nach dem, was dir so authentisch zustößt. Es ist lachhaft.

**C:** Was soll das heißen, «selbst wenn er sie geschrieben hat»! Ich hab sie nun mal nicht geschrieben, warum sollte das ein Zeichen für meine Liebe sein. Wo bin ich denn hier, alle melodramatischen Zusammenhänge scheinen plötzlich nicht mehr zu funktioniern!? Womit kann ich dir noch sagen, dass dein Leben tot ist und nicht gelebt?

**M:** Ich krieg meine Leidenschaften nicht mehr zusammen. Ich kann sie nicht mehr zusammenhalten, das, was meinem Leben einen Zusammenhang gibt. Die ganzen Leidenschaften, die den Zusammenhang meines Lebens aufgelöst haben, die kann ich nicht mehr zusammenhalten. Damit sie es immer wieder und wieder tun, jeden möglichen Zusammenhang auflösen! Aber sie sind weg. Was mach ich denn nur? Vielleicht wirklich versuchen herauszukriegen, warum du mit diesem hässlichen alten Affen zusammen bist und nicht mit mir, der ich so schön bin, und du mit Sven das machst und mit mir nichts, was für ein Tier bist du? Aber das bist du ja nicht. Wie schaffst du das, diesen Affen für dich zu gewinnen?



**St:** Planet der Affen. 22, die Zweite.

**D:** Es gab da mal einen Mann in meinem Leben, der spielte die Hauptrolle und die Hoffnung, Begierde, Wünsche und meinen Wunsch nach Liebe. Doch alles war ein in sich zusammenfallendes Kartenhaus. Die Karten waren einfach nicht gut gemischt. Träume blieben Hoffnungen, und Albträume fanden ihre Realität im Alltag. Nun bin ich sicher nicht der Engel auf Erden und habe sehr vielen Menschen sehr weh getan. Das bekomme ich noch heute zu spüren. Aber daran bin ich ja auch selber schuld. Doch dieser Mensch, der sagte, er würde mich lieben, hatte ein trauriges Leben. Intrigen, Eifersucht, gar Hass waren an der Tagesordnung. Manchmal schürte ich mit meinem eigenen Verhalten diese Punkte. Doch ich hatte keine Chance, es gut zu machen. ... Ich kann nicht mehr und trenne mich. Doch ich habe ja wie immer selber Schuld. Ich hätte ein Leben haben können wie Gott in Frankreich. Doch ein Maserati und Geld machen nicht glücklich. Ich gehe ein und träume von einer Hoffnung. Die 93. Trennung in diesem Zeitraum ertrage ich nicht mehr. Ich gebe auf. Auch die Hoffnung auf eine Liebe mit dir. Ich bin einfach nur ein Arschloch, und das habe ich zu

spät erkannt. Ein Traum, der nie seine Wirklichkeit finden konnte. Mach's gut, dein Hans Moser!

**S:** *(zu M)* Du hast meine Liebesbriefe an dich für dein Drehbuch zu «Planet der Affen» verwendet!

**M:** Um zu zeigen, wie verlogen sie sind! Du liebst mich gar nicht.

**D:** *(in die Kamera)* Na, wie war ich?

**H:** Du weißt doch, du musst hart liegen! Ganz hart!

**S:** Ja, ich weiß.

**H:** Sonst ist dein Rücken eine Qual! Sonnenbrand ist das beste Mittel gegen Hautkrebs. Das wusste schon deine Großmutter.

**S:** Danke. Du bist so gut zu mir.

**C:** *(zu H)* Und wenn es so weit ist, bringen Sie mir das Glöckchen und eine Aspirin für den Monsieur.

**H:** Welchen Monsieur.

**C:** Den Monsieur Monsieur.

**H:** Ach so.

*M tritt auf.*

**M:** Ich lese nun schon seit Stunden Affenbücher! Und es ist kein Vergnügen. Was soll ich denn jetzt rausfinden über meinen Nebenbuhler? Wie soll ich verstehn, dass er der bessere Liebhaber für dich ist? Wie soll das gehn? Ich bin der, der nicht geliebt wird, da kann ich noch so viele Affenbücher wälzen, es springt nichts dabei heraus.



**H:** Einige werden nun mal nicht geliebt. Finden Sie sich damit ab!

**M:** Die eigenen Leidenschaften am Leben erhalten, darum geht es. Die Art, wie einem an etwas liegt. Und das geht mir gerade verloren! Oh Gott! Die Welt ist so unterkomplex ohne deine Betrügereien.

**C:** Hallo! Kann ich mit Ihnen sprechen?

**M:** Nein! Was wollen Sie denn?

*H klingelt.*

**M:** Gehen Sie mir weg mit dem Glöckchen und Nein! Ich brauche keine Aspirin. Eva! Lass uns reden!

**S:** Ich habe keine Lust, mir ein genaues Porträt von unseren Trainingsbeziehungen zu machen.

**M:** Wo hatten wir eine Trainingsbeziehung!? Und Action!

**H:** «Donnernde Motoren» 1, die Erste!

**St:** So. Können wir jetzt die Lazarettszene drehen? Wo ist denn die Schwester? Ah, da ist sie ja. *(zu S)* Was machst du da eigentlich?

**S:** Ich versuche mich vorzubereiten auf meine Krankenschwesternrolle. Es wird wohl kaum reichen, einfach nur ein guter Mensch zu sein.

**St:** *(in die Kamera)* In ihrem letzten Film musste sie auf einen Stapel Papier zeigen und sagen, das ist die Rohfassung meiner Doktorarbeit. Die muss ich jetzt noch durchgehn. Es war der einzige Lacher im ganzen Film.

**M:** Und Action!

**D:** Mutter! Bist du das?

**S:** Bleiben Sie ruhig!

**D:** Was sagten Sie, wo haben Sie mich gefunden?

**S:** Schweinereien können Sie sich sparen. Das wirkt bei mir nicht.

**D:** Ich hab nicht vor, wieder auf den Strich zu gehen. Damit hab ich meine ganze Jugend vergeudet. Mit Herumstehen und Warten.

**S:** Es war ziemlich kalt, und Sie lagen vor diesem Club. Niemand weiß genau, was sich da abspielt, aber man munkelt, es ist ein Club für Nekrophile.

**D:** Wer sagte Ihnen, dass Sie mich mitnehmen sollen. Vielleicht wollte ich mich tot stellen.



**S:** Es war schrecklich kalt.

**D:** Ja, eben.

**S:** Ich dachte, Sie werden erfrieren. Sie gehen zu so interessanten Orten.

**D:** Ich glaube nicht, dass ich da noch lange gelegen hätte.

**S:** Ja, das glaube ich auch. *(rückt ihm die Blindenbinde an seinem Arm wieder zurecht)* Ich muss sagen, sie ist mir erst aufgefallen, als ich Sie in meinen Wagen gesetzt habe. Sie sollten sie nicht so versteckt tragen. Was suchten Sie in der Gegend?

**D:** Ich hatte einen Arzt kennengelernt, den seltene Augenfehler interessierten.

**S:** Sie suchten einen Augenarzt? In dieser Gegend?

**D:** Nein. Er war Gynäkologe. Ein sehr guter sogar. Ihn interessierten nur Augenfehler. Warum weinen Sie?

**S:** Tut mir leid, ich kann nicht weiterspielen. Ich bin so glücklich. Mister DeMille, darf ich ein paar Worte ans Publikum richten?

**H:** Nein, bloß nicht.

102 **C:** Wo warst du denn, du süßer Streuner.

**S:** Ich habe einen Film gedreht und musste nur an dich denken.

**C:** Das ist schön, mein Schatz.

**S:** Nur wir beide, wir hatten die Größe uns zu zerfetzen! Mit unserem undisziplinierten Wissen! Wir konnten frei alles wissen und uns nur an eines halten, dass die mit der Kanne Susanne ist! Na und? Wir hatten so viel Zeit und wir konnten uns gar nicht alles zeigen, aber wir dachten nicht daran, unser Wissen zu disziplinieren.

**C:** Vielleicht müssen wir uns all das sagen, damit ich nicht ganz so leide, wenn du stirbst, übermorgen oder morgen. Vielleicht ist meine Angst so groß, dich zu verlieren, dass ich mir all diese Schmerzen zufüge, so über dich nachzudenken. Mir das alles auszumalen, was du aushalten musst, hier unter uns Menschen. Und deine Lebensdauer! Du musst dein Alter mal sieben nehmen, und dann haben wir dein Alter und danach bist du ...

**S:** Nicht sprechen! Denkst du denn manchmal nach über uns?

**C:** Ja natürlich, wie man nun mal nachdenkt zwischen uns, und in Beziehungen zwischen Menschen und Hunden. Ich weiß ja, was man alles mit dir machen kann, mit deinem Körper, und ich kann das nicht vergessen. Das sehe ich immer. Ich kann das nicht vergessen, was man mit deinem Körper alles machen kann. Ich sehe dich an und wir führen eine nicht-menschliche Beziehung, und das ist schwer, das weißt du doch. Da ist es schwer, die mit menschlichen Geschichten zu bearbeiten oder menschlichen Gefühlen.



**S:** Ja, ich weiß. Ich will keine menschlichen Gefühle zwischen uns, das zerstört uns nur. Sind unsere Leben bloß unlesbar oder wirklich unlebbar, andererseits leben wir sie doch, oder was ist das, was wir hier machen.

**M:** Was hat dieser Schimpanse, das ich nicht habe!

**S:** Unsere gemeinsame soziale Geschichte ist neu. Ich muss eine verwendbare Sprache erfinden, die über jede moralische Beziehung zwischen anthropomorphen Persönlichkeiten hinausgeht. Mein Leben braucht Intensität. Ich will mit jemandem sprechen, und es ist nicht gleich ein Dialog. Sondern eine Konversation und dass Liebe und Wissen immer zusammenwirken.

**M:** Eines Tages werde ich ihn erschießen. Er ist ja nur ein Tier! Ich werde diesen Drecksaffen erschießen. Das werde ich doch noch irgendwie hinkriegen, einen Affen zu erschießen! Ich meine, ich komm nicht mal ins Gefängnis.

**S:** Nein, nur über meine Leiche. Nein, das machst du nicht!

**H:** Und Cut!



## CLIP ERSCHIESSUNG

*D mit S im Arm, C.*

**C:** Wo willst du mit ihm hin?

**D:** Ich will ihn beerdigen.

**C:** Wo?

**D:** Im Pool.

**C:** Der Inspektor ist in der Klinik. Er könnte ihn erkennen. Es ist ein Polizeihund.

**D:** Wir hängen ihm Gewichte an die Beine.

**C:** Du bist ein Monster.

*M kommt herein.*

**M:** Was ist das?

**C:** Ein Hund.

**M:** Ist er tot?

**D:** Er schläft.

**M:** Wem gehört er?

**C:** Wer?

**M:** Der Hund.

105

**D:** Er ist mir nachgelaufen.

**M:** Warum hast du ihn mit reingebracht?

**D:** Ich wollte ihn nicht vor der Tür stehen lassen. Was meinen Sie, kann ich ihn behalten? Als eine Art Wachhund.

**M:** Wir haben schon einen.

**C:** Er ist sehr sehr gut.

**M:** Ist es ein Blindenhund?

**D:** Ganz recht. Er ist mir nachgelaufen.

**M:** Das ist ungewöhnlich. Dass ein Blindenhund ausgerechnet einem Blinden nachläuft. Finden Sie nicht?

**C:** Nicht im mindesten.

**H:** Und Cut!

**M:** Es gab doch mal so was wie einen Lebensplan, jemanden zu lieben, und vielleicht jemanden, dem das siebzehn Jahre gelingt, und dann macht er die Entdeckung, dass der andere in Wirklichkeit ein tschechischer Geheimagent ist, der auf ihn angesetzt wurde.



**C:** Jetzt sollten Sie ihm die Aspirin geben!

**H:** Jetzt? Und was ist mit dem Glöckchen?

**M:** Bleiben Sie mir weg mit dem Ding! Und jetzt ginge es doch vielleicht darum, einen Lebensplan zu entwerfen, in dem Betrug und Kontingenz schon von Anfang an mitgedacht und bearbeitet werden können. Also nicht nur die Ausführung eines integeren glücklichen Lebens, sondern der Plan sieht immer vor, dass zu jedem Zeitpunkt der andere etwas ganz anderes empfinden und leben kann. Und wie könnten wir mit dem absolut kontingenten anderen, den wir vielleicht nicht mehr menschlich nennen können, eine Beziehung führen? Mit einem Organismus, der seine eigene sozial konstruierte Welt mitbringt, in der er eben Geheimagent und Liebhaber gleichzeitig ist. Das können wir denken, aber das können wir nicht leben.

**C:** Warum denn nicht? Nur das, was verlogen ist, kann perfekt sein. Man sollte sich also unbedingt in einen Geheimagenten verlieben. Dieses Leben hat ja stattgefunden, auch wenn es ein Betrug war. Sie haben sich gegenseitig unterstützt, sie waren im Bett ... Einer von ihnen hatte eben noch ein anderes Leben, aber das vergiftet das Leben ja nur, wenn man die Wahrheit weiß. Die Wahrheit, dieses blöde europäische Wahrheitsdenken, muss das immer alles vergiften. Warum überlässt sie das nicht dem Geld. Das reicht doch, wenn das Geld alles vergiftet. Glückliche Leben beruhen auf Lügen.



**S:** Wir können nur noch Liebesgeschichten mit Betrügern führen und Geheimagenten. Nur die sind perfekt. Genauso wie ich es will. Das ist die einzige Möglichkeit, einen Traum zu leben. Der andere muss jemand anderem verpflichtet sein und den mit Informationen versorgen, den Geheimdienst im Hintergrund. Den braucht die Liebe unbedingt. Vielleicht stimmen einfach die Geschichten nicht, die wir uns erzählen, wenn wir lieben, vielleicht müssen wir uns unsere Liebe eben anders erzählen. Als eine mafiöse, von Betrug begleitete Liebesgeschichte.

**M:** Ist das dann die Lösung? Dass ein Geheimagent im Hintergrund sitzt, muss man akzeptieren, nur dann funktioniert es. Es ist zwar dann nicht der Traum von der radikalen einzigartigen Beziehung erfüllt, aber immerhin kann man alles real erleben, was so einen Traum ausmacht.

**C:** Das warst doch alles du, was wir erlebt haben, dass du da warst, das passierte doch alles, warum muss das auch noch ein europäisches Wahrheitsdenken sein. Das Wahrheitsdenken kann doch auch was ganz anderes sein. Dieser authentische Mist da draußen hat plötzlich wieder Zulauf, mit dem wir nichts bearbeiten können, jedenfalls nichts, was wir leben. Wie kommen wir da ran, an das, was wir leben, auch wenn wir hinterher erfahren, dass das alles verlogen war, und Strategie, und dass alle romantischen Dinner, die in diesem Moment stattfinden, zusammen drei Milliarden Euro kosten.



**S:** Wir können eh nicht leben. Wir Tiere wollen was anderes machen. Und nicht wie die Gentechnologie uns nur auf unsere Körper beziehen. Die Tiere wollen sozial sein. Die haben genug von der Biopolitik, dem Menschheitsprojekt. Die Grenzen sind gefallen, die Biologie ist beim Menschen angekommen und das Soziale bei den Tieren, im Darmtrakt einer Termite. Die wollen nicht repariert werden und ewig leben, die Tiere. Ein Organismus im Darmtrakt einer Termite hat einen Plan von einem historischen Projekt. Aber nicht die Gentechnologie, da geht es nur ums nackte Leben. Aber im Katzentheater geht es um ...

**H:** Und Action.

**Sa:** Ich hab vor einiger Zeit ein Hörbuch aufgenommen. Ich hab Thomas Bernhard gelesen für diese Süddeutsche-Reihe, und leider stand auch in meinem Vertrag, dass die wollen, dass ich in der Süddeutschen Zeitung was darüber schreibe. Über Thomas Bernhard und über mich und meine «Erlebnisse» beim Lesen, damit sie es in ihrer Zeitung veröffentlichen können. Aber ich meine, das ist nicht mein Beruf! Und ich versteh ja, dass die ihr Personal abbauen müssen, bei der Süddeutschen. Aber warum soll jetzt plötzlich eine Schauspielerin was über Thomas Bernhard schreiben. Ich hab das ganz wunderbar gelesen, die warn auch alle zufrieden, aber sie bestanden darauf, dass ich als die Schauspielerin, die Thomas Bernhard gelesen hat, jetzt auch was dazu schreibe. Sie selber wussten natürlich auch noch nicht, wie es ist, wenn plötzlich Schauspieler in ihrer Zeitung schreiben und was da auf sie zukommen würde. Jedenfalls hab ich mich hingesetzt und ein paar Überlegungen zu Thomas Bernhard angestellt und ich schicke sie dem zuständigen Journalisten. Ich fand das ganz gut, was ich da geschrieben hatte, aber als ich dann mit dem Journalisten telefonierte, fegt der meine Überlegungen über Thomas Bernhard sofort vom Tisch und stellt mir stattdessen die Frage, ob ich denke, ob Bernhard eher eine Lektüre für einen hellen sonnigen Tag wäre, oder eher für einen verregneten trüben Tag. Also, der wollte was Bestimmtes von mir hören, der hatte gelesen, was ich da geschrieben hatte, und konnte das nicht mit mir in Verbindung bringen. Ich hatte eigentlich von Anfang an nur Handlungen entgegengenommen. Ich muss mich immer auf die Konstruktion als «Andere» einlassen, um verstanden zu werden. Sonst weiß der Journalist einfach nicht, was ich von ihm will. Also ... wenn jemand mit mir redet ... Das waren alles Fragen an eine Schauspielerin. Ich sollte meine Rolle als Schauspielerin spielen, bei der irgendwas hängengeblieben ist, nach dem Lesen. Er wollte, dass ich Handlungen entgegennehme. Er konnte von Anfang an schon für mich sprechen. Und das hat er dann auch getan, er hat sich hingesetzt und einen Text verfasst, in dem er meine Erlebnisse bei der Lektüre von Thomas Bernhard niederlegte. Und jetzt wollte der, dass ich meinen Namen druntersetze. Seinen wollte er natürlich nicht druntersetzen, weil er so einen weiblichen Müll gerne hören und lesen, aber nicht selber sagen will. Ich meine, ich saß zu Hause am Telefon und hab mir die Haare ausgerissen und mich auf dem Boden rumgewälzt und der hatte keine Ahnung von einem Problem, das hier irgendjemand haben könnte. Der war total problemlos.



**H:** Und Cut!

## CLIP EXORZIST

**D:** Komisch ist das mit der Verachtung. Wie bei einem Tierversuch geht es darum, jemanden zu finden, der einem ähnlich genug ist, all diese abscheulichen Experimente durchzuführen, und den man doch weit genug von sich weghalten kann, damit man überhaupt in der Lage ist, das zu tun. Diese Tiere bis zum Tode zu quälen, weil sie einem ähnlich sind und doch fremd genug, um sie aus der Welt zu schaffen. Irgendwo in dieser Versuchsanordnung wird dieses Tier doch Mensch genug, um ihm all das gefährliche Zeug einzutrichtern, das für das Experiment notwendig ist, und es ist immer noch Tier genug, um sich von ihm abzuwenden. Ihn zu hassen, den Ähnlichen. Den vagabundierenden Ähnlichen.

*Auftritt D/C.*

**C:** Wo ist der Hund?

**D:** Ich hab ihn ins Zimmer gelegt.

*Auftritt M.*



**M:** Ich bin gegen den Hund getreten.

**C:** Können Sie nicht aufpassen?

**M:** Er hat sich nicht bewegt.

**C:** Er schläft ziemlich fest.

**M:** Ich bin ihm auf die Schnauze getreten. Er ist tot, wenn du mich fragst.

**D:** Daran wird er schon nicht sterben.

**M:** Das ist nicht, was ich meine. Der Punkt ist, er hätte aufwachen müssen. Was ist das für ein Hund, der nicht aufwacht, wenn man ihm auf die Schnauze tritt.

**C:** Ich geh mit ihm zum Hundetraining. Er wird noch ein guter Wachhund, Sie werden sehn.

**M:** Es ist der Hund des Wachmannes, den man zusammengeschlagen hat. Er war sein ganzes Leben lang beim Hundetraining. Er ist tot. Du bist es gewesen. Du hast seinen Hund getötet. Gib es zu.

**C:** Nein.

**M:** Es ist ein toter Polizeihund.

**D:** Machen Sie sich nicht lächerlich.

**M:** Warum rührt er sich dann nicht?



**D:** Er hat ein Beruhigungsmittel gekriegt. Ich wollte nicht, dass er die Liegestühle anknabbert.

**M:** Keiner betäubt seinen Hund, damit er ihm nicht das Mobiliar anknabbert. Ich hoffe, du hast eine bessere Erklärung dafür, wenn ich wieder zurück bin.

**D:** Wir müssen den Hund loswerden.

**C:** Wir müssen hier rein.

**H:** Und Cut!

**C:** Es war die falsche Tür. Also es ist nicht die, sondern die Tür! Ich kann das. Ich kann das. Ich habs gleich. Also es ist nicht die, sondern die Tür.

**H:** So, jetzt aber mal richtig jetzt! Wir drehen gleich! Kamera läuft! Und bitte!

**M:** Ich hoffe, dir fällt etwas Besseres ein, wenn ich wieder zurück bin.

**D:** Wir müssen den Hund loswerden.

**C:** Wir müssen hier rein!

**H:** Und Cut! Das hier ist ein Bücherschrank und das hier ist eine Tür. Hier sind lauter Bücher und hier ist nichts. Da musst du durch.

**C:** Ja, ich verstehe.



**H:** Und bleib auf deiner Markierung ... Kamera läuft, Ton läuft, und bitte.

**M:** Ich hoffe, dir fällt etwas Besseres ein, wenn ich wieder zurück bin.

**D:** Wir müssen den Hund loswerden.

**C:** Wir müssen hier rein!

**H:** Und Cut!

**C:** Ich weiß, das hier ist ein Bücherschrank und das hier ist eine Tür. Hier sind lauter Bücher und hier ist nichts. Da muss ich durch.

**H:** Jetzt bitte mehr Leben! Die Dame mit dem Hündchen mehr Bewegung! Kamera läuft, Ton läuft, und bitte.

**M:** Ich hoffe, dir fällt etwas Besseres ein, wenn ich wieder zurück bin.

**D:** Wir müssen den Hund loswerden.

**C:** Wir müssen hier rein! *(durch Fenster ab)*

**M:** Es darf keine Lebenslüge geben, die gegen uns gewendet werden kann. Niemals. Das ist das Leben, die Lügen, und wenn wir so vor uns stehen, darf das kein Instrument sein, uns zu kompromittieren, dass wir gespielt haben und dass wir verlogen warn. Das kann nicht sein, dass wir dafür entweder im Gefängnis sitzen oder in einem Ibsen, in Plötzensee oder in Rosmersholm, nur weil wir lügen. Die Konversation der Menschen ist nun mal ins Stocken geraten, also müssen wir lügen, um weiterzukommen und irgendwann ein Gast zu sein oder ein adoptierter Verwandter, aber bitte nie mehr ein Liebespaar, diese Geschichte, die an einer Ruine baut, immer und immer wieder. In Liebesgeschichten ist Konversation ins Stocken geraten! Das ist alles, was über sie zu sagen ist!

**S:** Ich bin nicht zu reich, um zu spielen. Nur weil ich Millionärin bin, darf ich nicht mehr auf die Bühne? Seid ihr verrückt geworden?

**C:** Darf ich dir den Brief vorlesen? Er ist an meine Mutter!

**M:** Ja, gerne. Man spürt schon, dass es Herbst wird.

**C:** Mutter! Ich kam 1999 nach Stockholm, um eine Karriere als Schauspielerin zu machen. Und zwischen Oktober 99 und April 2001 bin ich bei mehreren Castings gewesen, die alle wenig erfolgreich waren, was zu einer ziemlich ernsthaften Krise führte. Die Comedy-Clubs wollten keine unerfahrenen Komiker einstellen. Es war ein Teufelskreis. Du verstehst? «Wir nehmen niemanden, ohne Erfahrung!» Aber wie kann man Erfahrungen machen, wenn man keine Gelegenheit zum Spielen bekommt? Ich wusste anfangs noch nicht viel über das Internet, als ich mich im April 2001 anfing, damit zu beschäftigen. Wirklich nicht! Und nach einer Zeit des Herumsurfens fand ich viele viele Filmseiten, also Seiten, die sich mit Filmen beschäftigten, und ich wollte so gerne auf einer sein! Aus heiterem Himmel erfand ich einen Titel «Lullaby of Clubland», was auf Deutsch so in etwa: Wiegenlied der Clubszene heißt, und ich hab diese Nachricht auf einer Orlando-Bloom-Seite hinterlassen und behauptet, er würde da mitspielen. Dem Inhaber der Fanseite hab ich erzählt, Orlando Bloom und ich wären seit mehreren Jahren sehr gute Freunde! 2001 gab es ungefähr zwei oder drei Bloom-Fan-Seiten im Internet, und ich hatte damals keine Ahnung, dass er mal so «groß» werden würde! Dann hab ich ein paar Kritiken über eine One-man-Comedy-Show von mir geschrieben und hab sie auch da irgendwo hinterlassen. Ein paar Monate später, es war ungefähr zur Premiere von dem «Herr der Ringe»-Film, fand ich meinen Namen plötzlich überall im Netz, er hatte sich wie wahnsinnig verbreitet. Einige Fans erfanden einen weiteren Film mit mir und Orlando Bloom und andere schrieben, ich und Bloom hätten eine Affäre. Zu diesem Zeitpunkt ist mir das aus den Händen geglitten. Ich hatte absolut keine Ahnung über die Dimensionen im Internet, über die Geschwindigkeit, in der Nachrichten und Gerüchte verbreitet werden! Und ich war gleichzeitig überrascht, weil ich nie gedacht hätte, dass das meine Karriere derart befördern würde, und gleichzeitig geschockt, weil ich ahnte, das Ganze würde eines Tages auf mich zurückfallen, und man würde niemand anderem dafür die Schuld geben als mir!

*S tritt auf.*

**C:** Mutter!



**S:** Liebste, kleine Eva ...

**C:** Liebste kleine Mamma, willkommen. Wie schön, dass du da bist. Ich kann gar nicht glauben, dass es wahr ist.

**S:** ... ach, wie mein Rücken schmerzt. Kinder, ihr könnt euch gar nicht vorstellen, wie entsetzlich die Autofahrt war. Mein Gott! Zwei Jahre hör ich jetzt die Musik, die wir immer hörten, sie ist jetzt wie ein Museum und jetzt bist du weg weg weg. Die Welt hört andere Musik und ich immer noch die alte. Warum halten wir nur so an dieser alten Musik fest? Für immer. Wie kann das sein. Kann es sein, dass ich etwas lebe, was wirklich noch niemand vor mir lebte, die wahre Liebe, und trotzdem das Gefühl habe, ich halte an etwas ganz ganz Altem fest? Nein, dieser Dreck ist ja Standard in all den Institutionen, aber warum kommt es mir so vor, als lebte ich das Leben eines Mikroorganismus im Darmtrakt einer Termite, und das als wahre Liebe, als etwas was Milliarden Jahre alt ist, aber nicht als Liebe entdeckt bisher. Wir müssen nur denken, unsere Liebe ist nicht alt. Sie ist älter. Milliarden von Jahren alt. Und ihr Modell sind Mikroorganismen und nicht die Romantiker.

**C:** Wir haben zu lange gegraben, um all das über uns zu finden. Und das ist doch mal eine richtige tiefe Bohrung in die Geschichte und nicht immer nur die der Menschen. Die Geschichten der Menschen sind nicht unsere, von uns beiden. Warum gibt es keine Geschichte von uns, die wir Milliarden von Jahren aufeinander warteten? Warum gibt es uns nicht als Liebesgeschichte? Und warum darf es uns nicht geben als das. Die würde uns nur aus der Welt schreiben, uns Verliebte, eine Liebesgeschichte. Die würde nur wieder sagen, die liebt einen Schimpansen und wüsste nichts von dem Mikroorganismus im Darmtrakt einer Termite.



**S:** Ihr könnt ja eure tiefschürfenden Gespräche alleine weiterführen. Ich muss mich jetzt für die Anna-Karenina-Szene vorbereiten.

**St:** Diese Eve Harrington hat gerade deine Rolle gespielt! Es war wie Musik und Feuer.

**S:** Was? Wie kommt sie denn dazu?

**H:** Und sie war sehr gut! Wirklich, ich hab so was noch nie gesehen. Wieso bist du denn mit dem Wagen liegen geblieben? Hat dir jemand Zucker in den Tank getan?

**S:** Dieser Schimpanse war meine Zweitbesetzung? Eve war meine Zweitbesetzung?

**C:** Oh Hans! Ich kann dir nicht sagen, wie glücklich ich darüber bin, dass du so spät gekommen bist?

**S:** Wirklich? Warum denn?

**C:** Ich hätte nicht weiterlesen können, wenn du in der Mitte des Stücks hereingeplatzt wärst. Ich war schrecklich, glaub mir! Ich habe kein Recht, die zweite Besetzung zu sein. Am wenigsten deine.



**S:** Ich glaube, du unterschätzt dich wieder einmal, Eve. Wie gewöhnlich.

**M:** Du wärst stolz auf sie gewesen.

**S:** Das glaube ich.

**M:** Sie war eine Offenbarung.

**S:** So? Für dich auch? So voller Leben, Feuer und Musik?

**M:** Fräulein Schober. Dieses Waschweib. Nur wenige Male nahm ich an einer der Offenbarungen teil, die alle erbitten und erwarten. Paula Wessely oder jetzt eben Eve Harrington. Brillant und lebendig.

**S:** Das Stück muss dir völlig neu und frisch und erregend vorgekommen sein, als es so gelesen wurde, wie du es geschrieben hast. Tut mir leid, dass ich es gelesen habe, wie eine Bachkantate.

**M:** Was soll das kindische Katz- und Mausspiel?

**S:** Nicht Maus, das ist viel zu harmlos. Ich würde sagen: Ratte!

# TOD EINES PRAKTIKANTEN

| | |
|---|---|
| Regie | René Pollesch |
| Bühne | Bert Neumann |
| Kostüme | Viktor&Rolf für H&M |
| Kamera | Ute Schall |
| Dramaturgie | Aenne Quiñones |

Premiere in Berlin am 11.01.2007, Volksbühne im Prater

**I** **I**nga Busch
**T** Chris**t**ine Groß
**N** **N**ina Kronjäger

**T:** Wo hab ich denn mit dir zu tun? Hm? Wo denn? Das seh ich irgendwie nicht.

**N:** Wo hab ich denn mit dir zu tun? Hat das, was ich nicht an mir sehe, mit dir zu tun? Warum erzähl ich mir immer, dass mein Körper an der Haut endet? Und nicht, dass der mit dir zu tun hat?

**T:** Ich will wieder mit dir reden. Aber welche Stelle an mir, mit welcher Stelle an dir? Das hier hinter mir: Wolfgang Tillmans Fotoatelier! Wo hat das denn mit dir zu tun?

**N:** Jetzt gerade geht alles zum größten Teil an der Wirklichkeit vorbei. Auch die Geschichte, die wir uns beide über uns erzählen.

**T:** Die geht mit Sicherheit gerade jetzt an der Wirklichkeit vorbei.

**I:** *(zeigt auf das Obst)* Komisch. Noch gestern hab ich davon gegessen. Ich weiß nicht, wie ich das gemacht habe. Es hatte mit Verzweiflung zu tun, aber dieser Betrug war die einzige Möglichkeit, real an meinen Traum heranzukommen.

**T:** Warum geht immer alles zum größten Teil an der Wirklichkeit vorbei? Und mit Sicherheit jetzt! Und ist doch wirksam?

**I:** Sag mal, irr ich mich, oder hast du etwa ein Brautkleid an?

**N:** Und ist das nicht deine Tagesgage da? Zweihundert ...

**T:** *(hält ihr den Mund zu)* Darüber dürfen wir nicht sprechen. *(in die Kamera)* Wir beide gehen doch zum größten Teil an der Wirklichkeit vorbei.



**T:** Die ganzen Äpfel hier. Und die Tomaten. Und du. Und das da. Wir sind hier wahrscheinlich in Wolfgang Tillmans' Fotoatelier. Er ist grün und links, deshalb liegt auch das ganze Obst hier rum. Die ganzen Äpfel hier und hier ... und ich hab diese Reisen gemacht. Die ganzen Reisen. Die ganzen Reisen eines Praktikantenreisenden. Was? Nein, die haben sich nicht gelohnt. Nein, ich weiß auch nicht, was ich falsch gemacht hab.

**I:** Die ganzen Äpfel in Wolfgang Tillmans' Fotoatelier, das ist alles Fake! Und trotzdem braucht dieser Fake eine ständige Bearbeitung!

**T:** Und wie kann man zeigen, dass das Ostend hier ein dynamisch aufstrebendes Viertel ist? Und wie sieht so eine Dynamik aus?

**I:** Diese Fotos sind anscheinend nicht für den Gebrauch bestimmt.

**N:** Lieber Praktikant, du kannst dich bei dieser Nutte Tillmans nicht ins Zeug legen. Du kannst damit deren Motivation nicht steigern, dir eine geregelte Arbeitsbeziehung zu beschaffen. Der turnt lieber in London rum, weil man Assistenten da viel unbürokratischer beschäftigen kann. Also wie steigerst du Wolfgang Tillmans' Motivation? Doch nicht durch Liebe. Die Paradoxien seiner grünen linken Position und seiner Unternehmer-aus-Zufall-Praxis möchte er nicht missen, auch wenn er sie mit der Moral der Käfer besser bearbeiten könnte als mit seinem liberalen Künstlerbild. Also wie zeigt man, dass das Ostend hier ein dynamisch aufstrebendes Viertel ist und dass es Lebensumstände gibt, die ständige Bearbeitung erfordern.



**N:** Warum hab ich diese maßlose Zeit verschwendet? Weil ich nicht leben konnte. Ich konnte nun mal nicht leben. Und da kommt ja auch Angela Merkel. Die ist so cool und was für eine Aura. Was für ein großartiger Mensch! Aber du, du warst so viel schöner.

**I:** Du warst noch viel schöner als Angela Merkel. Das muss man ihr vielleicht mal sagen. Hoffentlich ist sie dann nicht enttäuscht von mir.

**N:** Die Zeit hat ihr nichts anhaben können. Bei der ist der Lack nicht ab. Im Gegenteil, die hat eher an Lack zugelegt.

**T:** Und wenn sie nicht mehr so gut aussieht, müsste man sie auch loswerden. Vielleicht geht sie ja von selbst. Das sage ich aber nur, um sie zu verletzen.

Im Grunde bin ich völlig begeistert von ihr. Ich will nur verletzen, was ich liebe und woran ich glaube.

**I:** Ich war jedenfalls froh, dass ich dich rechtzeitig losgeworden bin. Du kannst jedenfalls nicht zurückkommen, wenn du hässlich geworden bist. Dann nehm ich dich nicht mehr.

**T:** Es gibt Lebensumstände, die ständige Bearbeitung erfordern. Wie zeigt man das? Wo nichts darauf wartet, lesbar zu sein, vor allem keine Lebensumstände, die dauernd neu und anders bearbeitet werden müssen. Und wie kann man zeigen, dass das Ostend hier ein dynamisch aufstrebendes Viertel ist? Und

wie sieht so eine Dynamik aus?

**N:** Die Volksbühne ist kein dynamisch aufstrebendes Viertel ... oder wie sieht so eine Dynamik aus? Wie soll man sich das vorstellen, ein dynamisch aufstrebendes Viertel oder das Gegenteil, ohne immer nur Beschreibungen von Personen abzuliefern und nicht die Lebensumstände, die eine ständige Bearbeitung erfordern.

**T:** *(zeigt auf eine Leichenmarkierung aus weißem Gaffertape)* Und da liegt ja auch der Praktikant. Wie ist der denn ums Leben gekommen?

**I:** Keine Ahnung, wie das passiert ist.

**T:** Na, vielleicht bringt es ja die Sonne an den Tag. Oder vielleicht war ja die Sonne Zeuge.

**I:** Das hier ist der Boulevard der Dämmerung. Er ist voller Prunkvillen, die sich die verrückten Filmleute hingestellt hatten, als das Geld noch auf der Straße lag. Oder die Plattenbauten, die den verschuldeten Kommunen zu günstigen Konditionen abgekauft werden.

**N:** 477,51

**I:** Und im Pool eines dieser Häuser schwimmt eine Leiche. Die Mordkommission ist alarmiert. Denn ein einstmals weltbekannter Filmstar ist in die Angelegenheit verwickelt. Keine bedeutende Persönlichkeit, nur ein kleiner Filmdichter und Praktikant, der ein paar mittelmäßige Drehbücher geschrieben hat in diesem idealistischen Berlin. Das eine Folge

des Bankenskandals ist. Oder der 32-jährige EDV-Chef von AUBIS.
Als er endlich bekam, was er sich immer gewünscht hatte, sich im Grunewald zu erhängen, musste er es mit einem hohen Preis bezahlen. Wahrscheinlich hat er sich zu sehr damit abgequält, originelle Geschichten zu erfinden.
Es gibt einen Film, Snowcake, in dem wälzt sich Sigourney Weaver im Schnee, und in Interviews behauptet sie dann, sie spielt eine Autistin.

**T:** Es schneit, und Sigourney Weaver wälzt sich im Schnee.

**I:** Hier liegen überall Millionäre auf der Straße und stellen Autisten dar. Was ist denn das?

**N:** Das hier ist ein ganz billiger Film und ... Normalerweise werden hier die Ausgeschlossenen beschrieben, aber es müssten vielleicht eher Situationen geschildert werden, in denen Menschen von der vollen Teilhabe an gesellschaftlich produzierten Ressourcen ausgeschlossen sind. Wie soll man das machen? Die Volksbühne ist kein dynamisch aufstrebendes Viertel ... aber sie steht in einem.

**T:** Und die Tagesgage auf deinem Kleid, die kannst du dir an den Hut stecken, du verdienst doch auch beim ZDF.

**N:** Und wir Tagelöhner der Volksbühne kucken zu den Sklaven des Ballhaus-Ost runter. Allerdings denken

die auch, dass sie vor allem das Elend der anderen kreativ bearbeiten können. Und wir denken das anscheinend auch. Also wie zeigt man, dass das Ostend hier ein aufstrebendes dynamisches Viertel ist. Und dass es Lebensumstände gibt, die ständige Bearbeitung erfordern.

**T:** Was machst du da?

**N:** Ich spiele.

**T:** Deine Kinder ...

**I:** Sie ist Mutter von Zwillingen. Die gibt es, während sie hier sitzt.

**T:** Was ist mit ihnen?

**I:** Sie liegen da hinten ...

*Kamera zeigt zwei Babys.*

**N:** Ja, ich weiß, ich hab sie mitgebracht.

**I:** Das ist ein Fake. Sie hat sie gar nicht mitgebracht. Das sind bloß Puppen. Mit denen sie ihren Alltag hinter der Bühne simuliert.

**T:** Und da ist René, ihm geht's nicht gut.

**I:** Was sollen wir denn jetzt machen? Den brauchen wir nicht.

**T:** Was ist mit dir? 

**N:** Mir geht's nicht gut. Wahrscheinlich war eine von den Austern schlecht.

**T:** Wo soll denn jetzt der Text herkommen?

**I:** Hat der denn nichts anderes im Kopf, als Austern zu schlürfen? Müssen denn wieder die ganze Arbeit die Praktikanten machen?

**T:** Der ist so verfressen.

**N:** Ich esse eigentlich gar nicht so viel. Ein paar Austern hier und da. Beluga-Kaviar ...

**I:** Und wer soll sich jetzt um deine Zwillinge kümmern?

**N:** Nein, ich wollte nur mal kurz rausgehen und mich im Schnee wälzen. Irgendjemand muss schließlich für die Autisten sprechen.

**T:** Ja, was ist denn das? Ja, was macht die denn da: wenn sie sich im Schnee rumwälzt. Das ist doch keine Solidarität.

**I:** Aber ihre Aura hat etwas von Angela Merkel.

**N:** Und sag mir nicht wieder, dass so ein dynamisches Viertel aussieht. Nicht mit der Windmaschine, das ist lächerlich.

**T:** Das ist nicht lächerlich.



**I:** Ich bin doch nicht bei einem Experiment hier, wo mit Dynamik experimentiert wird. Oder doch?

**I:** Das ist nun mal so. Es ist nun mal alles so, wie es nicht ist.

**T:** Oh Mann, du müsstest mittlerweile so hässlich sein, dass ich es nicht überleben würde. Dich wieder zu treffen.

**N:** Du interessierst dich doch gar nicht für mich.

**I:** Doch doch. Nochmal zu dem Praktikanten. *(Kamera zeigt die Markierung)*

**N:** Was hat er denn zuletzt gesagt?

**T:** Na, Rosebud. Das stand doch in jeder Zeitung.

**N:** Das Letzte, was ich gehört habe, ist, dass er tot ist, und das hat in jeder Zeitung gestanden.

**I:** Da legt der Mann sich zum Sterben, und ihm fällt nichts anderes ein als Rosebud.

**N:** Finde heraus, was das Wort bedeutet, zu allen gehst du hin. Du wirst alle fragen, für die er gearbeitet hat ...

**T:** Ich mach mich auf die Socken.

**N:** Tot oder lebendig. Es kann sich herausstellen, dass es was ganz Simples war. 

**T:** Ich mach mich auf die Socken, du hörst es.

**I:** Wer hat Ihnen erlaubt, sich zu setzen. Gehen Sie, gehen Sie, gehen Sie!

**N:** Erst gestern hat sie gesagt ... was kann das sein ... Rosebud!? Aber dann hat sie aufgehört, drüber nachzudenken.

**I:** Versprechen Sie mir, sich auf die Seiten zu beschränken, in denen vom Praktikanten die Rede ist.

**T:** Was denn sonst? Mich interessiert alles andere gar nicht.

**N:** Was haben Sie dazu zu sagen, Charles Foster Kane?

**T:** Wenn die demenzkranke Maria Schell in dem Dokumentarfilm ihres Bruders nach ihrem Erfolg gefragt wird, sagt sie immer: Das war alles Angst. Der fragt sie, ob sie sich erinnern würde an ihre Auftritte auf dem roten Teppich und Yul Brunner und so, und sie sagt immer nur, das war alles Angst! Jetzt kann man natürlich sagen, die dumme Kuh hat einfach alles vergessen. Ihr Leben! Die hat ihr Leben vielleicht vergessen. Aber die hat ihr Leben nicht vergessen. Die ist vielleicht zum ersten Mal nicht getrennt von ihrem Leben!

132 **I:** Und wenn sie in ihrem Bett liegt, nachdem sie im Internet 30 Plasmafernseher gekauft hat, weil sie Demenz hat, und die kriegen die Fernseher jetzt einfach nicht mehr in ihr Badezimmer rein, dann sagt sie, dass sie uns allen doch immer so viel Freude geschenkt hat durch ihre Filme und dass es jetzt Zeit wird, dass man auch etwas für sie tut! Und alle stehn um sie rum und fragen sich, was meint die bloß mit Freude, die kranke hirntote Frau! Die weiß doch, sie hat uns allen Angst geschenkt! Die pure Angst! Das haben wir von der blöden Schell gekriegt. Die pure ANGST!

**T:** Andrea Breth hat neulich auch 30 Plasmafernseher im Internet gekauft und 3 Z4-BMWs. Und dann einen Liftboy mit einem Messer bedroht. Die weiß auch: die Klassiker, das ist alles Angst! Und der

Liftboy weiß das natürlich jetzt auch, nachdem ihn die Breth bedroht hat, oder seit der Schule schon. Emilia Galotti! Torquato Tasso! Alles Angst! Vor allem, weil die in getrennten Stücken leben und sich nicht solidarisieren können.

**N:** Geht bloß weg! Ich will eure Angst nicht!

**T:** Wo soll ich denn jetzt bloß mit den 30 Plasmafernsehern hin?

**N:** Dieser Schlitten hat mich von meinem Leben getrennt.

**I:** Rosebud.



**T:** Hör auf, dich im Schnee rumzuwälzen!

**N:** Der dumme Schlitten.

**I:** Angst ... Rosebud ... das ist, was übrig bleibt von den gelebten Leben.

**N:** Es ist merkwürdig und kaum vorstellbar, aber das hier ist der Planet der Affen.

**I:** Es sieht aber gar nicht so aus! Dieses flatterhafte Wesen.

**T:** Was ist denn da draußen los?

**I:** Lauter Millionäre, die sich im Schnee wälzen.

**N:** Ich bin Hans Moser. Ich bin Hans Moser. Und ich finde so gut, dass an diesem Theater alle umsonst arbeiten. Da ist man doch gerne dabei.

**T:** Ein Brief von der Mietzi.

**N:** Ein Brief von der Mietzi?

**I:** Ein Brief von der Mietzi aus Mexiko.

**N:** Ein Brief von der Mietzi? Was will die denn von mir? Die hat mir drei Millionen vermacht. Die Mietzi. Was macht die denn in Mexiko?

**T:** Na, da wirst du doch jetzt nicht mehr die Post austragen, oder?

**N:** Wieso denn nicht? Wieso soll ich denn jetzt plötzlich nicht mehr die Post austragen?

**T:** Das wirst du doch jetzt nicht mehr machen! Als reichster Mann von Windeck wirst du doch jetzt nicht mehr die Post austragen?

**N:** Ein jeder will mich aus dem Beruf herausdrängen, nur weil ich, Hans Moser, Millionärin bin! Soll ich etwa nicht mehr die Post austragen oder mich im Schnee rumwälzen und die Autistin spielen?

**I:** Diese Millionäre, die sich dauernd selbstverwirklichen wollen.

**N:** Und kreativ das Elend der andern bearbeiten.

**I:** Aber die Tagelöhner doch auch, die sprechen doch auch für die Sklaven.

**T:** Denen reicht wohl das Geld nicht. Und was ist denn mit den Praktikanten? Die wollen das schließlich auch! Selbstverwirklichung.

**N:** Der Bauchredner als Millionär.

**I:** Hier liegen überall Millionäre auf der Straße und stellen Autisten dar. Was ist denn das?

**N:** *(zu sich selbst)* Hör sofort auf damit!

**T:** Das ist doch hier nicht wirklich der Planet der Affen!



**N:** Er war ein Gorilla, den wir nie vergessen werden.

**I:** Hör sofort auf, dich auf der 4 rumzuwälzen. Das macht überhaupt keinen Sinn.

**T:** Da waren all diese Gorillas und Praktikanten im Nebel.

**N:** Und du reichtest ihnen die Hand.

**T:** Wir waren so glücklich, du und ich, die Praktikantin und Wolfgang Tillmans und du und ich und die Gorillas. Er war ein Gorilla, den wir nie vergessen werden. Warum gehen uns Geschichten nahe, die nicht unsere sind.

**I:** Das war sehr gut. Nice Number Jungs! Wo ist denn dieser kleine Praktikant, der Gershwin gurgeln wollte.

**T:** Hier bin ich. Aber ich wollte nicht Gershwin gurgeln, sondern googeln.

**N:** Googeln Sie von mir aus Gershwin, wann Sie wollen, hier wird er gegurgelt. Los jetzt!

**T:** Ja, aber wie kommt es, dass ich mir nahegehe, obwohl ich nicht in mir zu Hause bin.

**I:** Natürlich gibt es einen Planeten der Affen, schließlich haben sie jahrelang welche in Raketen

da hochgeschickt, und fast alle sind nicht wieder zurückgekommen. Fast alle Affen. Und da muss es doch irgendwo einen Planeten der Affen geben. Da oben. Das wäre sonst nicht normal.

**T:** Die Affen wollten wohl nicht. Wer hat die denn bloß da oben gelassen, diese wirksamen Körper?

**I:** Sigourney Weaver ist auch wieder zurückgekommen, die wollte auch keine Autistin bleiben, auf dem Planeten der Autisten.

**N:** Und die bei der Nasa und bei Theater der Welt sagen auch, sie könnten das besser als die Praktikanten, aber die schmeißen nun mal den ganzen Laden hier.

**I:** Ich sitze hier auf dem Bett von Wolfgang Tillmans am Sunset Boulevard, und ich kann Ihnen sagen, er ist verrückt geworden.

**T:** Also, was ist denn jetzt genau das Problem, wenn Sigourney Weaver eine Autistin spielt.

**N:** Wenn eine Millionärin sich auf dem Boden rumwälzt und für die Autisten sprechen will und welches Heil die für die Menschheit bedeuten, wenn wir bloß einen Blick aus ihren Augen auf die Welt werfen würden.

**I:** Auch für sie als Millionärin. Es ist diese männliche Mittelstandsposition, die diese Millionärin einnimmt, die immer das Glück bei den andern findet. Das ist das Problem.



**N:** Dieses komische Versprechen der Transzendenz, das die Verantwortlichkeiten verschiebt von unseren gelebten Leben zu den falschen Visionen der Versprechen.

**T:** Sie lässt die Andern das Glück entgegennehmen. Der kann das Glück, das sie ihm zuschreibt, dann auf den Seiten seines prekären Internettagebuchs veröffentlichen.

**I:** Sie will niemals die Andere sein, deshalb muss sie dauernd von dem Anderen reden und die Differenz performen und zementiern, von dem zu ihr. Deshalb ist es so wichtig zu sagen, dass sie eine mehrfache Millionärin ist.

**N:** Warum sollen auch immer nur die Ähnlichen miteinander sprechen oder sich die Unähnlichen immer in den Ähnlichen sehn, wo die doch nur immer die Differenz performen zu denen, die unähnlich sind, die werden immer unähnlicher gemacht, das macht doch die Sigourney Weaver dauernd, die macht den Autisten dauernd zum Unähnlichen und nicht zum Partner, mit dem sie verbunden ist.

**T:** Dass sie sagt, sie will durch seine Augen die Welt sehn, das stimmt doch nicht, warum ist sie dann Millionärin geworden und nicht Autistin?

**N:** Aufgrund der Macht, die den Geschichten zukommt, die WissenschaftlerInnen über die Welt erzählen, ist es wichtig, in dieses Spiel einzugreifen und eigene Geschichten zu erzählen. Denn für Haraway ist Wissenschaft eine machtvolle Form, unserem Leben Bedeutung zu geben, indem Geschichten erzählt werden, ganz analog wie in der Literatur. Daher hält sie am Begriff der Objektivität weiterhin fest und formuliert ihn neu, als situiertes Wissen. Bisher kennzeichnete sich Objektivität durch eine entkörperte Perspektive von außen, von oben herab aus: «Dieser Blick schreibt sich auf mythische Weise in alle markierten Körper ein und verleiht der unmarkierten Kategorie die Macht zu sehen, ohne gesehen zu werden sowie zu repräsentieren und zugleich der Repräsentation zu entgehen. Dieser Blick bezeichnet die unmarkierte Position des Mannes und des Weißen.» Haraway bezeichnet diese Perspektive als die des göttlichen Tricks, der sich aber als Illusion entpuppt. Dem setzt Haraway ein Objektivitätskonzept des verkörperten, verorteten Wissens und der partialen Perspektive entgegen: «Auf eine weniger verkehrte Weise erweist sich Objektivität als etwas, das mit partikularer und spezifischer Verkörperung zu tun hat und definitiv nichts mit der falschen Vision eines Versprechens der Transzendenz aller Grenzen und Verantwortlichkeiten. Die Moral ist einfach: Nur eine partiale Perspektive verspricht einen objektiven Blick.»

**I:** 477,51. Hat so viel nicht diese Maschine gekostet, die ich in Dings gekauft habe?

**N:** Macht sie Musik?



**I:** Nein, sie macht keine Musik. Warum steht eigentlich nicht auf dieser Windmaschine, was sie gekostet hat?
Dieser Körper ist doch nicht wegzuleugnen, und trotzdem kann er nicht gedacht werden, es kann alles um ihn herum gedacht werden, aber nicht dieser Körper. Und ich halte an der Auffassung fest, dass er wirkt, ohne dass er gedacht werden kann. Weder von dir noch von einem Journalisten, der immer nur hörn will, was ich gefühlt habe. Aber diese Liebe kann doch nicht dazu führn, dass man nicht hört, was ich so von mir gebe. Dieser Körper ist doch wirksam! Das kann man mir doch nicht sagen, dass dieser Körper nicht wirksam ist!

**T:** Du und dein flatterhaftes Wesen!

**I:** Diese Prunkvillen und ihr flatterhaftes Wesen.

**I:** Hör auf, diese Autistin zu spielen!

**N:** Es war mir ganz neu: Rosebud! Das hat der Praktikant nie erwähnt.

**T:** Und warum sollte ausgerechnet das sein letztes Wort gewesen sein.

**I:** Vielleicht hat er es mit Rosenthal verwechselt. Die diese Kaffeetassen hergestellt haben.

**N:** Vielleicht, weil es ihn von seinem Leben trennte.



**I:** Von welchem Leben denn?

**N:** Ich bin Hans Moser und ich bin in einen delikaten Mordfall verwickelt ...

**I:** Aber Sie sind freigesprochen, sein letztes Wort war Rosebud. Und so ist doch nicht etwa Ihr Mittelname?

**T:** Mittelerde.

**N:** Nein, so ist er nicht. Mein Mittelname ist Wolfgang. Er entstand auf dem Planet der Wölfe.

**I:** Wolfgang Tillmans' Fotoatelier und Primatologie, das sind die Felder, in denen politische Kämpfe ausgefochten werden. Der Planet der Affen. Der

Planet der Praktikanten. Das ist das Feld, auf dem augenblicklich die Kämpfe ausgefochten werden.

**T:** Die haben uns doch mal die Hand gereicht, die Praktikanten, uns Großkünstlern, um uns zu versöhnen mit den Widersprüchen in der Repräsentation.

**I:** Ich hab so lange darauf gewartet, bis mir dieser Praktikant die Hand reicht. Und dann ist nichts draus geworden!

**N:** In der Theorie geht es in der Liebe nicht um Dankbarkeit, in der Praxis aber schon. Und die Wirksamkeit dieses Körpers, also das Gewicht, dem muss ich doch mehr Aufmerksamkeit schenken als einer Theorie von Liebe, die du immer pflegst, warum 
tust du das eigentlich? Und warum pflegst du nicht die Praxis von Dankbarkeit in der Liebe?

**T:** Die ist nun mal nicht da, deshalb. Theoretisch.

**I:** Ist das ein Geschenk von dir, und wie ist das mit der theoretischen Freiwilligkeit bei Geschenken und der Wirklichkeit, in der ich die beantworten muss. Ich muss ja reagieren auf dich und die Geschenke, Tillmans. Kann ich schlecht gelaunt sein, wie sind wir verwickelt in die theoretische Freiwilligkeit von Geschenken?

**T:** Wenn ich über die Körper nachdenke, die nicht zu denken sind, bleibt da so ein unerträglicher Rest und das ist DAS hier! *(weist auf sich)*

**N:** Ich bin Hans Moser und ich bin hier irgendwo ...

**I:** Auf der Straße der Millionäre. Mit den ganzen Prunkvillen.

**T:** Man fragt sich, was das alles gekostet hat.

**N:** Was hat denn das alles gekostet? Was hat denn das bloß alles gekostet?

**I:** Was fragst du dich denn da?

**N:** Ich frag mich gerade, was das denn alles gekostet hat. Der Wolfgang Tillmans sagt, das würde so

viel kosten. Und dass man das in London unbürokratischer haben kann. Aber wenn man sich das genauer ansieht, kostet das gar nicht so viel. *(Preis auf Kleid zeigen)*

**I:** 65,10. Man kann mir doch nicht sagen, dass das teuer sein soll.

**T:** Aber der Wolfgang Tillmans, der fotografiert doch. Der fragt sich doch nicht, was das kostet.

**I:** Du bist so dumm, das sollst du dich doch nicht fragen.

**T:** Ja, ich weiß, ich bin so dumm, warum frag ich mich das dauernd?

**N:** Das sollst du dich doch nicht dauernd fragen.

**T:** Bist du jetzt Hans Moser oder Wolfgang Tillmans? Das ist alles so abgeschmackt.

**I:** *(wälzt sich im Schnee)* Ich will meine Assistenten ganz unbürokratisch beschäftigen. In meinem Londoner Atelier.

**N:** Und dann hab ich all diese Reisen gemacht. Diese Reisen. Was das alles gekostet hat. Ich Praktikantenreisender.

**T:** Und wir erzählen uns doch auch, was wir gekostet haben, obwohl wir das nicht sollen. Das steht in meinem Vertrag jedenfalls.

**I:** Ja, genau. Also hör auf, darüber nachzudenken. 

**T:** Dankeborg.

**N:** Bratislava.

**I:** Das heißt Göteborg.

**T:** Du wirst doch jetzt bestimmt nicht mehr die Post austragen!

**N:** Ich will aber die Post austragen! Warum soll ich denn jetzt nicht mehr die Post austragen?

**T:** Du und dein flatterhaftes Wesen.

**I:** Diese Straße ist so flatterhaft. Aber ich doch nicht.

**T:** Deine Darstellung eines Postmanns, das geht doch nicht.

**N:** Ich stell ihn nicht dar, ich bin einer. Ich bin jedenfalls keine Millionärin. Ich trage die Post aus. Ja, gut, ich hab jetzt ein paar Millionen und ich kann diese ganze Straße hier kaufen, wenn ich will, aber ich trag lieber die Post aus.

**T:** Du hast für die Darstellung einer Reblaus einen Oscar gekriegt.

**I:** Ja, genau, ich war ja auch der letzte Hanswurst. Und dann hab ich für die Ausarbeitung einer Reblaus eine Würdigung gekriegt durch die Akademie.

**N:** Das gibt's jetzt auch in Deutschland. Und dann hab ich mich auf dem Boden rumgewälzt, ich Millionärin, und dachte, ich wäre ein Anderer.

*N wälzt sich auf dem Boden.*

**T:** Hör sofort auf, irgendwas darzustellen!

**N:** Nein. Nein. Ohne eBay würde es mir noch schlechter gehen. Ohne dich würde es mir noch schlechter gehen, eBay.

**T:** 4624,51 Euro.

**I:** Ohne was denn würde es mir noch schlechter gehn? Das würde ich jetzt gerne wissen. Was es denn ist, ohne das es mir noch schlechter gehen würde.

**T:** Hallo, Herr Moser! Sie sind doch Millionärin!

**N:** Nein, bin ich nicht. Ich trage die Post aus. Ich, Wolfgang Tillmans, trage die Post aus. Das ist doch ganz klar zu sehen.

**I:** Und wenn die sich auf dem Boden rumwälzt, die dumme Kuh ..., die Millionärin ...

**N:** ... was passiert denn da?



**T:** Dieses Elend der Millionäre, die sich im Schnee rumwälzen, warum kann ich in denen keine Partner sehn? Diese Gage, die auf deinem Kleid steht, die musst du doch hochrechnen.

**N:** ZDF-Hochrechnung!

**T:** Die musst du doch mit deinen ZDF-Gagen hochrechnen.

**I:** Und war es nicht eher so: Die Braut trug Schwarz?

**N:** Ich will das hier nicht aus Liebe machen! Und wenn ich mich so umsehe, dann wird mir klar, ich kann das auch nicht wegen Geld machen. Also weshalb mach ich das dann? Bin ich nur das alte Sozialdemokratenproletariat, das sich hier irgendwie arrangiert und sich für imperialistische Raubzüge hat anwerben lassen?

**T:** Du bist kein Sozialdemokrat, du bist Millionär. Vergisst du denn alles? Vergisst du denn auch die Mietzi?

**N:** Ach ja, die Mietzi, die hab ich jetzt beinahe vergessen, die hat mir ja drei Millionen vermacht! Das Gewicht der Leben ist ein unerträglicher Rest. Und den kann man nicht performen.

**T:** Mit dem ich aber dauernd zu tun habe.



**N:** Wie können hier Millionäre für die andern reden und die Tagelöhner, und die sitzen zusammen in einem Ballhaus, und alle sind korrumpiert von der männlichen, weißen, heterosexuellen Erzählerposition, und sie können machen, was sie wollen, wenn sie erzählen, es ist einfach die Recklinghausener Differenz des alten Proletariats zu den unvertretbaren Betrügern, wie du mein Schatz. Ich kann nicht für dich sprechen, und deshalb liebe ich dich so. Ich kann nur mit dir sprechen, und das ist die Hölle, sosehr ich es auch versuche, es ist immer die Hölle, aber ich arbeite da auch nur für das Abgeschmackteste, was der Kapitalismus hergeben konnte: die Liebe. Das Geld wäre so schön, wenn da nicht dieser abgeschmackte Kapitalismus wäre, der immer nur Liebe will, wie Dietmar Dath sagt.

**I:** Das ist das Abgeschmackteste am Kapitalismus: Plötzlich wollen alle nur noch Liebe und keiner will mehr Geld. Die wollen alle für die Liebe arbeiten, auch ich, und warum ist das so? Die Heterosexualität und dieser Planet der Fickfrisuren.

**N:** Damit hab ich dauernd zu tun.

**I:** Das ist es, worüber ich reden will ... auf diesem Zahnarzttisch ... Hier bin ich nervös, hier bin ich ganz ich selbst.

**T:** Ich will das neue Glück nicht, das alte Unglück macht mir noch so sehr Vergnügen.

**I:** Diese ganzen Tickets eines Praktikantlungsreisenden. 

## CLIP

**I:** Landowsky und die großen Absahner der Spekulationswirtschaft ... und der Praktikant und du, du Krimineller, die haben verstanden, dass diese Gesellschaft einfach zu reich ist, um ausschließlich von Lohnarbeit zusammengehalten zu werden ... Aber du nicht, Sigourney Weaver. Und du nicht, du Sozialdemokratie-gewordenes altes Proletariat! Welche Geschichte erzählst du dir denn da? Aber die Moral der Käfer, die hat das verstanden und die Moral der Zecken. Das ist wenigstens eine, und nicht diese bürgerliche, die hier die Unterschicht darstellt. Hör auf, dich im Schnee rumzuwälzen, Tillmans! Dich und dein Fotoatelier! Die Künstler müssen krepiern wie der EDV-Chef von AUBIS in Grunewald.

**N:** Aber ich habe dich so geliebt. Das kann sich doch jetzt nicht alles in die Merkel-Konsensmilch auflösen.

**T:** Du ahnst nicht, welche Welt sich mir mit dir eröffnet hat. Während du selbst untergehst wie deine Mutter. Wo ist sie eigentlich? Ah, da ist sie ja. *(Merkel Tattoo)*

**N:** Der Humor, den wir von den Zecken lernen könnten, und nicht von den blöden Fressen der Delphine. Die mussten den ja von uns lernen.



Und hier treffen auch die ersten Tiefrechnungen ein aus dem ideellen Berlin ... Das alte Proletariat hat nichts begriffen! Die in Recklinghausen, dieses Sozialdemokratie-gewordene alte Proletariat, die wollen dich nicht! Die wollen sich arrangieren mit einem Scheißgeschmack, den sie mit der Ersten Welt verbinden. Die wollen die Darstellungspraxis der Millionäre.

**T:** Erste Tiefrechnungen aus Berlin, um zu belegen, wir sind gar nicht so teuer, wenn wir nicht für die Liebe arbeiten.

**I:** Jetzt müssen wir den Praktikanten beerdigen. Nach einem alten afrikanischen Ritual. So wie Sigourney Weaver im Film «Gorillas im Nebel».

CLIP

**N:** Dieser Körper ist doch wirksam.

**T:** Ich hab auch nur für das Versprechen deiner Liebe gearbeitet.

**I:** Ja, und? Das ist dir doch gut bekommen. Da kamst du doch wenigstens vor, in dem schrecklichen Trauerspiel unseres Scheißverhältnisses.

**N:** Happy.

**I:** Ja, das bin ich.

**T:** Happy und Biff.



**N:** Ja, das bin ich. 2003 inszeniert Nekrassow Königsberg an der Volksbühne. Es geht da um den Fall Litvinenko.

**T:** 30 Millionen Dollars.

**I:** Die einen Körper zerfressen.

**N:** Meinst du jetzt den Etat der Volksbühne? Der hat Litvinenkos Körper zerfressen?

**I:** Ist das Litvinenko?

**N:** Es handelt sich um den sogenannten Rorschachmörder.

**T:** War er Psychiater?

**N:** Nein.

**T:** War der Mörder Psychiater?

**N:** Nein. Nicht so weit ich weiß.

**T:** Warum nennt man ihn den «Rorschachmörder»?

**I:** Er erdrosselte seine Opfer und ließ sie mehrere Tage auf der Fußbodenheizung liegen. Wenn die Polizei die Leichen fand und sie herumdrehte, sah es aus wie die Tintenklecksbilder eines Rorschachtests. Was den Polizisten, die gerade im Zimmer waren, dazu einfiel, wurde auf Band festgehalten. Und so sorgte der Rorschachmörder ganz nebenbei für ein umfangreiches Psychogramm des gesamten Polizeiapparates von Berlin. Sie können sich vorstellen, was das für Auswirkungen hatte.

**N:** Nein. Welche?

**T:** Man hatte irgendwie schon immer geahnt, dass es unter den Polizisten einige Irre gab, aber durch den Rorschachmörder hatte man nun von ein paar Tausenden schlagkräftige psychologische Profile in der Hand. Das Ganze zog eine riesige Welle von Suspendierungen nach sich. Etwas, das vor ihm noch kein anderer Krimineller geschafft hatte.

**I:** Warum nimmt diese weibliche Millionärin eine männliche Mittelstandsposition ein? Wenn sie spielt?

Und für die andern redet? Warum hat sie sich von diesen imperialistischen Raubzügen korrumpieren lassen, die von dieser Weltraumplattform da oben gestartet werden? Warum gibt es da keinen Planet der Affen? Warum nehm ich nicht an deren Moral teil? Oder an einer Moral der Zecken. Die sind vielleicht versierter in dem Zeug.

**N:** Hör sofort auf, für die anderen zu sprechen!

**I:** Die anderen brauchen vielleicht niemanden, der für sie redet. Es wird immer vor allem so getan, als hätten die keine Sprache.

**T:** Diese tätowierten Autisten!



**N:** Aber hab ich nicht mit meinem Arschgeweih den Körper für die Kunst erobert?

**I:** Das ist kein Arschgeweih, das ist Angela Merkel. Wie kannst du ihre Aura nur so verkennen?

**T:** Die haben aber eine Sprache, die ist nur nicht weiß, heterosexuell, männlich und Mittelstand und wird als die geeignetere immer verleugnet. Es ist wie Donna Haraway sagt, über den Regenwald können anscheinend nur Greenpeace und europäische und amerikanische Wissenschaftler reden, aber nicht die, die im Regenwald leben.

**N:** *(wälzt sich auf dem Boden)* Wenn ich mich hier mit der sogenannten Unterschicht beschäftige, performe ich vor allem die Differenz zum Mittelstand, der im Zuschauerraum sitzt und auf der Bühne.

**I:** So eine Darstellungspraxis, wie zum Beispiel auch Sigourney Weaver, die eine Autistin darstellt, performt nie den Anderen, sondern nur die Differenz zu dem, was gesund, männlich, heterosexuell und Mittelstand ist.

**T:** Auch immer, um die Differenz zu erhalten oder zu vergrößern. Es darf sich vor allem nichts vermischen. Sonst würde die Schauspielerin auch keinen Oscar dafür kriegen.

**N:** Während der Andere sein Leben lang die Differenz zur Gesellschaft performen muss, zementiert sein Darsteller vor allem die Erzählerposition, von der aus der Andere als Anderer überhaupt zu

erkennen ist. Sigourney Weaver kommt dann auch auf Ideen wie, dass man die Welt durch die Augen eines Autisten sehen sollte, aber das ist natürlich PR, denn Sigourney Weaver ist vor allem Millionärin aus Zufall.

**T:** Daneben gibt es einen Praktikanten im Nebel, oder besser gesagt, dessen Tod bleibt vorerst im Nebel. Obwohl wir ja vorhin gesehen haben, wie sie ein Messer hinter ihrem Rücken versteckt.

**I:** Er war ein Gorilla, den wir nie vergessen werden.

**N:** Ding Dong!

**I:** Was wollen Sie denn?

**T:** Du weißt doch, du musst gequält werden.

**N:** Ja, ich weiß. Was hat man denn mit mir vor?

**T:** Man wird dir deinen Affen wegnehmen.

**N:** Was? Meinen Affen? Ich liebe ihn. Außerdem gibt es einen ganzen Planeten davon!

**I:** Er ist ein Affe, er hat Objektcharakter.

**N:** Aber für mich ist dieses Objekt Gott. Das könnt ihr nicht tun!

**T:** Jetzt fängt sie gleich an zu schreien!



**N:** Ich bin früher einmal als Projektionsfolie aufgetreten, in einem berühmten James-Bond-Vorspann. Ich bin explodiert unter dem Vornamen von Broccoli.

**T:** Kunst und Gemüse.

**I:** Oh. Nehmen sie denn da auch Jungs?

**N:** Das kann gut sein. Albert ... Albert Broccoli. Aber ich bin kein Junge, ich bin Sigourney Weaver.

**I:** Was hatten Sie an, eine Badehose?

**T:** Ich sagte doch, ich trug nur meinen Namen.

**I:** Was gibt's?

**T:** Jemand, der sich als Praktikant vorstellen will.

**N:** Als Praktikant? Wofür denn?

**T:** Ding Dong. Guten Tag. Orlando Bloom ist mein bester Freund!

## CLIP

**T:** Ich habe tausend Euro gewonnen, und wenn mir das tausendmal passiert, bin ich Millionärin.

**I:** Die Ersten, die den Weltraum erreichten, waren Affen.



**T:** *(zur Fototapete)* Weißt du, wenn du mich immer anlügst, mein Schatz, was mach ich denn da? Das geht doch nicht!

**N:** *(zur Fototapete)* Du kannst doch nicht deine Biographie fälschen und nur noch so tun als ob!

**T:** Du lügst doch, du blödes Versprechen.

**N:** Da halt ich mich lieber an die Preise.

**T:** Dieses formalisierte Glück.

**I:** Dieser Körper ist doch nicht wegzuleugnen, und trotzdem kann er nicht gedacht werden, es kann alles um ihn herum gedacht werden, aber nicht dieser

Körper. Und ich halte an der Auffassung fest, dass er wirkt, ohne dass er gedacht werden kann.

**N:** Weder von dir noch von einem Journalisten, der immer nur hörn will, was ich gefühlt habe. Aber diese Liebe kann doch nicht dazu führn, dass man nicht hört, was ich so von mir gebe.

**T:** Körper sind nicht zu denken.

**I:** Und ihre Wirksamkeit ist auch nicht nachzulesen, oder inszenierbar.

**N:** ... und auch nicht verfilmbar.

**T:** Was hab ich denn gerade richtig gemacht? Das 
weiß ich immer nie, was ich gerade richtig gemacht habe.

**N:** Mein Name ist Taylor. Ich bin das Gewicht der Dinge.

**T:** Na, Gott sei Dank, dass wir Sie da haben!

**N:** Er ist hinterlistig, Sie müssen aufpassen.

**T:** Aufpassen, wieso denn?

**N:** Darum halt.

**I:** Wir nennen natürlich unseren Planeten nicht Planet der Affen, wir nennen ihn die wissenschaftliche

Akademie der Affen. Wir wollen doch einen Unterschied zum Menschen aufrechterhalten. Das wollen wir doch.

**T:** Und dieser Unterschied, von dem Sie immer reden.

**N:** Ich redete von Unterschicht. Unterschiede interessieren mich überhaupt nicht. Nein, das mach ich nicht, ich performe keinen Autisten. Wie soll ich das denn machen? Ich bin Hans Moser, der kann das nicht.

**T:** Ich kann ihren Körper nicht denken, wenn sie dauernd auf ihn zeigt und sagt, das wäre Hans Moser.



**N:** Du kannst ihn auch nicht denken, wenn ich nicht sage, das ist Hans Moser. Das kannst du dann auch nicht.

**T:** Doch, ich kann.

**N:** Nein, das kannst du nicht.

*N wälzt sich auf dem Boden.*

**T:** Das sieht aber nicht so aus, als hättest du ein Jahr zusammen mit Autisten verbracht.

**N:** Na und, ich muss ja meine Darstellungspraxis nicht unbedingt mit meinem Leben belegen.

**T:** Aber das war doch mal so, dass man, was man so redet, mit seinem Leben belegen muss.

**N:** Und das Herz, das du dir zuschreibst, wenn das dein eigenes ist.

**I:** Aber vielleicht können Teile von mir mit einem Autisten kommuniziern.

**T:** Aber so nicht.

**I:** Die blinden Stellen an mir. Das, wo ich normalerweise nicht hinsehe. Vielleicht kann das mit den Näherinnen in Indien kommuniziern.

**N:** Ich kann hier zwischen dem Zeug und der Frage, 
was das alles gekostet hat, keine Autistin spielen. Das geht nicht.

**T:** *(zu N auf dem Boden)* Das ist doch keine Solidarität!

**N:** Doch, das ist es.

**I:** Warum ist Darstellen keine Solidarität oder keine Unterhaltung mit dem Anderen.

**N:** Hah! Wer sind Sie denn?

**T:** Dieses Gesicht werde ich nie wieder aus meiner Erinnerung löschen können.

**I:** Die beiden Enden der Parabel sind doch der Schimpanse, der Dr. Jane Goodall im Paradies von Tansania die Hand reicht, und der, den wir in den Weltraum schießen. An beiden Enden: Im Paradies, aus dem wir vertrieben wurden, und in der Zukunft, da sind überall Affen, und nur die. Der homo sapiens kommt in den Geschichten über das Paradies und die Zukunft gar nicht vor. Außer dass er dauernd sagt, dass er es besser kann. Aber er ist nur Zuschauer.

**N:** Warum willst du mir nur immer die Wahrheit sagen, Joe?



**I:** Das weiß ich auch nicht. Früher hab ich dich so gerne angelogen! Und jetzt will ich dir dauernd die Wahrheit sagen, warum bloß? Ich muss aufhören zu spielen, ich bin zu glücklich. Ich möchte ein paar Worte ans Publikum richten!

**T:** Wir waren so glücklich, als du noch gelogen hast. Gott! Waren wir glücklich.

**N:** Und jetzt? Das ist so schade, dass es keinen Grund mehr gibt, über dich nachzudenken und die Art, wie einem an etwas liegt. Ach!

**I:** Wir können doch nicht so tun, als würden wir uns gerade entdecken. Wir hatten doch schon längst jeder für sich eine soziale Welt konstruiert. Jeder von uns, seit er Milliarden von Jahren auf diesem Planeten lebt. Du Amöbe und ich homo sapiens.

**T:** Das ist doch mehr als der zufällige Gang der Dinge ... Diese Lügen. Diese Lügen sind doch mehr! Alles was denkbar ist, jede unerschlossene Möglichkeit, alles was noch nicht zu verstehen ist mit unserer Art des Verstehens, das ist doch mehr.

**N:** Ich weiß genau, was ich will, oh Gott, jetzt hab ich's vergessen.

**T:** Er hält sich für 17. Hans Moser.

**N:** Hör auf, mich Hans Moser zu nennen, dieser Körper ist doch wirklich!

**T:** Karamba, hier riecht's nach Moschus! Diese 17-jährige Schlampe muss also wieder in der Nähe sein. Die nicht will, dass man sie Hans Moser nennt.



**I:** Hans Moser! Sie haben ihr Leben erfunden! Sie haben gar keinen Film mit Orlando Bloom gedreht.

**N:** Ja, aber mein Leben wird doch trotzdem gelebt. Von wem denn dann?

**I:** Jedenfalls nicht von jemandem, der Filme mit Orlando Bloom dreht.

**N:** Na und? Ich bin Hans Moser, ich bin der größte Star der Welt.

**T:** Aber nur, weil wir dachten, du drehst Filme mit Orlando Bloom, und du hättest ein Verhältnis mit ihm.

**N:** Hans Moser ist das Gewicht der Dinge. Er lebt ein Leben ohne Orlando Bloom, behauptet aber das Gegenteil. Das nenne ich souverän.

**T:** Aber es war doch mal irgendwann wichtig, die Dinge mit seinem Leben zu belegen.

**N:** Aber Oberender macht das doch auch nicht, und der gilt nicht als Fake.

**T:** Ist das Herz, das du dir zuschreibst, auch wirklich dein eigenes?

**N:** Welche Geschichten können wir bewohnen, anscheinend nicht unsere eigenen, und welche müssen wir

bewohnen?

**T:** Darf ich dich kurz unterbrechen? Pfarrer Sobczek verfolgt die unseriösen Aktivitäten dieses Drehbuchautors schon seit längerer Zeit und hat mir netterweise diese Info zukommen lassen. ORLANDO BLOOM HAT MIT IHM NIE ZUSAMMENGEARBEITET! Das war alles ein riesengroßer Fake!

**N:** NEIN?

**T:** Doch.

**I:** Ein Fake, ein Internet-Fake? Ich wusste gar nicht, dass du dich so gut im Internet auskennst.

**N:** Ich bin Wikipedianerin!

**T:** Er hat eine halbherzige Entschuldigung im Internet veröffentlicht, in der er zugibt, dass er Bloom nicht kennt. Es ist ganz klar, dass er hinter diesen Fakes steckt, die er alle total selbst inszeniert hat, um Prominente für sein Filmprojekt zusammenzutrommeln.

**I:** Na, das ist ja reizend. Und warum hat mich niemand gefragt?

**T:** Von dir wollte er nur den Wagen.

**I:** Den Wagen?! Man will nicht mich, man will nur meinen Wagen! Das ist so schrecklich. Na ja, und dann auch wieder nicht!



**N:** Du hast dein Leben erfunden!

**I:** Na und? Ich sehe keinen Sinn in einem nicht erfundenen Leben!

**T:** Orlando Bloom ist kein Freund von dir und auch kein Liebhaber! Du kennst ihn gar nicht!

**N:** Ich bin Hans Moser! Ich will diesen Dreck nicht mehr hörn.

**T:** Wie erbärmlich. Da sitzt er vor mir und erzählt mir seine zusammenphantasierte Biographie.

**N:** Aber was hab ich denn für einen abgegriffenen Authentizitätsbegriff!

**T:** Natürlich macht er das! Warum auch nicht. Bloß, dass er denkt, er legt mich rein und dann später auf seinem Zimmer doch nur wieder an die Wahrheit glaubt und nicht an den Betrug, der unser eigentlicher Gott ist. Die Frage ist, lügt er, oder erzählt er nur das, wovon er gerne hätte, dass es wahr wäre.

**I:** Es muss der Betrug sein, der unsere Zeit miteinander so reich macht. Ich hab keine andere Erklärung dafür, dass mir Komplexität dieses Lächeln ins Gesicht zaubert als den Betrug. Es kann nicht die Freude sein und der dumme Selbstverwirklichungssex. Es muss der Betrug sein: dass nämlich alles so sein kann, aber auch ganz anders. Das Glück ist so langweilig, es beruht nur darauf, dass etwas nur so sein kann und nicht ganz anders. Das Glück, das auf Betrug beruht, gibt der Komplexität unserer Leben die volle Kraft zurück, leider ruiniert es uns auch. Wenn wir nicht mehr sicher sind, ob morgen die Sonne aufgeht und wir Komplexität nicht reduzieren können, sind wir ruiniert, aber wir leben wenigstens. Ohne Glauben dann eben. Aber woran soll man auch glauben? An die Lüge.

**T:** Die Frage ist doch die, wann kann ich Verbindungen mit anderen eingehn? Ich muss mich normalerweise als zusammenhängendes identisches Subjekt kommuniziern und diese Kommunikation mit meiner Praxis belegen. Aber ich kann nur als Unzusammenhängendes partiale Perspektiven einnehmen und mich dann zum Beispiel mit anderen partialen Perspektiven solidarisiern ...

**I:** Wie du dich kommunizierst, könnte nicht auf Verstehen beruhen oder Lesbarkeit, sondern darauf, den anderen im Ungewissen zu lassen.

**N:** Das ist doch etwas anderes als Fake: jemanden im Ungewissen zu lassen! Sich als etwas Unzusammenhängendes zu kommuniziern, wie dieser Verbrecher ... dessen Leben ist aber ein Leben, der belegt nur nicht mit seiner Praxis, wie er sich kommuniziert.

**I:** Aber vielleicht ging es einmal darum, gewisse Dinge, die man so den ganzen Tag lang macht, und von denen man redet, mit seinem Leben zu belegen. Und zwar einem, das wirklich gelebt wird.



**N:** Aber welches ist das wirklich gelebte Leben? Die Angst, von der Maria Schell redet? Vielleicht können wir unsere Lügen mit der Angst belegen, die das gelebte Leben ist. Und dann belegen wir doch, was wir sind, mit unserer Praxis.

**T:** Ich liebe einen Betrüger! Was gibt's da zu glotzen? Er liebt mich nun mal nicht. Na und? Warum müssen sich auch alle immer lieben. Das reicht doch, wenn sich alle betrügen. Das ist so viel komplexer, das Leben, wenn es nicht schön ist, sondern Betrug und ein Haufen von Lügen, die erfunden werden von Leuten, die auch an Lügen glauben und nicht an irgendwas, was leicht zu kriegen ist, wie der Himmel, der Duft der Rosen und der inkontingente Mist Wahrheit.

**N:** Du bist immer im Vorteil, du erzählst dir nichts. Oder nur wie eine löchrige Einkaufstasche, die durch die Stadt streicht. Mit dir, das war immer wie herauszukriegen, ob nicht andere Geschichten möglich sind. Geschichten des Betrugs, der Lügen und nicht der Wahrheit und des Erfolges, nicht die Geschichten, die schon die Welt erbaut haben, sondern Geschichten von einem mikroskopisch kleinen Haar im Darmtrakt einer Termite, von dem Donna Haraway erzählt, das sich so lange mit seiner Beute unterhält, bis sie ein Gast und schließlich ein adoptierter Verwandter ist.

**T:** Und keine Gegensätze von Selbst und Anderem.


**N:** Die Lügen sind so wichtig zu nehmen. Ich kann wegen Lügen in ein Detektivbüro gehen oder mich anfangen, für sie zu interessiern!

**I:** Wir sind eine Familie von Kriminellen. Mein Vater war der Erste, der auf dem elektrischen Stuhl einen epileptischen Anfall hatte. Die Wärter, die ihn gerade festbinden wollten, haben natürlich fast einen Herzinfarkt gekriegt, weil sie dachten, irgendein Witzbold hätte den Knopf schon gedrückt. Sie sollen wie wild geschrien haben: Oh nein, nicht mit uns!

**N:** Bin ich ein Betrüger? Meine Strategie ist doch, unsere Kommunikation als nicht mehr mit einer Praxis verbunden zu denken. Das ist alles. Einige nennen das Lüge. Ich nenne das einen aufrichtigen Kampf gegen die Art von Kommunikation, in die dieser markierte Körper verwickelt ist. Man kann nicht von mir sprechen, man kann mich mit Kommunikation nur aus der Welt schaffen! Ich bin doch grundsätzlich aufgefordert, immer so zu kommunizieren, wie ich kommuniziert werde, sonst versteht kein Schwein was. Aber das hab ich nicht vor. Deshalb lüge ich mit diesem europäischen Wahrheitsdenken und erfinde, was von mir erwartet wird, denke aber nicht daran, es mit meinem Leben zu belegen.

## CLIP

**T:** Hier liegt eine Verwechslung vor.

**I:** Oh mein Gott! Endlich! Endlich eine Verwechslung! Wie konnten wir auch die ganze Zeit so sicher sein!



**T:** Ich bin so glücklich, ich hab ein Fußballspiel gewonnen ... äh ... Nein, es war ganz anders. Ich hab ein Erdbeben überlebt, gerade eben da draußen, ich bin ihm gerade so entkommen. Äh ... Nein ... Ich hab ein Fußballspiel gewonnen. So war's.

**I:** Kannst du dich nicht mal für irgendeine Form von Glück entscheiden? ...

**T:** ... Trottel! Nein, ich hab gewonnen. So war's.

**I:** Warum bist du denn jetzt glücklich?

**T:** Ich hab gewonnen. Äh. Nein. Ich hab überlebt. Was war es denn jetzt noch?

**N:** Es ist doch ganz einfach. Hast du gegen einen Ball getreten? Dann warst du nämlich bei einem Fußballspiel. Hast du gegen einen Ball getreten?

**T:** Ja, und plötzlich bebte die Erde. Ich glaube, ich hab ein Fußballspiel überlebt oder ich hab ein Erdbeben gewonnen.

**N:** Ein Erdbeben kann man nicht gewinnen, das geht nicht.

**T:** Warum denn nicht? Wenn es aber doch so war! Erzähl du mir nicht, was man gewinnen kann!

**N:** Erdbeben jedenfalls nicht. Auch nicht auf dem

Planet der Affen.

**I:** Die Wahrheit ist, ich komme weder von einem Fußballspiel noch von einem Erdbeben. Ich komme von irgendeiner Organisation von Zufall, die man Liebe nennt. Nein, auch nicht.

**N:** Bist du denn jetzt überhaupt glücklich? Oder hast du nur was entgegengenommen?

**T:** Ja, ich hab anscheinend irgendwas entgegengenommen, und man sagte mir, das wäre das Glück. Aber wahrscheinlich nur aus der Hand irgendeines Typen.

**I:** Und dann gab es noch diesen Schwangerschaftstest. *(arbeitet an einem Rubiks Cube)*

**N:** Das ist ein Zauberwürfel. Das ist kein Schwangerschaftstest. Du kannst dich für nichts entscheiden. Oder du willst dein Glück einfach nicht entgegennehmen.

**I:** Jetzt können wir uns noch nicht lieben.

**N:** Weißt du, wir werden uns in fünf Jahren in die Arme fallen, weil wir uns lieben, weil wir begreifen werden, dass wir uns lieben, und wir werden uns dabei nicht ansehn, weil wir so hässlich geworden sind und dem Tode geweiht. Im Gegensatz zu Angela Merkel, deren Aura ...

**T:** Und keine Phantasiepreise, nur weil Sie denken, dass ich reich bin.



**I:** Also gut, 10 000!

**T:** Na, das geht ja.

**N:** Hier! Aber nicht alles gleich ausgeben.

**T:** 10 000 für einen Affensarg ist nicht gerade wenig, aber irgendwo müssen wir den Praktikanten ja beerdigen.

**I:** Die Erkenntnis, dass sie mich liebte, machte mich traurig und verlegen.

**T:** Ich liebe Sie. Warum sind Sie so traurig und verlegen?

**I:** Ich?

**T:** Alle, die geliebt werden, sind verlegen und traurig, wie kommt das?

**N:** Die Ölfelder pumpen und pumpen!

**I:** Mit welchem Recht betrachten Sie mich als Ihr Eigentum?

**T:** Soll das heißen, dass Sie mir verbieten, Sie zu lieben?

**N:** Öffnen Sie mir die schwere, schwere Tür?

 **I:** Ja.

**N:** Und die auch noch! Und die auch noch!

**I:** Ja, bitte. Ich muss wieder jemanden lachen hörn. Ich kann nicht mehr bei dir bleiben.

**T:** Du bist doch traurig und verlegen. Ich nicht. Du bist doch der, der geliebt wird.

**N:** Mein Leben wird von unerfüllten Leidenschaften getragen, trotzdem würde ich dich jetzt gerne küssen.

**I:** Aber das kann ich nicht zulassen. Mein Mann, die Kinder, die Paradoxien. Wer will das alles aufs Spiel setzen?

**T:** Mein Leben ist nicht zu bewältigen, und davon lebe ich!

# LIEBE IST KÄLTER ALS DAS KAPITAL

| | |
|---|---|
| Regie | René Pollesch |
| Bühne | Janina Audick |
| Kostüme | York Landgraf |
| Kamera | Alexander Schmidt |
| Dramaturgie | Christian Holtzhauer |

Premiere in Stuttgart am 21.09.2007, Staatstheater Stuttgart, Schauspielhaus.

| | |
|---|---|
| **K**atja Bürkle | Liv Ullmann |
| **S**ilja Bächli | Myrtle Gordon |
| **F**lorian von Manteuffel | Stellan Skarsgard |
| **C**hristian Brey | Max von Sydow |
| **B**ijan Zamani | Erland Josephson |

**C:** Sie ist da! Du gehst jetzt da raus, es ist ganz einfach, einfach den Bankautomaten bedienen.

**K:** Wo ist die Karte?

**C:** Hier.

**K:** Wo?



**C/S**: Hier!

**B:** Ich hab noch niemanden gesehn, der so voll war und trotzdem noch gehen konnte.

**K:** Was ist denn das? Oh mein Gott! Grauenhaft. Ganz einfach grauenhaft. Der große rote Chiffon-Blob. Es sieht aus, als wollte ich irgendwas verstecken. Einen dritten Arm. Oder nen Kasten Bier! Hörst du dieses schreckliche Geräusch, wenn ich gehe? Irgendwo in diesem Kleid müssen sie ne Nähmaschine vergessen haben. Wenn ich anfangen würde zu suchen, wäre ich morgen noch nicht fertig.

**S:** Wer ist diese Frau?

**B:** Virginia. Du musst verstehen, das war ein Schock für mich, ich hab dich in der Menge nicht bemerkt ...

**S:** Was ist denn das? Wer ist diese Frau?

**B:** Das ist Virginia, meine ehemalige Frau. Das war vor fünfzehn Jahren ... Und das ist meine jetzige Frau.

**K:** Könnte ich ein Glas Wasser bekommen?

**S:** Vergiss das Wasser. Was willst du hier? Ich hab gefragt, was du willst? Was für eine Frau bist du!



**K:** Hör zu ... Ich trage diesen Schleier, weil ... Entschuldigung. Ich bin eine dumme Frau. Peinliche Situation. Es geht darum, dass ... ich alleine bin. Ich hab mit diesem Mann so lange gelebt.

**B:** Bist du verheiratet?

**K:** Ja, aber es ist nicht wichtig.

**B:** Hast du Kinder?

**K:** Nein. Könnte ich noch ein Glas Wasser bekommen ... Ich bin Liv Ullmann! Muss ich mir meine Requisiten jetzt auch noch selber zusammensuchen!

**C:** Alles auf Position! Einrichten für Frau Ullmann!

**F:** Hier die Zigarette! Haben Sie genug Wasser auf dem Haar?

**S:** Wir sind jetzt schon ein halbes Jahr zusammen, und ich arbeite immer noch in diesem Schuppen.

**K:** Aber wo willst du denn hin? Das ist das Stuttgarter Staatstheater. Ich weiß gar nicht, was sie hat. Was kann sie denn nur haben?

**C:** Ton?

**U:** Läuft.

**C:** Kamera?



**U:** Läuft.

**C:** Maske, Wind.

**B:** Monströse Versprechen. Eins, die Erste.

**C:** Und bitte.

**K:** Ich hab meinen Kontakt zur Wirklichkeit verloren. Die Wirklichkeit kommt mir einfach nicht mehr wirklich vor.

**C:** Und Cut!

**K:** Hier hinter der Bühne wurde doch nicht immer schon gefilmt! Oder doch?

**F:** Alles auf Position! Einrichten für Herrn Josephson!

**K:** Liebling! Was ist denn mit der Realität passiert? Die war doch immer hier hinten. Weißt du, es ist, wie wenn wir beide Tic Tac Toe spielen und du radierst immer meine Kreuze aus. Ich kann so nicht spielen, wenn du immer die Regeln kaputt machst, auf denen unsere Realität basiert. Man konnte doch mal von einer Bühne abgehn, das war doch Tradition.

**S:** Aber vielleicht ist nur eine zusammengebrochene Realität real. Vielleicht brauchen wir wieder Besuch vom Schah, um den Polizeistaat zu

sehn, der sich hier so offensichtlich gegen seine Staatsbürger richtet. Diese Irritation, die unsere unausgesprochenen sozialen Regeln oder Realität zusammenbrechen lässt. Vielleicht brauchen wir die? Regeln, die ansonsten so unsichtbar bleiben.

**C:** Solltest du dich jetzt nicht mit deiner Rolle identifizieren?

**S:** Ich identifiziere mich nicht mit einer Rolle, sondern damit, dass ich andern Leuten so gut was vormachen kann.

**C:** Faszinierend.

**K:** Was meint sie nur immer damit? Liebling, du machst mir doch nichts vor?

**B:** Vielleicht brauchen wir wieder Besuch vom Schah, um den Polizeistaat zu sehn. Das bleibt sonst alles so unsichtbar.

**F:** So. Können wir jetzt bitte?!

**K:** Die Wirklichkeit kommt mir plötzlich nicht mehr wirklich vor. Ich steh doch hier nicht etwa für eine Welt, die nichts mehr glauben kann, die so sehr den Boden unter sich beseitigt hat, dass sie nur noch den Verdacht kennt, und die Paranoia!?

**C:** Dieser Verdacht ist so gut. So eine gute Idee. So denkt man immer, dass es etwas hinter dieser Oberfläche gibt, irgendwas Geheimnisvolles. Irgendeine diffuse Blase von den Versprechen: Mensch zu sein, zu leben, geliebt zu werden, zu der sich alle zugehörig fühlen. Hinter dieser Oberfläche gibt es entweder eine diffuse Blase von Humanität oder den Polizeistaat.



**K:** Liebling, wenn du mich immer so irritierst, mein Schatz, dann leide ich ganz plötzlich an einer Amnesie bezüglich unserer Sozialstruktur. Dann ist mir so klar, dass die Realität nur eine Ansammlung von machtvoll unsichtbaren Gesetzen ist.

**F:** Diese machtvolle Unsichtbarkeit der Gesetze. Das muss die Macht sein, die ihr Geheimnis nur preisgibt, wenn der Schah zu Besuch kommt.

**C:** Alles auf Position. Könnte jemand Erland Josephson einrichten?

**B:** Ich bin Erland Josephson, muss ich mir meinen Nebel jetzt auch noch selber einrichten.

**C:** Nebel! - Wind! - Ton?

**U:** Läuft

**C:** Kamera.

**U:** Läuft.

**C:** RAF der Wüstenfuchs. Siebzehn Drei, die Zweite. Und bitte!

**F:** Wo zum Teufel steckt sie?!



**C:** Sie ist da.

**B:** Du bist schon da?!

**S:** Lass uns Freunde bleiben.

**K:** Nein, Nein. Nichts mehr. Ja, was ist denn das? Worüber reden wir denn hier? Meine Revolte hier wird als Verrücktheit ausgegeben, aber das ist sie nicht.

**F:** Sie hat schon wieder Tabletten genommen!

**K:** Nein, das kann doch nicht sein, dass nur unsere Verzweiflung wirklich attraktiv ist. Das will ich nicht. Dieser Ben Gazzara versucht sie dann immer in mir zu erzeugen, weil er denkt, nur die hat einen Wert. Und das Leben an sich. Und deshalb wird dauernd Verzweiflung in mir produziert. Meine Revolte muss doch nicht immer zum Opfergang werden! Natürlich als Frau, die sich danebenbenimmt, bin ich das Ereignis. Und eure schlechte Behandlung ist auch das Ereignis. Und diese Beeindruckungsmaschinen, in denen wir hier auf dem Boden herumkriechen und die Hand ausholen. Und jetzt kann ich nur auf eine unmoralische Faszination des Publikums setzen, die uns gleich macht und die es denen unmöglich macht, die Toten auseinanderzuhalten. Sonst war meine Revolte wieder nur ein Opfergang, ich das Opfer und die sind die Täter. Nein. Auf keinen Fall. Die Faszination unterscheidet nicht, wie die Macht, sie rechnet mit jedermann ab. Mit denen und mit mir.



**B:** Du willst wieder jung sein, ist es das?

**S:** NEIN! NEIN! Die Macht unterscheidet nicht, die begräbt Baader und Schleyer in Stuttgart. Beide. Wo sind sie überhaupt? Ach, da sind sie ja. Ja, gut, es sieht immer so aus, als wollte ich mich vernichten, aber das ist nur, was die Medien verbreiten ... Im Grund versuche ich zu leben. Ich kämpfe nicht aus einem Gefühl der Ohnmacht heraus, sondern wegen einer unerhörten Chance in diesem Moment. Und es wird als Todessehnsucht neutralisiert.

**F:** Sie hat schon wieder Tabletten genommen.

**S:** Ja, aber ich kämpfe. Sieht man das denn nicht. Warum werde ich hier immer verdächtigt, ungehorsam zu sein? Ich steh doch hier nicht etwa für eine Welt, die nichts mehr glauben kann, die so sehr den Boden unter sich beseitigt hat, dass sie nur noch den Verdacht kennt, und die Paranoia!?

**K:** Doch, das tust du wohl.

**S:** Nein, ich will hier nicht unwiderruflich einer Sklavenrasse angehörn, der die Revolte zum Opfergang gerät. Ich will auch nicht mehr hinfallen!

**F:** Aber du lässt dich ja selber fallen. Erst der Nordturm und dann der Südturm.

**C:** Und Ruhe bitte! CDU – Meine Welt ist die richtige. Eins, die Erste. Und bitte!



**K:** Verdammt! Mein Leben ist zum Zeigen verdammt. Die Kunst auch. Ich bin so verwirrt. Ich kann irgendwie die Realität nicht sehn. Ja, gut, wir brauchten erst Vietnam, um uns auf den Krieg unserer Väter beziehen zu können und um die Realität zu sehn ... Ich seh da keine Radikalität hier draußen. Die große Negation, das schöne Modell ist nicht mehr zur Hand. Die wollen nur, dass ich kreativ bin. Man kann überhaupt nicht mehr Nein sagen. Aber Negation muss doch irgendwie die Kreativität ablösen können. Liebling! Und vielleicht brauchen wir Guantanamo und noch eines und noch eines, damit wir das sehen, das Diffuse an der Vereinigung von Körper und Seele und das Praktische an seiner Trennung. Die ist doch Praxis. Dass wir von unseren Leben getrennt werden. Das Praktische der

Trennung von Körper und Seele, die Zäsur in der Menschheitsgeschichte, der Entzug der Menschenrechte, auf diesem Gebiet hier, auf dir und diesem Boden hier ... der hatte hier eine Praxis, und der Polizeistaat, als der Schah zu Besuch war, der hatte auch eine Praxis. Was macht diese Frau auf dem Boden?

**S:** Ich wollte ihr die Decke zeigen!

**K:** Warum?

**F:** Ich habe noch nie jemanden gesehen, der so voll war wie sie und trotzdem noch einen Bankautomaten bedienen konnte.



**K:** Und dabei hab ich so was noch nie gemacht. Ich bin immer mit einer Knarre in die Bank. Magnetstreifen und so was, das kenn ich gar nicht.

Mist, ich komme immer mit irgendeinem Verdacht in diese Garderobe, und der bestätigt sich dann auch: Die Realität ist wie weggeblasen. Sie verbirgt irgendwie nicht mehr, wie wir leben.

**C:** RAF, der Wüstenfuchs. Und bitte.

**F:** Mist. Ich spiele irgendwas, und wenn ich abgehn will, dreh ich einen Film. Wir schieben unsere Körper dauernd von der Bühne vor eine Kamera und wieder zurück! Und wir denken, das könnte irgendwas über das, was wir leben erzählen. Irgendwelche Umstände hier produzieren in mir Verzweiflung. Und zwar genau deshalb: Um in mir Verzweiflung zu produzieren! Das ist die Arroganz der Macht.

**C:** Und Cut.

**B:** Ich bin so verwirrt, wenn alle über die Liebe reden! Man sollte die Kapitalisten endlich mal zwingen, über Geld zu reden, die reden aber immer nur über die Liebe, über die Familie und die Trauer über einen liebenden Vater!

**C:** Das Ende der Familie ist doch eine humane Tendenz. Ich muss doch eine Beziehung verlassen können, wenn sie nicht produktiv ist. So was kann sich eine liberale Marktwirtschaft nicht leisten, dass Beziehungen nicht produktiv sind.

**B:** Was meinst du denn mit ‹nicht produktiv›? Du bist meine Mutter.

**C:** Er hat recht. Ich kann nichts dagegen tun, ich bin erfüllt von dem Dreck. Und von der Mutterliebe und dem Mist. Sich dauernd damit abzuquälen, sich nicht fragen zu dürfen, ob sich das Ding überhaupt rechnet, das man in die Welt gesetzt hat. Das wäre so einfach, wenn die mit sechs anfangen würden zu arbeiten, in irgendwelchen Turnschuhfabriken. Dann wär man nicht so lange mit der Frage beschäftigt, ob sich die ganze Mühe auch irgendwann mal auszahlt. Hab ich denn kein bisschen Selbstwiderstand in mir? Ich muss heutige Radikalität doch irgendwo lokalisieren können. Warum nicht an der gefallenen

Grenze zwischen Familie und Markt? Wie inhuman ist das denn: Das Festhalten an diesem Familienbegriff, mit dem nichts zu bearbeiten ist?

**F:** Mord und Totschlag gibt es nirgends so viel wie unter Leuten, die sich zu gut kennen, das spricht gegen die Familie. Das Ende der Familie, das ist doch eine durchaus positive humane Tendenz.

**K:** Ich versteh nicht, warum wir beide uns vernichten wollen!

**S:** Aber es will dich niemand vernichten.

**K:** Ich versteh das nicht. Wir sind doch keine Familie! Aber unser Konflikt ist so abgründig. Fast so, als wären wir wie in einer Familie aneinander gebunden und uns könnten nur Mord und Totschlag aus einer ausweglosen, nicht selbstgewählten Situation retten ... Wie bei einer Familie. Warum ist das so? Wir können doch schon morgen anderen Leuten in die Arme laufen oder uns in die Arme von Fremden werfen. Wir haben doch das Glück, diesen archaischen Zwang abgeworfen zu haben, aneinander gebunden zu sein, wie in einer Familie. Welcher Vertrag bindet uns denn so sehr aneinander? Was ist das nur?



**C:** Ich hab schlechte Karten, ich hab ein Kind zu Hause, das nicht ausziehn will, weil es da billiger ist. Kinder, das war doch mal die einzige Lebensversicherung. Und jetzt muss ich dauernd versuchen, das da im Theater unterzubringen.

**B:** Du bist meine Mutter, und ich arbeite immer noch in diesem Schuppen.

**C:** Aber wo willst du denn hin? Das ist das Stuttgarter Polizeistaatstheater. Ich weiß gar nicht, was sie hat. Was kann sie denn nur haben?

**F:** In den gerade gesendeten Dokumentarfilmen über die RAF sitzen die Kapitalisten auf einem Sofa rum und reden über die Liebe, das Leben und den Verlust eines Menschen! Und ich hab gehört, das machen die öfters. Also immer, wenn man ihnen ein Mikrophon unter die Nase hält!

**K:** Wir wollen Geld, aber der Kapitalismus weiß, was besser für uns ist: Die Liebe! Und dann denke ich: Liebe muss kälter sein als das Kapital!



**C:** Das hat schon Harald Schmidt gesagt, dass hier am Stuttgarter Staatstheater ne Schauspielerin bei Peymann zum Lob des Kommunismus ihre Faust in die Luft streckte und ansonsten mit dem Feinkost Böhm zusammen war. Und bei Sasha Waltz, wenn die in ihren durchsichtigen Hemdchen tanzen, hat mir ein Tänzer erzählt, hat er mal gesehn, wie im Publikum ne Frau ihrem Mann einen runtergeholt hat. Da muss man sich doch fragen, was kann denn noch die Hochkultur leisten, wenn die nur ihrer Biologie nachgehn im Zuschauerraum?

**S:** Wenn die Kapitalisten so formlos heulen und ihren Gefühlen Ausdruck verleihen. Dreißigtausendmal im Jahr bei ARD und ZDF und informell von der Liebe reden. Zu ihrem Patriarchen! Die haben doch eigentlich eine Form: Das Geld.

**K:** Man begreift, dass man an etwas Großem teilnimmt, das alle sehen werden und das doch nichts sagen kann, aber alle glauben, es sagt was, aber der Irrtum, auf dem das alles basiert ... ist der schrecklich? Was denken die Leute, die was machen, und was denken die, die nichts machen können.

**C:** Alles, was gedreht wird, sind nur Erfolgsgeschichten. Es ist ganz egal, was so ein Film erzählt. Wenn er Erfolg hat, erzählt er nur die Erfolgsgeschichte der Beteiligten. Egal, ob's um die Stasi geht, Auschwitz oder die RAF!



**F:** Und die Fressen, die da als Nazis vor die Kamera gezerrt werden, sind nur Erfolgsfressen.

**B:** Wir müssen nur kreativ sein.

**F:** Sie sind eindeutig zu hipp, Erland Josephson, sie rackern sich hier ab, aufgrund eines diffusen Versprechens. Und warten auf Erlösung.

**S:** Das war doch mal anders. Hier wurden doch mal richtige Filme gedreht. Und was gibt es jetzt? Praktikanten mit Handkameras da draußen! Die kreativ ihr Elend verwalten! Und seit Dogma denken, sie würden dazugehören, diese Schmierfinken. Diese globale konsensfähige Filmerei auf YouTube, zum Kotzen!

**B:** Wo ist denn der Regisseur? Muss ich mir meine Anweisungen jetzt auch noch selbst geben! Wie ich diesen Körper auf die Bühne verfrachte und wieder zurück?

**C:** Ich hab mich wieder hinreißen lassen von den tragischen Verhältnissen hier, und dabei muss ich gleich auf die Bühne. In diese Beeindruckungsmaschine da draußen und mir eine Verzweiflung ranschaffen, die aber nicht meine ist. Warum kann ich so wenig über meine Verzweiflung sagen? Unsere tragischen Verhältnisse hier ... Ich seh sie mir aber auch zu gerne an. Dich und dich und dich. Aber ich will sie kalt aus der Hüfte schießen. Und nicht mit meinem Leben diese andauernde Reproduktion des Lebens als



Wert beliefern. Meine Identität als Frau ist doch eine dauernde Produktion von Disziplinierung.

**S:** Uns gibt es nicht als diese Beeindruckungsmaschine, mit der alle da unten aufgeweckt werden, wenn sie das Wort Leben hören, als ginge es um ihres. Aber um ihres geht's gar nicht. Nie. Es geht nur um einen heroischen Begriff vom Leben, der dauernd eines natürlichen Todes sterben will, aber alle halten ihn am Leben. Dieses Hantieren mit Begriffen, die einfach nur hohl geworden sind, wie Leben und Tod und Liebe und Mensch und menschliche Natur und Verzweiflung.

**K:** Und wenn jetzt einer mal ein großes Nein zum Leben sagen würde und dir das als Theatertext in die Hand drücken würde oder in Türme reinfliegt, weil er dieses Phantasma der Ökonomie nicht teilt, dass unser Tod sinnlos ist und nur das Leben oder die Liebe zählt, dann würdest du das mit deinem großen Ja zum Leben total das Klo runterspülen, Herr Regisseur, du würdest die ganze Beeindruckungsmaschine anwerfen, um den Text als in der menschlichen Natur liegende Verzweiflung zu neutralisieren, die wir alle verstehn, die sich universell auf uns beziehen soll. Aber vielleicht haben ein paar Leute eine ganz spezielle Verzweiflung. Und was ist denn mit der? Was machst du denn mit der? Wir müssten hier alle schwitzend über den Boden kriechen für dein altes, altes Ja zum Leben, das gebärdet sich wild und so, aber es sagt nur Ja, das stattfindet, obwohl dir der Text sagt, hör mal: Ich sag mal Nein. Ich will aber lieber kalt aus der Hüfte schießen.



**B:** Du lässt dich jetzt schlagen. Hier wird nicht aus der Hüfte geschossen!

**K:** Ich will's aber kalt.

**B:** Hier soll's aber warm sein.

**K:** Ich will jetzt kalt aus der Hüfte schießen.

**B:** Du kannst ja noch nicht mal einen Bankautomaten bedienen.

**K:** Das kann ich schon.

**B:** Wenn wir dir einen Liter Kaffee eingeflößt haben.

**K:** Dieser Text hier sagt Nein, also warum soll ich ihn mit meinem Fleisch und Blut versorgen. Wo ist denn da die Radikalität? Wenn du dauernd etwas, das gerade eben mal als Problem markiert wurde, gleich neutralisierst zu einem kleinen Problem, mit deiner Beeindruckungsmaschine, die dauernd Verzweiflung produziert, die ich für mich halten soll, die aber nur die Disziplinierung dieses Körpers ist.

**C:** Deshalb ist auch Negation auf der Bühne nicht zu machen, außer als Geste einer Beeindruckungsmaschine. Ich darf ja noch nicht mal Nein sagen, wenn mich dieser Scheißer ohrfeigen will.

 **S:** Nein, ich hab ein spezielles Problem, aber wir kümmern uns ja um das große Problem. Du siehst aber nicht, dass du jedes große Problem, ein Nein zum Leben, zum Beispiel, dauernd zu einem kleinen machst mit deiner Beeindruckungsmaschine. Ich will mein Nein aber kalt aus der Hüfte schießen, ohne Dienst an dem großen Ja. Und das hält die Rechte für ein Verbrechen und die Linke für sinnlos.

**B:** Du willst wieder jung sein, ist es das? Du willst vergangene Radikalität darstellen, dich auf das beziehen, was mal subversiv war! Ohne eigene Leistung! *(holt aus)*

**K:** NEIN! NEIN! Das will ich eben nicht, meine Revolte wird nur dauernd von dieser Konsensmilch und dieser elenden Zusammengehörigkeit hier banalisiert, als gäbe es keine Verzweiflung jenseits von dem hier, von dem, was alle teilen. Ich will aber kalt aus der Hüfte schießen.

**B:** Dann mach das doch mal, dann schieß doch mal kalt aus der Hüfte!

**K:** Nein, nein. Ich werde hier dauernd mit Psychologie neutralisiert und mit Moral! Ja, was ist das denn für ein Kasperletheater, diese Moral und die Psychologie? Der dazu dienen soll, die Ursachen zu bekämpfen, dieser Beeindruckungsapparat, der die totale Verzweiflung neutralisiert, und immer nur so tut, als hätten wir ein kleines Problem, das sich schon wieder legt, aber ich hab hier KEIN KLEINES PROBLEM! Womit haben wir es denn hier zu tun? Diese Neutralisierungsmaschine! Ich bin Liv Ullmann, das kann man doch nicht mit mir machen! *(ab durch Tunnel in Garderobe)*



**C:** Wo ist denn hier die Macht?

**F:** Wo ist denn Loki, sag ihr doch mal jemand, sie soll auf die Probe kommen, vielleicht wird sie damit fertig.

**K:** Hör sofort auf, mich mit Psychologie zu erklärn ... oder mit Moral.

**S:** Aber Liebling, das machst du doch genauso.

**K:** Du hast recht. Aber ich kann einfach nicht mitansehn, wie du hier dauernd deine Liebhaber wechselst. Hör sofort auf damit, auf diesem Typen rumzuliegen! Auch dass du die Geschlechter wechselst, macht mich wahnsinnig. Was macht die Frau auf dem Boden?

**S:** Ich wollte ihr die Decke zeigen.

**K:** Warum interessieren sich denn alle so für die Decke? Was ist denn das?

**F:** Denken Sie, das ist ein witziges Stück?

**K:** Nun ja. Schon. Diese Frau, die ich spielen soll, bleibt mir fremd. Also im Grunde will ich gar keine Frau spielen.

 **B:** Du bist für mich keine Frau, du bist ein Profi! Ein Profi.

**K:** Na Gott sei Dank, ich hoffe, das spricht sich rum, und ich werde nicht immer wieder als Frau angesprochen, sondern als Profi.

**F:** Wie alt sind Sie? – Sehn Sie, Sie stehen nicht zu Ihrem Alter!

**K:** Sie sagen, Sie beschreiben die Wirklichkeit dieser Figur, die ich hier spielen soll, aber Sie regulieren sie nur. Reine Regulierung! Von vorne bis hinten!

**F:** Sie hat recht!

**K:** Liebling! Irgendwie ist nur eine in sich zusammengebrochene Realität real. Immer wenn die Realität zusammenbricht, hab ich Kontakt mit der Wirklichkeit.

**B:** Das kann ja sein, Schatz, aber wir beide sind gar nicht zusammen, das wolltest du jetzt bestimmt zu Olive sagen.

**K:** Ach ja. Liebling! Es war immer so ...

**S:** Nicht sprechen! Nicht sprechen!

**F:** Die Szene kommt mir so bekannt vor? Ist das nicht «Bullets over Broadway»?

**C:** Ach was!



**K:** Liebst du mich denn noch?

**S:** Ja, sicher.

**C:** Monströse Versprechen, Siebzehn Drei, die Dritte.

**K:** Verdammt, ich bin so verwirrt. Das hier muss der Polizeistaat sein. Mit seinen machtvoll unsichtbaren Gesetzen. Nur du machst sie immer wieder sichtbar, wenn du mir den Boden unter den Füßen wegziehst. Und vielleicht brauch ich das. Ja, ich weiß, normalerweise verwursten diese Bekloppten im Film oder im Theater das mit Moral und Psychologie. Aber ich brauche jetzt Dialektik. Ich muss zusammenbrechen, damit ich leben kann. Ich kann nur leben, wenn ich mich zerstöre. Das ist auch kein mystisches Geheimnis, ich will einfach das Praktische daran sehn. Die Trennung von Körper und Seele. Das ist ja auch das Projekt da draußen. Dieser Ausnahmezustand.

**C:** Und Cut.

**B:** Wie kann ich mit ihr spielen, wenn sie auf dem Boden liegt?

**C:** Alles fertig machen, wir drehn jetzt! Virginia Eins, die Erste. Und bitte!

**B:** Ich war sehr verliebt in dich, Virginia.

**K:** Wann war das? Nein, das möchte ich wirklich wissen, wann war das? Wann war das? Sagst du mir das bitte!!! Wann hast du mich geliebt?



**S:** Wo kommst du denn her?

**B:** Diese Beeindruckungsmaschine wie Psychologie und Liebe und Humanität: Als wüssten wir, was das ist, die Liebe. Als wüssten wir, warum die in die Türme geflogen sind, als wüssten wir das! Man müsste doch diesen Vorrichtungen der Macht die Möglichkeit des Gebrauchs entreißen können, das wäre vielleicht die politische Aufgabe für die kommende Generation.

**C:** Und nicht diese falsche Existenzialität. Ich bin so müde, mich dauernd in eine Verzweiflung hineinzusteigern, mit der ich gar nichts zu tun habe.

**S:** Der Kapitalismus sagt dir dauernd, was für jeden von uns besser ist: Die Liebe. Aber du weißt besser, wer all die großen Gefühle in dir zustande bringt: Der, der rechnet. Der, der kalt aus der Hüfte schießt.

**K:** Ja, das ist wahr.

**C:** Der, der dich bestiehlt, der wird dir alles geben. Und nicht dieses Warten auf Erlösung wie im Kapitalismus. Das hat keine Praxis. Jemand, der jemandem gegenüber zu großen Gefühlen fähig ist, der wird sie dir immer nehmen, bis du nichts mehr hast. Er wird dir helfen, bis er dich so sehr neutralisiert hat, dass du dich und dein gelebtes Leben nicht wiedererkennst, der, der den Gebrauch deines Leben beschlagnahmt: Der Kapitalismus, der immer nur Liebe will.

**S:** Allerdings kannst du das in Stuttgart nicht sagen. Die letzte Bastion, die immer noch vor allem Geld will, ist Stuttgart. Der Rest will nur Liebe und Kreativität. Stuttgart ist nicht kreativ, das liebe ich so an dieser Stadt. Und ich will auch nicht kreativ sein und mich wegen der Kreativität eines Regisseurs auf dem Boden rumwälzen.

**F:** Das Stück geht nicht auf! Es liegt am Text!

**C:** Jetzt beruhige dich. Deshalb haben wir Proben, deshalb kommen wir erst in dieser Klitsche hier raus. Wie oft hab ich das schon erlebt: Man kommt in Stuttgart raus, das Stück ächzt und klappert an allen Ecken und Enden, und kurz bevor man dann nach Berlin geht, passiert dieses Wunder ...

**F:** Was soll ich denn machen? Ich will das wieder haben. Diese Zeit mit dir. Das war es. Das war alles. Dieses automatische Interesse an jemandem, ein Interesse, das ich mir nicht dauernd ranschaffen muss, zu dem ich mich dauernd überreden muss, wie die Scheiße hier.

**C:** Und jetzt gerade sollte es doch losgehn, oder? Oder aus sein? Was soll es denn jetzt? Ja, ich weiß, das sind so Fragen! Aber ich bin so verunsichert, wenn ich nie weiß, geht's jetzt los oder hört's jetzt auf? Ich renn dauernd zwischen Film und Theater hin und her und frag mich, wann es denn endlich losgeht.



**F:** Das ist verdammt gut. Viel besser als die laue Version vorher. Wie mach ich das nur?

**C:** Monsieur? Eine junge Dame möchte Sie sprechen. Oh, sie ist schon weg.

**S:** Da ist sie doch.

**C:** Ach ja. Da ist sie ja.

**S:** Wer sind Sie denn?

**B:** Der Schah. Ich bin so müde! Warum bin ich nur so müde von diesem Beeindruckungsapparat?

**C:** Wenn die Moral die Politik ersetzt, werden immer die herzzerreißendsten Entscheidungen getroffen. Dann wird man geohrfeigt und muss im Schlamm rumwühlen. Weil diese Anstalt hier mit einer leerlaufenden Moral beeindrucken will. Hier, mach's bei mir und jetzt schlag Maurice.

**B:** Hier wird nur Identität geregelt, aber damit komm ich bei dir nicht weiter, du entziehst dich jeder Spielregel und jedem normativem Ideal von Identität, diesem Spiel, das uns einen Zusammenhang verleihen soll. Aber vielleicht gibt es keinen. Wir springen dauernd von Gehorsam zu Widerstand und wieder zurück. Und vielleicht ist das Widerstand: Gegen eine Vorstellung von einem zusammenhängenden Selbst.



**S:** Wie soll ich denn auch zusammenhängen, wenn ich hier vorne irgendwas spiele, und dann geh ich nach hinten und dreh einen Film? Das geht doch gar nicht.

**F:** Meine Frage ist, warum und wie hast du mein Leben so sehr erschüttert, und erschüttern können, dass es für mich nicht mehr lebbar ist. Und warum hast du mir immer gesagt, ich hätte dein Leben so sehr erschüttert, dass es für dich nicht mehr lebbar ist. Das stimmte doch gar nicht.

**K:** Mit wem reden Sie denn, Herr von Sydow?

**B:** Können wir unsere Leben überhaupt gebrauchen? Benutzen? Im Sinne von irgendwas da zu leben in einem Leben, das wir gezwungen sind zu führn? Oder müssen wir sie nur führn? Sind wir nur gezwungen, sie zu führn und dauernd einen Zusammenhang herzustellen zwischen uns und einem Begriff von Leben? In den machtvoll unsichtbaren Gesetzen, die wir für unser Leben halten. Wenn du die Gesetze so sichtbar machst, indem du sie nicht einhältst, also alles mit mir nicht einhältst ... diese Irritation ...

**F:** Wir drehen! Alles auf Position. Einrichten für Max von Sydow.

**B:** Davonschwimmende Felle, Eins, die Erste.

**C:** Mist! Dieses Multitasking halte ich auf Dauer

nicht aus. Ich brauch doch irgendwas, an das ich glauben kann!

**S:** Warum verdächtigst du mich nur immer? Hast du zu sehr den Boden unter dir beseitigt, dass du nur noch den Verdacht kennst?

**K:** Wenn ich dich verdächtige, vermeide ich zumindest, für naiv gehalten zu werden. Wie zum Beispiel auch, wenn ich den Verdacht hege, dass sich hinter den Begriffen wie Mensch, Leben, Liebe irgendwas verbirgt. Wenn ich diese Begriffe eines Geheimnisses verdächtige, hält man mich wahrscheinlich nicht für naiv.

**S:** Aber sei doch mal naiv, sei doch mal lächerlich! Außerdem ist es völlig sinnlos, mir Lügen vorzuwerfen.

**K:** Das weiß ich doch. Ja, wie kann ich denn so dumm sein, dich zu einem Geständnis zu zwingen. Du belügst mich, na und?

**S:** Oh. Hallo, Rita!

**C:** Monsieur?

**C:** Eine junge Dame möchte Sie sprechen. Oh, sie ist schon weg.

**S:** Da ist sie doch.

**C:** Ach ja. Da ist sie ja.

**K:** NEIN! NEIN! Warum muss ich hier immer meine Verzweiflung mit Fleisch und Blut versorgen und kann sie nicht kalt aus der Hüfte schießen?



**F:** Es kann doch nicht darum gehen, einen Lebensbegriff mit Fleisch und Blut zu versorgen, sondern darum, sich die Leben anzusehn, die gerade gelebt werden, und eine Form von Widerstand zu entwickeln, gegen ein metaphysisches Geheimnis, das dieser positive Begriff vom Leben haben soll, aber das dient nur der Macht, dieses ewig wiederholte Handeln. Wir müssen untersuchen, wie du hier immer von deinem Leben getrennt wirst, von deinem jetzt hier.

**C:** So! Wir drehen jetzt die Szene, wo du geohrfeigt wirst, neben dem Bankautomat.

**K:** Ja, gut. Aber er soll ziemlich fest zuschlagen, ich will nicht immer nur so tun als ob. So eine Ohrfeige macht doch was mit einem. Das kann doch nicht schlecht sein. Wo ist denn die Maske?

**C:** Maske!

**K:** Und kann mir jemand was zu trinken bringen! Ich muss gleich wieder alles Mögliche auf seinen Ausstellungswert reduziern und vergeblich versuchen, all meine Probleme mit Moral zu bearbeiten. Und Psychologie. Aber ich bin zu müde. Ich will das nicht.

**F:** Du bist besoffen, das ist ein Unterschied. Vielleicht ist Sarahs Stück gar nicht so dumm. Und vielleicht muss es auch nicht von Liv Ullmann umgeschrieben werden.

**K:** Aber es ist es, glaub mir. Meine Revolte hier wird als Verrücktheit ausgegeben, aber das ist sie nicht. Ich bin doch die Einzige, die weiß, was hier gespielt wird. Dass es gar keine Realität gibt, außer der Schah ist zu Besuch.

**F:** Aber du spielst ja nicht. Du lässt dich nicht schlagen, oder jedenfalls lässt du dich vorher immer fallen.

**S:** Warum meine Revolte immer zum Opfergang wird?! Ist das so eine Art Erschöpfung angesichts des Aufstiegs der starken skrupellosen Rasse, mit diesem ererbten Bewusstsein auf ihr Anrecht.

**F:** Ich weiß noch, wie du mal ne Vorstellung hast ausfallen lassen, weil du unbedingt zwei drei Dings blasen musstest, das ist gut, aber ich weiß keinen Grund dafür als den, dass ich mich auf ewig daran erinnern werde.

**C:** Schatz! Es ist mir noch nie passiert, dass ich nicht liebe. Wie soll ich denn jetzt arbeiten? Nein, ich meine nicht den romantischen Dreck und den Konsens, ich meine dieses Instrument, das mir meine Marktteilnahme sichert. Die Liebe. Der Konsens macht einen ja nicht fit, diese Traumtüten ... die so konsensfähig lieben und sterben.

*Hinterbühne*



*B kommt durch Vorhang, Nebel und Wind.*

**S:** CDU – unsere Welt ist die richtige. Sechzehn Sieben, die Achte. Und bitte.

**B:** Mist! Liebling! Ich weiß ja, ich muss für uns beide sorgen und die Kinder und so, aber dieses Multitasking, das halte ich auf die Dauer nicht aus. Ich muss dauernd auf die Bühne, und dann geh ich ab und drehe einen Film. Das geht doch nicht! Ich brauch doch irgendwas, an das ich glauben kann! Die Realität zum Beispiel! *(Wind aus)*

**C:** Ja gut, jetzt beruhig dich mal wieder! Du bist der größte Schauspieler der Welt, das weiß hier jeder, besonders du. Du hast eine geradezu enorme Begabung dafür, aus einer völlig harmlosen Sache einen Mordsskandal zu machen. Aber deine Beeindruckungsmaschine mir gegenüber, die ist so viel hinterhältiger als die von diesem Regisseur. Und ich genieße das so. Ich kann mit gar niemandem mehr umgehn, der nicht hinterhältig ist. Mit Moral und Gerechtigkeit ist mein Alltag eh nicht zu bearbeiten.

**F:** Und Action!

**C:** Der will immer Action. Ich will aber kalt aus der Hüfte schießen, das hab ich doch gesagt.

**S:** Nicht jeder, der schreibt, bleibt automatisch. Es bleiben doch vor allem die Werke mit viel Geheimnis lange in den Institutionen des kollektiven Gedächtnisses erhalten, wohingegen es die andern rasch wieder in die Erinnerungslosigkeit drängt. Vorausschauende Autoren sollten sich also durch ein angemessenes Reservoir an Geheimnis für eine ungewisse Zukunft wappnen. Wie haben es beispielsweise Gott, Klassenkampf und Unbewusstes geschafft, so große Vorräte anzulegen? Und erst recht Mensch, Liebe und Leben? Diffus muss es sein! Nur diffuse Begriffe überleben. Mensch, Liebe, Leben. Schreiben Sie über Menschen, dann bleiben Sie auch, man will eben vor allem ein aufrichtiger Marktteilnehmer sein! Oder nicht! Wir müssen zusammen nur einen diffusen Begriff vom Leben am Leben halten, den scheinbar alle teilen und der den Marktwert durch eine forcierte Zusammengehörigkeit steigert, so als hätte es Sarah Kane, diese Terroristin, nie gegeben!

**F:** Bibi Anderson! Ich weiß nicht, was ich sagen soll ...

**S:** Nicht sprechen!

**F:** Doch, eines vielleicht! Warum ist der kulturelle Speicher von Liebe, Leben, Menschen so groß, warum haben diese Begriffe es geschafft, so große Vorräte an Zeitlichkeit anzulegen? Und Gott und Klassenkampf und das Unbewusste. Und warum müssen wir uns hier mit diesen kulturellen Speichern, die nichts mehr sagen, die in uns nur einen diffusen Verdacht hegen, abstrampeln und inszenieren nicht etwas mit einem viel größeren Verdacht.

**K:** Liebling? 

**S:** Hör auf, mich zu verdächtigen!

**B:** Stattdessen werden wir verdächtigt! Und die Begriffe sterben einfach keines natürlichen Todes! Und machen den Weg für was Drittes frei. Sie inszenieren dauernd den Verdacht, dass es etwas hinter oder unter ihrer Oberfläche geben würde, was sich aber dauernd wieder entzieht. Die produzieren einen Überschuss an Zeit als Warten auf Offenbarung. Aber es tut sich einfach nichts. – Für Sarah Kane entzieht sich da einfach nichts, die kann nicht mehr auf Erlösung warten, die Terroristin. Die weiß, hinter dieser Blase von Humanität ist einfach nichts. Hinter diesem Verdacht von der Vereinigung von Körper und Seele. Aber die Trennung von Körper und Seele, die hatte doch eine Praxis, bei den Nazis und in Guantanamo, dass da zwei biologisch-menschliche Körper voreinander sitzen und einem von beiden wurden die Menschenrechte entzogen. Warum kümmern wir uns nicht um das Praktische dieser Trennung, sondern immer nur um das geheimnisvoll diffuse ihrer Vereinigung, der Vereinigung von Körper und Seele.

**K:** Ja, und das machst du auch mit mir. Du inszenierst immer diesen Verdacht! Nur, dass ich mir das hier nicht mit einem Begriff von Leben zum Geheimnis machen kann. Das ist ja kein Geheimnis, das mit dir. Du belügst mich ja völlig aufrichtig.NEIN! NICHTS MEHR NEIN! Ich muss zum Buback-Ponto- und Pilates-Training.



**F:** Das heißt Botox-Peeling- und Pilates-Training, du dumme Kuh. Ich hab sie nicht geschlagen, wirklich nicht.

**C:** Liv Ullmann, Sie werden in die Bedienung eines Bankautomaten eingewiesen, und der Ihnen zur Seite gestellte Polizist ist, wie die Kunst, zum Zeigen verdammt. Wo ist denn der Polizist?

**F:** Es ist keiner gekommen.

**B:** In Ordnung, dann ist in diesem Fall das Gesetz nicht zu sehn, es ist unsichtbar. Wie die Seele. Dieses metaphysische Geheimnis, oder der Polizeistaat. Der immer dann erscheint, wenn der Schah zu Besuch kommt.

**C:** Was machen wir denn jetzt? Was wird denn jetzt gleich erscheinen, wenn sie auf der Bühne erscheint? Ich hab's normalerweise nicht so gern, wenn jemand bei der Probe dabei ist. Wer ist sie denn?

**K:** Sie ist immer bei mir.

**S:** Ich bin immer bei ihr.

**B:** Sie ist immer bei ihr.

**F:** Bei mir auch.

**C:** Frau Ullmann! Wir haben jetzt leider keinen Polizisten, der Ihnen zeigen kann, wie man diesen Automaten bedient ... Obwohl das eigentlich die Szene gewesen wäre. Und das ist vielleicht eine Enttäuschung, weil man jetzt den Polizeistaat nicht mehr sehen kann. Und jetzt ist nicht der Polizist, sondern die Kunst zum Zeigen verdammt.



**B:** Du willst wieder jung sein, ist es das?

**K:** Ich sag jetzt mal nein. Negation muss die Kreativität doch ablösen.

**C:** Was ist denn das mit dem Zeigen! Was hat es denn damit auf sich? Was ist denn das? Das was die Kunst zeigt? Oder wenn ein Polizist Frau Ullmann zeigt, wie man einen Geldautomaten bedient? Was hier angeblich die Wirklichkeit zeigt, reguliert sie nur.

**K:** Dieses Multitasking halt ich einfach nicht aus!

**S:** Ja, aber du musst nochmal raus. Hier, der Brief!

**K:** Darf ich euch einen Brief vorlesen, er ist an meine Mutter! Mutter! Die Negation ist nicht mehr zur Hand! «Ich will so nicht leben», das versteht keiner mehr. Da wachen doch alle da unten auf im Zuschauerraum, wenn sie das Wort ‹Leben› hörn. Oder ‹Mensch›. Vor allem die FAZ. Und die taz. Die wacht da unten auf, wenn sie das Wort ‹Mensch› hört. Ich glaube, ich schreib das nochmal.

**C:** Mutter! Wir trinken gerade den ersten Rosé vom ersten Weinstock am Hindukusch. Und so was wurde früher mal durch eine sofort zuschlagende Avantgardekunst produziert, aber jetzt durch Politik! Die Politik produziert jetzt Kunstwerke! Und Kunst ist, wie früher einmal die Politik, pragmatisch! Wenn man die Opernsängerin Agnes Baltsa anruft, damit sie einspringt, weil man irgendwo auf der Welt eine Carmen braucht, dann reist sie mit ihren drei Kostümen an, eines für den ersten, eines für den zweiten und eines für den dritten Akt. In jedem noch so ehrgeizigen künstlerischen Hochkultur-Konzept an irgendeinem Opernhaus steht sie in ihren drei immergleichen Kostümen rum. Und ich würde sagen: Das ist doch mal ein Nein! Aber keiner hört dieses «Nein»! Da sitzen 2000 Leute und denken, sie sitzen vor einer spleenigen Operndiva, die sie nicht alle hat, und keiner hört dieses Nein. Man sieht zwar die vollständige Abwesenheit von Kreativität bei

Agnes Baltsa, aber man zieht daraus keine Rückschlüsse auf ein Nein!

**K:** Warte. Hier ... Mutter! Du weißt doch, dass man keine Bücher darüber schreibt, warum ein Zahnarzt den Beruf des Zahnarztes ergriffen hat, warum ein Unternehmensberater Unternehmensberater geworden ist. Man weiß, es würde sich nicht lohnen. Aber man fragt sich, warum der Künstler zum Künstler geworden ist, oder der Terrorist zum Terroristen, auch mit dem – mehr oder weniger offen zugegebenen – Ziel, die Ursachen und damit auch die Kunst selbst zu eliminieren.

**C:** Sehr schön. Diese Diskussion wird weitgehend beherrscht von der Psychoanalyse. 

**K:** Nein, bitte nicht. Lasst ihr mich bitte wieder rein?

**S:** Alles einrichten für Liv Ullmann.

**K:** Ich kann nicht mehr. Wo ist denn Erland Josephson? Kann der das nicht machen?

**B:** Ja hier, natürlich.

**K:** Die stehn alle um mich herum, da draußen, diese Veteranen des linken Spektrums, und verlieren sich in der Frage, wie sie mich dazu kriegen, mich schlagen zu lassen. Ich meine, wir können doch eine soziale Utopie auch mal kurz hier wahr werden lassen ... Gott sei Dank hab ich genug Selbstverachtung! Sonst würde ich mir da draußen die Knie wund rutschen und mich in meiner Spucke rumwälzen, nur um mein verdammtes Selbst zu vergrößern und zu diszipliniern. Ich verachte mein Selbst einfach zu sehr, um es dauernd zu diszipliniern. Wo wär ich denn ohne Selbstverachtung? Das ist doch die einzige Form von Widerstand. Ohne diese Verachtung würde ich wahrscheinlich von einem beschissenen Talentwettbewerb zum nächsten tingeln. Die Welt ist so würdelos ohne Selbstverachtung. Arbeiten wir doch an der! Arbeiten wir doch an der Selbstverachtung!

**C:** Könntest du kurz auf dem Boden rumrutschen? Und dich in deiner eigenen Spucke wälzen?



**K:** Ja, klar.

**B:** Kann ich denn als Ersatz für eine Inszenierung nicht einfach hier sitzen bleiben und tun, was ich kann, um diese Texte von mir zu geben? Ich muss mir doch nicht wirklich die Haare ausreißen und mich auf dem Boden rumwälzen, um über Selbstverachtung zu reden. Das machen nur Leute, die dauernd an ihrem Selbst rackern müssen und glauben, sie würden von Mal zu Mal charismatischer werden, je mehr sie sich die Knochen brechen in diesem Theater. Selbstanhäufung führt zur Zerstörung. Ohne Selbstverachtung würde ich nicht so großartige Auftritte hinlegen und für mich sorgen. Wenn ich mich selbst lieben würde, dann würde ich meinen Körper hier zu Tode malträtieren, nur damit 500 Leute mich genauso lieben, wie ich mich selbst.

**K:** Max, irgendwas stimmt hier nicht! Ich spiele irgendwas, und wenn ich abgehn will, dreh ich einen Film. Ja, was ist denn das? Die Wirklichkeit kommt mir plötzlich nicht mehr wirklich vor! Ich meine, dieses Leben, das wir hier führn, das versteht man vielleicht, aber das ist doch nicht lebbar. Ich kann doch nicht wirklich von der Bühne abgehn, und dann steht da jemand und schreit Action! Wo soll ich denn hin, wenn ich mal zur Ruhe kommen will?

**S:** Zu mir natürlich.

**K:** Ja, Schatz, wie konnte ich das vergessen. Natürlich. Ich will immer bei dir sein!

**S:** Sie hat den Kontakt zur Realität verlorn. 

**K:** Nein, ich würde sagen, ich bin die Einzige hier, die überhaupt Kontakt zur Wirklichkeit hat. Du bist so gut zu mir!

**S:** Wo ist denn die Macht? Wo ist sie denn. Das würde ich jetzt gerne wissen!

**K:** Ich hab jedenfalls keine über dich. So viel ist klar.

**S:** Ist ihr Geheimnis, dass sie sich in dem verbirgt, was wir Innerlichkeit nennen? Die Sprache, die in uns gesprochen wird?

**K:** Na, in dir wird jedenfalls nichts gesprochen. Da ist überhaupt nichts drin, da in dir. Warum willst du so sehr jemand sein, wenn du mich ankuckst, warum willst du nur so sein wie ich?

**S:** Dabei will sie so sein wie ich. Aber du hattest doch eine schöne Zeit mit mir.

**K:** Na und, das reicht mir aber nicht.

**S:** Komisch. Dass die immer solche Probleme damit haben, verlassen zu werden.

**B:** Max von Sydow ist noch nicht da! Und die Vorstellung beginnt gleich!

**C:** Monsieur! Eine junge Dame möchte Sie sprechen ...

Oh, wo ist sie denn?

**K:** Da ist sie doch.

**C:** Ah ja, da ist sie ja.

**B:** Diese Frau, die ich hier spielen soll, bleibt mir fremd!

**K:** Myrtle! Es ist nun mal Tradition. Schauspieler werden geschlagen ...

**B:** Ich würde so gerne etwas sagen, das Sinn macht!

**C:** Du willst wieder jung sein, ist es das?

**B:** NEIN! NEIN! Man kann mir doch nicht sagen, irgendeine Rolle, mit der ich mich identifizieren soll, verweist auf die Wirklichkeit. Die verweist immer nur auf Theater. Die alten Griechen, das verweist nur aufs Theater. Erzählt mir bitte nicht jemand, dass das auf meine Wirklichkeit zielt, dieses alte alte alte Männergeschwafel! Das zielt aufs Theater, wie der Polizeistaat, der will, dass ich mich auf meine Rolle diszipliniere, dass mein Körper von meiner Subjektivität diszipliniert wird, der Polizeistaat, der beim Besuch des Schahs aus der Rolle fällt. Aber es muss doch möglich sein, irgendetwas über ein Leben zu sagen, das gelebt wird. Und zwar ohne diese Beeindruckungsmaschine. Es muss doch möglich sein, etwas zu sagen, das man kalt aus der Hüfte schießen kann.



**C:** Du willst wieder jung sein, ist es das?

**F:** Mist! Kaum bin ich hinter der Bühne abgedreht, kriege ich hier vorne eine geknallt! Gibt's hier denn überhaupt keine Realität mehr? Sie ist doch da. Sie muss doch irgendwie da sein! Warum kann ich sie nicht sehn?

**K:** Und du hilfst mir auch nicht mehr.

**S:** Weißt du, damals, als ich dich zerstören wollte, da konnte ich dir helfen.

**K:** Wenn etwas groß war, dann war es das. Dass ich dich sehen konnte, über dich nachdenken, dich treffen, mit dir proben. Aber dich interessiert das alles gar nicht.

**F:** Sie hat recht. Mich interessiert ihre Verzweiflung nicht. Vielleicht höchstens als Beeindruckungsapparat auf einer Bühne. Alle wollen unsere Verzweiflung. Dieser Beeindruckungsapparat hier, oder als Energie oder als Aufforderung zur Kreativität da draußen, dich aus eigener Kraft aus deinen Verhältnissen zu befreien ... oder als rassiges Frauengekreische auf einer Bühne.

**K:** Also ich, ich bin wirklich verzweifelt. Und du hast die auch in mir produziert, und auch nur, damit irgendwas für dich abfällt, das weiß ich doch.

**S:** Warum tut hier jeder so, als wäre ich kriminell?



**K:** Ja gut, natürlich fällt für mich dabei auch was ab. Es ist doch so schön, dass ich die Ereignisse mit dir so gut verwerten kann. Die meisten Ereignisse in meinem Leben kann ich gar nicht verwerten, die vergess ich einfach. Aber alles mit dir nicht. Vielleicht weil ich dich immer im Verdacht habe.

**K:** Monsieur? Eine junge Dame möchte Sie sprechen. Oh, sie ist schon weg.

**B:** Da ist sie doch.

**S:** Die Sprache, die in mir gesprochen wird, produziert doch vor allem diesen Körper. Der dann von dieser Beeindruckungsmaschine über einen Wert vom

Leben mit irgendeiner Verzweiflung belästigt wird, die nicht meine ist.

**C:** Wer sich nicht schlagen lässt, hat seinen Beruf als Schauspieler verfehlt ... Warum bleibt hier immer so verborgen, wovon die Gewalt ausgeht?

**S:** Es gibt doch eine Verzweiflung jenseits von Leben und Tod. Eine, die nicht immer vor allem auf das Theater verweist. Verzweiflung, das muss doch nicht immer nur diese Beeindruckungsmaschine sein, die kann man doch auch kalt aus der Hüfte schießen.

**K:** Ja, das finde ich auch.



**C:** Das war doch mal Tradition, dass man von der Bühne abgehen konnte, und man war in der Wirklichkeit! Wo ist die denn hin?

**S:** Nein, bin ich die Einzige, die sieht, was hier passiert? Was sagt der? ‹Es ist unbedingt notwendig, dass ich geschlagen werde?!› Was heißt das? Und alle sind einverstanden? Meine Revolte geschieht nicht aus Ohnmacht, sondern nur immer wieder an dem Punkt einer unerhörten Chance, den Text zu stürzen, nach dem hier gehandelt werden soll. Hier stehn nur Männer rum und sagen einer Frau, was sie zu tun hat. Ich kann hier nicht liegen und den Endsieg antizipieren, des Weißen, des Deutschen, des Israeli. Ich will mich nicht rumwälzen in dem Leben, das es nicht gibt, jedenfalls nicht als Wert, den wir alle teilen, und es mit Fleisch und Blut versorgen. Wir teilen das nicht, einen Begriff vom

Leben! Hier geht's nur um mein Leben, ich kann es nicht bedeutungsvoller machen, indem ich es einem diffusen Geheimnis überlasse oder der Metaphysik, und die geht damit um, als war ich nichts. Als bedeute ich nur Leben. Und ich bedeute dann nur eine Frau, die Ärger macht, weil sie sich nicht schlagen lassen will. Und alles nur, weil ich das Leben bedeuten soll! Meine Revolte muss doch nicht immer zum Opfergang werden! Ich muss doch auch mal einen Punkt erwischen, wo es eine unerhörte Chance gibt, mit einer Weltrevolution diesen ewigen Endsieg zu stürzen.

*Hinterbühne*

**212** **F:** Donnernde Motoren Eins, die Zweite! Und bitte!

**C:** Mist. Ich laufe manchmal durch Großstädte und schaue mir Hochhäuser an und frage mich, wie wollen die die mal abreißen. Ich meine, das geht doch gar nicht. Die sind doch viel zu riesig. Das geht doch gar nicht. Wie z.B. das World Trade Center. *(wechselt zwischen Hinterbühne und Bühne)* Und wenn man in ein paar Jahrzehnten das World Trade Center abreißen wird ... Wie wollen die das machen, das frag ich mich immer? Das gibt doch eine riesige Schutt- und Staubwolke, die diese Stadt für Stunden unbrauchbar macht. Und wer wird das sein, der das abreißt? Irgendwelche Spekulanten, geldgierige Säcke? Und wird man sich Jahre lang fragen, warum die es abgerissen haben? Welcher geheimnisvolle Grund wohl dahinterstecken könnte? Die werden das sicher nicht aus Liebe abreißen. Und der Typ, der den Auftrag bekommen wird, das abzureißen, wird auch nicht denken: Mann! Was bin ich für ein Wahnsinnshengst, wenn ich jetzt auf den Knopf drücke, fallen wegen mir diese zwei Türme um. Vielleicht sprengen sie den einen, an diesem einen Tag und den andern zwei Tage später. Da wird dann der erste abgerissen, und es sehen ein paar tausend Leute dabei zu, und zwei Tage später wird der zweite abgerissen, und einige von den Tausenden bleiben zu Hause, weil sie denken, ach nein, das kenn ich schon. Das hab ich schon mal gesehn. Na, und ich würde auch nicht sagen, die neutralisieren durch ihre Aussage die womögliche Schönheit der zweiten Sprengung. Aber wie könnte man ihnen das unterschieben? Ihnen das beweisen, dass das ihr eigentliches Motiv ist, wenn sie sagen, das wird morgen genauso aussehen, da kommt nichts dazu, jedenfalls nichts Aufsehenerregendes. Dass sie das nur neutralisieren wollen? Wie könnte jetzt aber zum Beispiel ein anderer Autor dieses Doppelabrisses dafür sorgen, dass beim zweiten Mal noch mehr Leute Interesse haben? Dass das quasi zur eigentlichen Premiere wird oder so was. Und das erste Mal war nur die Generalprobe. Oder was könnte man sich noch ausdenken, damit der Vorgang nicht von Leuten neutralisiert wird, die immer sagen, die machen ja dauernd dasselbe? Was könnte diese Wiederholung zum eigentlichen Ereignis machen? Doch nicht wirklich aus dem Grund, weil sich rumgesprochen hat, dass es das erste Mal so schön war. Man kann sich ja im Grunde schon vorm ersten Mal vorstellen, wie das aussieht.

**K:** Du bist nur mit mir zur Höchstform aufgelaufen, vergiss das nicht.

**B:** Und dass es nur etwas bedeutet, weil eine Zeitlang Leute ein Interesse daran hatten, an dir, an mir, an unseren Leben, die aber keine garantierte Bedeutung haben. Die Bedeutung von Leben ist entgarantiert. Vielleicht durch Magie, vielleicht dadurch, dass wir leicht zu regieren sind, haben sie einige Zeit eine Bedeutung. Aber sonst solltest du diesen Lebensbegriff nicht so beeindruckend aufladen. Als hätte das alles automatisch eine Bedeutung. Das Leben. Die Beeindruckungsmaschine. Die hat das nicht, automatisch eine Bedeutung. Ihr habt doch alle davon profitiert, dass wir aneinander nach Erlösung

suchten, das hat doch den Betrieb hier am Laufen gehalten, und vielleicht ging es auch nur darum ... Zu lieben, um den Betrieb am Laufen zu halten.

**S:** Aber es gibt vielleicht nichts mehr zu lieben in diesen nackten Leben.

**B:** Mir dreht sich alles.

**C:** Das ist die Drehbühne.

**B:** Ach so. Es kann hier doch nicht um Ohnmacht gehen. Darum, dass wir keine souverän Handelnden sein können. Die Frage ist doch, wie kann ich als Einzelner souverän handeln?

**S:** Menschliche Souveränität ohne eine transzendente Absicherung, durch eine göttliche Autorität zum Beispiel, wie Literatur, oder Theater, wegen denen ich mich schlagen lassen muss, oder geschlagen geben muss, oder hysterisch und fühlend über den Boden kriechen. Der spielt die ganze Zeit hysterisch, und keiner nennt das so, bei dem nennen sie das ‹fein modelliert› und so. Die Negation im Theater hat keine Souveränität, oder ist nicht Teil der Moderne, weil sie auf einer transzendenten Absicherung aufbaut. Im Theater ist die Moderne noch nicht angekommen.

**F:** Sie hat recht.

**C:** So, können wir jetzt drehn! – Ton.

**U:** Läuft!

**C:** Kamera.

**U:** Läuft!

**C:** Die unglaubliche Geschichte des geschrumpften Mister C. Eins, die Erste! Und bitte. Mehr Verzweiflung!

**F:** Warum muss ich schreien? Warum kann ich nicht singen, wie in der Oper? Die sind ja auch verzweifelt in der Oper, aber die schreien nicht, die singen. Und warum? Damit sie sich nicht ihre Stimmen verderben. Und ich? Was mach ich hier? Ich will auch kalt aus der Hüfte schießen, wie in der Oper. Und mir nicht die Stimme verderben, so wie in der Oper. Die wissen in der Oper, die müssten jetzt eigentlich schreien, wegen der ganzen Verzweiflung, die wegen Liebe und Tod aufgeworfen wird, aber anscheinend gibt's Wichtigeres. Die nächste Vorstellung zum Beispiel ... für die gibt's eben ein Morgen der nächsten Vorstellung und für die müssen sie ihre Stimme schützen. Aber ich muss mir hier mit dieser Beeindruckungsmaschine die Stimme verderben.

**C:** Und Cut.

**B:** Ich glaube, dieser Opernsänger bringt das nicht mehr. Der hängt an der Nadel. Der müsste schon kreativer sein. Er sieht aus wie ein Opernsänger, der an der Nadel hängt.



**F:** Die müssten jetzt eigentlich schreien in der Oper, weil diese ganze Verzweiflung aufgeworfen wird, aber dann stecken Heroinnadeln in Opernsängern. Kann ich nicht lieber singen?

**C:** Nein! Auf keinen Fall. Das ist keine Oper, das ist die Geschichte eines Mannes, der von Tag zu Tag kleiner wird.

**B:** Das sieht aus, als würde er fixen mit der Nadel. Das ist aber kein Fixer-Drama, sondern die Geschichte vom schrumpfenden Mister C.

**F:** Ich hab nichts von Fixen gesagt! Ich meinte die Nadel hier.

**C:** Er redet dauernd von Nadeln, was hat er nur. Also ‹Der unglaublich geschrumpfte Mister C.› steht hinter dem Plattenspieler, irgendein Fremder hat vergessen, ihn auszumachen, und jetzt muss er da drüber, weil er von einer Katze gejagt wird. Und bitte.

**S:** Bin ich hier richtig?

**C:** Nein, Sie müssen zum Atompilz.

**S:** Ach ja.

**B:** Die Souveränität ist doch die Fähigkeit, einem Staat den Krieg zu erklären. Das ist eine moderne Bestimmung der Souveränität. Das heißt, ich bin als einzelner Mensch in meiner Subjektivität nur dann souverän, wenn ich mich selbst ermächtige oder wenn ich durch eine transzendente Ermächtigung, durch Gott oder wen auch immer, die souveräne Entscheidung treffe, einen Staat anzugreifen. Nur in diesem Augenblick kann ich meine eigene Subjektivität als eine souveräne in die Welt setzen. Nur dann. Nur dann ist klar, dass ich mich jedem Befehl widersetze, ein Subjekt zu sein!



**B:** Alles einrichten für Frau Ullmann.

**K:** Wo sind wir denn hier? Wird hier schon wieder gedreht?

**F:** Realität kann zerbrechen, und wenn die Regeln implodiern, nach denen sie abläuft, dann haben wir es mit einer Amnesie der Sozialstruktur zu tun. Wir können uns dann nicht mehr erinnern, wie wir miteinander umgehn. Helmut Schmidt weiß dann nicht mehr, wie er mit Loki umgehn soll. Oder der RAF.

**K:** Die Taschen reiben so sehr aneinander. Kann man da nicht irgendwas machen?

**F:** Wir können sie mit Wasser besprühn. Hier Frau Grischenskaja! Genau so, wie Sie es wollen. So wollen Sie's doch! Nehmen Sie die Zigaretten.

**K:** Ach ja. Nennen Sie mich nicht Grischenskaja, da komm ich mir vor wie beim Ballett. Nennen Sie mich Plejinskaja.



**S:** Erland Josephson ist noch nicht da.

**C:** Habt ihr versucht, sie anzurufen?

*B kommt betrunken an, in Garderobe.*

**B:** Wo bin ich denn gerade? Bin ich schon aufgetreten?

**C:** Du bist hinter der Bühne.

**B:** Na ja, das sagt ja nicht viel. Wo ist denn mein Migrationshintergrund? Ach, da ist er ja. Ich bin euch so dankbar! Ein Familienverband von Marktteilnehmern! Das ist es, das hier! Lasst euch ansehn! Das ist doch besser als eine Familie, mit so vielen Leuten seine Marktfähigkeit zu teilen, das ist doch angenehmer als die Beziehungen, die man nicht kündigen kann, die Familie zum Beispiel, da gibt's nur Mord und Todschlag in einer Familie, ich liebe euch ... Da draußen gibt es nur Abgrenzung. Lauter entsolidarisierte Subjekte da draußen.

**F:** Aber wir sind hier ja nur solidarisch, damit der Scheiß da vorne funktioniert. Ich muss es vor allem von mir aus angehn, von unserer egoistischen Liebe, Liv Ullmann!

**S:** Was denn?

**F:** Mein Stück. Es liegt am Text ... Myrtle! Das wollen mir immer alle verbieten, zu lieben, vor allem dich. Aber von diesem egoistischen Prinzip profitieren wir doch alle.



**S:** Nicht sprechen. Nicht sprechen!

**F:** Aber ich.

**S:** Nicht sprechen!

**B:** Ich glaube, das letzte Mal hab ich so eine schrille Farbe gesehn, als wir in Rio damals dieses Chamäleon überfahren haben. Kannst du dich erinnern? Es war grau und platt. Bis ich in meinem pinkfarbenen Hosenanzug zurückgelaufen bin, um nachzusehen. Wir waren, glaube ich, die Ersten, die entdeckten, dass die armen Viecher im Sterben Komplementärfarben annehmen.

**C:** Sie ist da!

**F:** Ich kann doch da draußen nicht dauernd so tun, als wär ich ein bewegtes Gemälde. Außer, dass ich nun mal kein Gemälde bin, ich bin auch noch völlig betrunken. Ich kann nicht einmal nen Bankautomaten bedienen.

**S:** Das ist nicht gut. Da draußen wartet nämlich einer auf dich.

**F:** Hört auf, mir zu helfen. Ihr wollt nur, dass ich mich auf die rigide Ordnung beziehe da draußen.

**C:** Ich hab ja schon ne Menge gesehn, die so blau waren wie du, aber noch keinen, der in dem Zustand gerade gehen und eine Waffe halten konnte.



**F:** Geschweige denn nen Bankautomaten bedienen ...

**B:** Und Olafs Brief, der ist ja wie ich! Der schreibt die gleiche devote hilflose Scheiße wie ich.

**C:** Alles auf Position! Einrichten für Frau Ullmann! Wo ist die Pistole? Wir alle suchen vielleicht das, was unverständlich geblieben ist in uns, in den andern, aber nicht in dir! Du warst total unverständlich. In dir hab ich mich erst recht nicht verstanden, und nichts in dir war dir verständlich, es ging da nicht um Reste, die in dir unverständlich geblieben sind, sondern um alles, alles in dir und alles, was die Leute so miteinander tun, blieb dir unverständlich. Und mir natürlich, was du so tust.

**K:** Ja, ich weiß, und dieses große Gefühl beeindruckt mich so, aber ich kann es nicht allein dieser Beeindruckungsmaschine überlassen, ich muss es als was radikal Neues denken. Die Liebe, das Leben, mit einer Moral von dir Zecke vielleicht. Ich trau der Moral der Menschen ja nicht, vielleicht trau ich jetzt einfach mal der Moral der Zecken. Und du warst eine, das kann ich dir sagen. Ich wollte für dich radikal sein. Für uns beide hier etwas völlig Neues denken. Damit das lebbar ist, was man sich nicht erzählen kann.

**F:** Sie reden, glaub ich, mit dem Falschen, Frau Ullmann. Sie tut immer so, als wäre das eine Liebeserklärung, aber eigentlich nennt sie mich Zecke. Sie nennt mich Zecke und will damit irgendwas Nettes sagen, aber sie sagt Zecke ... Hund ... Nein, die Tiere sind keine Hasswörter. Ich bin zwar ein Tier, aber reguliere mich nicht mit deinen Hasswörtern!



**B:** Gott, wie schön waren wir. Und du kamst gerade von Orten, die so hässlich waren, an Orte, wo wir so schön waren. Oder du kamst von Sachen, die ich nicht wusste, in dieses Zeug, was einen dermaßenen Zauber ausübte auf unsere Leben, sodass wir jetzt fast sterben, wenn wir merken, dass er abhanden gekommen ist. Und was ist das denn? Ist es nur die Perücke? Oder die Zeit? Sind es die Zitate, die uns so wehmütig machen? Ist es das Licht, das wir eingerichtet haben, und die Räume, die für uns gebaut wurden. Die wir für uns gebaut hatten, und die Freundschaften, die wir für uns geführt haben. Ohne immer in das hineingeworfen zu werden, was auf so viel Konsens stößt, das Leben. Nein, das war kein Leben, das war was anderes, und ich vermiss es so.

**C:** Wir drehn jetzt. Alle auf Position bitte ...

**B:** Langweile ich Sie, Doktor? Ich befürchte fast, das liegt an mir. Ich bin schrecklich langweilig. Ich hab mal in einem Restaurant bestellt, dabei ist der Kellner eingeschlafen. Gott sei Dank hatte er, als er auf meinem Tisch lag, von einer Bestellung geträumt. Sonst hätte ich wahrscheinlich den ganzen Abend nichts mehr zu essen gekriegt.



**S:** Es könnte an seinem Beruf liegen. Erst kürzlich hörte ich von einem Müdigkeitssyndrom, das ausschließlich Polizisten befällt. Um einigermaßen wach zu bleiben, markieren sie die Umrisse von Mordopfern mit Kokainlinien.

**B:** Sie werden doch hoffentlich nicht einschlafen.

**S:** Ich bin wahrscheinlich nur ein bisschen überarbeitet. Ein Patient von mir aus der pyromanischen Abteilung hat heute mit einem Feuer die Sprinkleranlage ausgelöst, in einer Trockenmilchfabrik. Die Leute dort regten sich furchtbar auf, dabei waren die Trümmer nur Milch.

**B:** Jesus Christus.

**S:** Ich musste bis eben mit mehreren Säuglingsstationen telefonieren, damit sie sich der schlimmsten Schäden annehmen können.

**B:** Das ist mein größtes Problem, Doktor. Ich bin schrecklich langweilig. Es ist sogar mal jemand eingeschlafen, als ich ihm ein Autogramm gab. Beim Drehen klappt es. Jemand ruft Action, und ich lege los. Ich muss nur irgendwann selbst ‹Cut› rufen!

**F:** Auf keinen Fall spielt der in meinem Stück. Ich bin doch keine Hure.

**B:** Ich glaube, das ist mein Hauptproblem, Doktor.



**S:** Was?

**B:** Dass ich langweilig bin. Und eine Nymphomanin. Ich bin eine langweilige Nymphomanin, Doktor. Ich wirke ungeheuer anziehend auf Männer, aber diese unendliche Langeweile, die ich verbreite, verhindert, dass ich zum Zug komme. Deshalb bin ich eigentlich eine frustrierte, langweilige Nymphomanin. Ich verbreite eigentlich auch nicht Langeweile, sondern eher so etwas wie die Schlafkrankheit. Ich komme in einen Raum, und alle fühlen sich plötzlich, als hätte sie gerade die Tse-Tse-Fliege gestochen. Die Leute sind meistens schrecklich enttäuscht, die, die einen in einem Film gesehen haben. Und Cut! Warum holst du mich nicht endlich aus dieser verdammten Truppe raus!

**F/S/K:** Ja!

**C:** Mein Sohn! Und einmal, ein einziges Mal schien seine Sonne hell. Für fünf Sekunden, ich weiß nicht mehr, wann und wo. Es kann sein, bei einer Premiere in Recklinghausen oder an dem Tag seiner Geburt.

# TAL DER FLIEGENDEN MESSER

Ruhrtrilogie

Teil 1

| | |
|---|---|
| Regie | René Pollesch |
| Bühne | Bert Neumann |
| Kostüme | Nina von Mechow |
| Kamera | Ute Schall |
| Dramaturgie | Aenne Quiñones |

Eine Koproduktion der Volksbühne am Rosa-Luxemburg-Platz Berlin mit dem Ringlokschuppen Mülheim an der Ruhr und der Kulturhauptstadt Europas RUHR.2010 in Zusammenarbeit mit dem Theaterbüro des Kulturbetriebs und dem Projektbüro Stadtjubiläum 2008, gefördert vom Ministerpräsidenten des Landes Nordrhein-Westfalen und der Kunststiftung NRW.
Premiere in Mülheim am 07.06.2008, Open Air im Rollende Road Schau-Zelt/Berliner Premiere am 13.09.2008

| | |
|---|---|
| **I** | **I**nga Busch |
| **T** | Chris**t**ine Groß |
| **N** | **N**ina Kronjäger |
| **M** | **M**artin Laberenz |
| **Tr** | **Tr**ystan Pütter |
| **V** | **V**olker Spengler |

**T:** Wollt ihr die Geschichte nun hörn oder nicht?

**N:** Schieß schon los!

**V:** Wir sind alle gespannt.

**Tr:** Was ist? 

**T:** Diese beiden Mädchen haben eine Ratte gefangen, sie mit nach Hause genommen, ihr den Schwanz abgeschnitten ...

**V:** Wo ist mein roter Slip?

**I:** Ach, da ist er ja!

**M:** Stehst du mal kurz auf! Du sitzt auf meiner Jacke!

**T:** Ja. Also ... diese beiden Mädchen ...

**Tr:** Gehst du mal in die Ecke?

**T:** Diese beiden Mädchen ...

**Tr:** Nein, hier kannst du auch nicht bleiben!

**N:** Du bist der Boss, natürlich wollen wir sie hörn.

**Tr:** Richtig!

**T:** Also diese beiden Mädchen haben eine Ratte gefangen, sie mit nach Hause genommen ...

**Tr:** Cosmo! Wovon redest du?

**N:** Was hat er denn? Ist doch sowieso nichts los?

**T:** Der Schuppen ist leer!



**N:** Oh, schon wieder!

**I:** Sag mal, wie geht's dir denn? Du siehst irgendwie gar nicht gut aus.

**M:** So? Was soll denn sein?

**Tr:** Welche Läden gehen denn noch vor die Hunde?

**M:** Was?

**Tr:** Es kann doch nicht nur unser Laden sein, der vor die Hunde geht. Welche Läden gehen denn noch vor die Hunde?

**I:** Irwins Laden geht auch vor die Hunde.

**T:** Und Evas Laden.

**Tr:** Eva hat einen Laden?

**N:** Und Johns Laden und der Laden von dem Finnen! Und auch der Laden von Kirk!

**Tr:** Und Francins Laden auch.

**N:** Und der Laden von Carol auch! Und Susis Laden hat dichtgemacht. Und Steves Laden.

**T:** Hört mir doch mal zu!

**M:** Cosmo,stehst du mal kurz auf, du sitzt auf meiner Jacke.



**N:** Cosmo, gehst du mal kurz da rüber?

**Tr:** Ne, hier kannst du auch nicht bleiben.

**T:** Also, diese beiden Mädchen haben eine Ratte gefangen ...

**V:** Das liegt an der Zeit. Was denn? Dass alles vor die Hunde geht. Was denn? Ein paar Typen geht's doch super.

**Tr:** Wem denn?

**T:** Mir!

**I:** Dir geht's super?

**N:** Cosmo, lässt du mich mal durch?

**T:** Ja.

**M:** Ne, hier kannst du auch nicht bleiben, geh doch mal in den anderen Wagen.

**T:** Also, diese zwei Mädchen haben eine Ratte gefangen, sie mit nach Hause genommen, ihr den Schwanz abgeschnitten, und dann haben sie eine Pfanne genommen und den Schwanz darin gebraten und ihn gegessen ... das ist doch grauenhaft, wenn man so nen Rattenschwanz isst ... ich finde das ekelhaft ... und alle finden's vollkommen normal ...

**M:** Gehst du mal kurz aus dem Weg, bitte. Hier muss irgendwo meine Jacke sein.

**Tr:** Kannst du das mal hier aufmachen?

**I:** Kannst du mir mal den Rücken eincremen?

**T:** Irgendwie hab ich das Gefühl, euch berührt die Geschichte überhaupt nicht.

**N:** Welche Geschichte? Und jetzt könnte er vor sich hinheulen, er als Chef dieses Nachtclubs, weil man ihm nicht zuhört ...

**T:** Jetzt könnte ich vor mich hinheulen, weil man mir nicht zuhört. Aber diese Interesselosigkeit muss ja nicht schlecht sein, vielleicht versuchen sie ja nur, mich darauf aufmerksam zu machen, wie breit ich mich hier mache, in ihrer Garderobe. Ich meine, ich versuch doch am Leben zu bleiben, und das heißt dann doch, dass ihr auch am Leben bleibt.

**V:** Ja, aber wir versuchen ja auch am Leben zu bleiben.

**M:** Wer nicht untergeht, obwohl andere für ihn planen, könnte die Zügel ebenso gut gleich selbst in die Hand nehmen.

**I:** Wer durch dieses ganze ausgeweidete Sozialstaatskelett navigiert, um sich das zu holen, was noch zu kriegen ist.

**N:** Wirf doch mal nen Föhn hier rein! *(in die Kamera)* Ich weiß mal wieder nicht, warum mich das alles nicht berührt! Aber vielleicht ... vielleicht ist das endlich mal ein Grund, sich hier nicht mehr einzukitschen, sondern zu gucken, wo du mich wirklich berührst. Welche Stelle an mir, mit welcher Stelle an dir. 

**T:** Hört doch mal zu!

**I:** Ja gut, wir könnten dir zuhören. Aber keine Utopie der Welt ist damit zu erreichen, dass wir beschließen, gute Menschen zu sein. Das hier ist nun mal ein Nachtclub mit Kontakten zur Mafia und so. Das geht auch alles zu regeln, ohne zu beschließen, gute Menschen zu sein, es gibt auch einen Sozialismus jenseits seiner sentimentalen Sorte. Es muss auch eine gesellschaftliche Utopie geben, die auf gegenseitiger Interesselosigkeit basiert. Die nicht jammert, weil hier wer wem nicht zuhört, jenseits eines Sozialismus aus Jux und Toleranz ...

**T:** Ich glaube, die wollen mir gar nicht zuhörn! Vielleicht hören die nicht zu, weil das eine notgedrungene Philosophie der Armut ist, hier alles zu verbrennen, hier alle Erfahrung loszuwerden.

**M:** Das muss doch endlich mal nicht als Verlust zu sagen sein, dass ich hier versuche, alle Erfahrung loszuwerden. Aber mein Gegenüber liest das immer als Ironie, oder als hätte ich einen schlechten Tag, oder als müsste ich mich nur zusammenreißen. In diesem Stripclub hier tun alle so, als müsste ich mich nur zusammenreißen.

**N:** Stevies Laden hat auch dichtgemacht. Und Suzies Laden schon lange. Das Team ist nicht mit Toleranz zu haben ... Zu beschließen, gute Menschen zu sein, reicht gerade mal fünf Minuten, und dann meldet sich der Sozialismus von der sentimentalen Sorte ab und die Vorrichtung schlägt zu, nach der wir immer den einen Namen nennen sollen. Immer nur den einen. Rainer Werner Fassbinder.

**V:** Was soll das denn?

**T:** Hört mir doch mal zu!

**I:** Sag mal, Cosmo, kannst du mal kurz aufstehen, du sitzt auf meiner Jacke.

**Tr:** Die wollen hier alle nicht einer Geschichte des Bosses zuhörn, die nur scheinbar mit ihnen zu tun hat. *(in die Kamera)* Plötzlich interessier ich mich nicht mehr für dich, und ich könnte das erleben als etwas jenseits einer sentimentalen Sorte von Sozialismus. Kein Jux und kein Humanismus mehr zwischen uns, kein Jux und keine Toleranz ...

**I:** Da kannst du auch nicht bleiben.

**N:** Ne, jetzt musst du da mal aufstehen ... Vielleicht ist es gut, kein Interesse aneinander zu haben, vielleicht ist das kein Verlust sondern das Aufgeben von den Punkten, an denen wir nur moralisch und psychologisch voneinander berührt sind und uns berühren, und nicht dahin sehn, wo sich unsere Leben wirklich berührn. Vielleicht ist es gut, was die Meinhof sagt: Frauen, die Kinder erziehen, haben es schwer, schwer, unheimlich schwer, und sie betont es immer wieder. Sie sucht den Punkt, wo die Frauen nicht immer nur mit diesen Typen zu tun haben, die mit ihnen eine Familie gegründet haben. Der Typ hört sowieso immer weg. Und sie spricht auch nicht von der Berührung mit ihren Kindern. Das ist auch keine Klage über die Interesselosigkeit, sondern nur der Punkt, an dem die Suche beginnt, wo wir uns wirklich berühren, wo unsere Leben sich wirklich berühren und nicht bloß in dem blöden Melodram, das wir uns erzählen müssen. Uns trennt diese Vorstellung von einem Plan unserer Gemeinsamkeiten. Das ist es, was uns trennt. Wenn wir mit dem aufräumen würden ... Unsere Gemeinsamkeiten sind eben andere. Die sind politisch und nicht sentimental.

**V:** Gleichgültigkeit und Interesselosigkeit ist eine gute Verteidigung.

**T:** Ich bin der Clubbesitzer und ich engagiere die Mädchen! Aber es gibt kein Interesse an meinen Geschichten. Womit haben wir es hier zu tun?

**I:** Wonach orientieren die sich alle hier, wenn es nicht die Geschichten sind? Wenn es nicht die Geschichte ist?

**M:** Hier singt keine Stimme schöner als die andere und sagt die letztgültige Wahrheit.

**T:** Dann geh ich eben. Fahr mich in die Bar Eddie.



## TAXI-CLIP

*Wagen steht bei Greenbox.*

**M:** Hast du schon das Taxi bezahlt?

**T:** Nein, Moment Eddie. Ich muss dich noch bezahlen! *(rennt zurück zum Taxi und sticht Reifen ein)*

**M:** Kommen Sie hier rein! Hier rein! Kommen Sie! Immer der Nase nach! Na, kommen Sie doch! Kommen Sie! Der Laden geht entweder schleppend oder gar nicht. Ja, ich weiß auch nicht, woran das liegt.

**T:** Wo sind denn die Mädchen?

**M:** Ja, wo zum Teufel sind sie denn? *(in die Kamera)* Gibt es eine menschliche Stimme? Eine Stimme, die die Stimme des Menschen ist? Wie das Zirpen die Stimme der Zikade ist? Und ist diese Stimme, wenn sie wirklich existiert, die Sprache? Erfahre ich immer nur Sprache? Erfahre ich nie die Stimme? Wo zum Teufel ist die denn?

*Trystans Selektionsszene.*

**T:** Hört doch mal zu!

**Tr:** Raus! Raus! Raus!

**N:** Ja. Fang doch an!



**Tr:** So! Raus Mädchen! Miss Piggy zu ihrem Auftritt bitte!

**M:** Ja, gut, ich komm schon, Scooter!

**T:** *(zu Trystan)* Ich hab die Fahrt doch bezahlt, und bin ausgestiegen. Was wollen Sie eigentlich von mir?

**I:** Ja, ist ja gut. Seien Sie friedlich.

**Tr:** Ja, seien Sie friedlich. Was macht der denn hier? Raus!

**N:** Nein, ich bin noch nicht dran!

**Tr:** Das ist die Damengarderobe. Für Zuschauer ist draußen genug Platz. Wer bist du denn, Schatz?

**I:** Der hat die Fahrt bezahlt.

**Tr:** Irgendjemand hat mich gerade noch Eddie genannt.

**T:** Das ist mir egal. Raus hier!

**Tr:** Warum bin ich denn jetzt alleine hier?

**I:** Ich kenn die Probleme, die Sie haben.

**T:** Du weißt ja mehr als ich. Du bist ja n richtiger Hellseher.

**Tr:** Also kommen Sie mal raus aus der Schlangengrube! Wo wurden Sie denn geborn?

**I:** Ich bin in allen Bezirken geborn. Trendbezirk Wedding.

**Tr:** Ich bin in Berlin geborn, oder New York.

**N:** Kennen Sie das Bellevue? Und was fürn schöner Fluss das war. Als Kinder sind wir da immer schwimmen gegangen!

**I:** Aber jetzt fahrn wir nach Hause.

**T:** Wohin?

**I:** Zu Ihnen nach Hause.

**N:** Da gibt's kein Fluss, Eddie!

**T:** *(in die Kamera)* Keine Sorge, Vince, das wird ne super Nacht! Das läuft schon.

**I:** Hi Margo.

**N:** Hi Cosmo.

**T:** Na, wie geht's?

**N:** Mmmhhh, es geht.

**T:** Hi Sherry.

**Tr:** Hi.

**T:** Hi Carol. 

**I:** Na, kommst du auch mal wieder?

**T:** Na, was habt ihr denn?

**M:** Nichts. Wir warten, dass die Show anfängt.

**T:** Will denn niemand Gage in dieser Woche?

**V:** Doch natürlich!

**T:** Ihr wollt also eure Gage. Na schön. Dann wollen wir mal unsere Hintern nach unten bewegen. Gehen wir.

**Tr:** *(in die Kamera)* Wie weit runter denn noch? Wir sind keine Sklaven. Sklaven muss man durchfüttern, wenn der Laden mal nicht so gut läuft. Auf denen bleibt man sitzen. Deshalb sind wir was anderes. Deshalb können wir gekündigt werden.

## CLIP (GAGE HOLEN!)

**M:** Komm ich zu spät?

**I:** Genau richtig! Wie läuftn der Laden?

**M:** Hm ... Ganz gut.

**V:** Haben Sie einen Wunsch?

**I:** Willst du noch irgendwas?



**M:** Nee.

**I:** O.K.

*Wenn Geld zu sehen ist, in die Kamera:*

**I:** Der verdammte Hundesohn. Ich komm mit dem einfach nicht zurecht.

**V:** Cosmo spricht schon wieder mit dem Geld.

**I:** *(zu M)* Marty! Hast du deinen Kuchen auf dem Tisch stehen lassen?

**T:** Willst du n Drink?

**Tr:** Nein danke, ich hab ja mein Kaffee und Kuchen.

**T:** Ist alles in Ordnung?

**Tr:** Selbstverständlich ist alles in Ordnung.

**N:** Marty, du bist ein Prinz. Jetzt kannst du wieder für dich selbst arbeiten!

**Tr:** Cosmo, du bist primitiv. Es ist keine Beleidigung, aber du hast absolut keinen Stil. Ich mach zwar mit dir Geschäfte, aber du hast keinen Stil.

**N:** Du weißt, wenn du Hilfe brauchst, du kannst jederzeit zu mir kommen.

**Tr:** Ich will dich nie wieder sehn.



**N:** Marty! Sei nicht so ... voreilig!

*M holt sich das Geld.*

**Tr:** Ich will in meinen Club!

**M:** *(zum Geldbündel)* Du verdammter Hundesohn! Ich komm mit dir einfach nicht zurecht. So! Jetzt kommst du in diese Papiertüte. Das hält ja kein Schwein aus, wenn man dich frei rumlaufen lässt!

**I:** Wo ist Rachel, Cosmo? Ist sie krank?

**N:** Rachel ist krank, hat Grippe. Und sie hat einen neuen Job.

**M:** Kannst du draußen rauchen, Cosmo? Die Luft hier ist eh nicht so gut!

**N:** Ja. Sie ist erkältet und sie hat Depressionen – genau wie ihr. Was ist denn los mit euch?

**I:** Es gibt da ein kleines Problem.

**N:** Das kann ich mir denken, dass es ein Problem gibt.

**T:** Es ist eher ein Missverständnis.

**V:** Nein es ist kein Missverständnis. Es ist ein Problem, und ich finde, es muss endlich mal drüber gesprochen werden. Ja, ich will hier nicht den großen Star spielen, aber es ist doch so, dass die Leute meinetwegen herkommen. Ich bin nun mal eine ausgefallene Persönlichkeit. Eben nicht das Übliche. Etwas überkandidelt vielleicht ... ja aber nicht ...

**N:** ... aber nicht verrückt ...

**Tr:** ... ja vielleicht auch das, aber ...

**N:** ... offen und ehrlich ...

**Tr:** ... einzigartig auf meine Weise. Aber wenn's mal nicht läuft, die Show abstinkt, wer wird dann ausgebuht? Ich allein. Aber wenn's gut läuft, kriegen nur die den Applaus, haben nur die den Erfolg ... nur weil sie die Titten zeigen. Seid doch mal ehrlich. Einmal wenigstens!

*Alle protestieren.*

**Tr:** So, es wird Zeit für euern Auftritt!

**T:** *(in die Kamera)* Keine Sorge, Vince. Das läuft schon. Das wird ne super Nacht.

**I:** Wir können also nicht mehr heucheln, dass uns die andern Leben berührn. Und die Frage ist auch, wo berührn sie uns wirklich, also wo haben wir mit ihnen zu tun? Mit den anderen konkreten Wesen? Diese Frage will eine sentimentale Sorte von Sozialismus immer lösen damit, dass wir nur bessere Menschen werden müssen. Aber wir sind schon gut genug. Da können wir noch so gute Menschen werden, es gibt Utopien, die nicht zu organisieren sind. Schon gar nicht durch Ethik und Moral. Wenn ich dich ansehe, und zwar nicht als Kitschnudel, was ich ja so gerne mache, dich ansehn als Kitschnudel, wenn ich das nicht mache, dann seh ich doch vielleicht eine materielle Gemeinsamkeit von uns Verarschten. Also ich könnte die sehen, aber ich verlier mich nur wieder in dem Anblick deiner Augen ... Ich Kitschnudel. Nein. Nein, jetzt nicht! Kein Gespräch unter vier Augen, das dann doch nur wieder von einer Wahrheit über den Menschen eingeholt wird. Keine Dialoge! Keine Reformen durch Dialoge! Das hör ich doch, dass nur unsere Ärsche nebeneinander sitzen müssen, um die Elektronen von mir zu dir rüberzutransportieren. Da müssen die Zungen sich nicht stundenlang zum Sprechen disziplinieren, um in irgendeinen Kontakt zu treten. Wie gelangt die Subjektivität jedes beliebigen Menschen, also meine und nicht nur die der großen Männer, in die Geschichte? Wie schreibt sich jede Subjektivität in die Geschichte ein? Wie bleibt meine Revolution meine, und meine Stimme meine, und wie werde ich nicht zu einer Gattung von Revolution, zu einer Gattung der Revolutionäre? Die Geschichte hat mich als Sprechenden noch nie geklärt! Wenn man irgendwann mal von diesem Stripclub hier redet, dann muss doch auch vorkommen, dass nicht nur Cosmo versucht, dass es ihm gutgeht, damit er uns am Leben hält. So als unsichtbare Hand des Marktes oder so was. Sondern es muss doch auch eine Stimme geben, die sagt, wie wir uns dauernd am Leben halten in der Geschichte, in der dauernd jemand erzählt, dass er für uns sorgt und dass es nur ihm gutgehen muss, und dann ist alles in Ordnung. Vielleicht sollten die die Zügel in die Hand kriegen, die von diesem Sozialstaatskelett nehmen, was sie kriegen können. Also mit den ganzen Strategien, ihm nicht zuhörn zu müssen, dem, der uns scheinbar eine Geschichte erzählt. Ich brauche keine Wahrheit, die meine Stimme einholt. Ich brauche keine Geschichte, die meine Stimme einholt. Eine Wahrheit vom Menschen muss mich nicht einholen. Meine Wirklichkeit muss nicht eingeholt werden von etwas Größerem!

**N:** Es kann nicht darum gehen, dass in meiner Stimme eine historische Wahrheit zum Ausdruck kommt! Nein, man muss aus anderen Gründen auf diese Stimmen hörn. Weil sie da sind! Weil sie die Wirklichkeit prägen. Jetzt. Hier. Ja, ich weiß, diese Anordnung hier will immer dafür sorgen, dass diese Stimmen von einer Wahrheit über die Menschen und die Sprache eingeholt werden. Aber die müssen doch auch gehört werden können, jenseits von einer Wahrheit, die uns alle immer einholt. Ich muss doch etwas sagen können, jenseits einer Wahrheit von mir, die uns immer einholt.

**V:** Hähh? Was singt denn Ed für ne Nummer? Die ist doch erst viel später dran. So was Blödes! Das ist ein Striplokal. Da wollen die Leute was sehen für ihr Geld.

**M:** Aber sagte nicht irgendjemand, das wäre Paris hier?

**Tr:** Ja, Paris - Parigi für alle unter uns, die mehrsprachig sind. Lasst uns keinen Jet nehmen und auch keinen Ozeandampfer. Nehmen wir ganz einfach unsere Phantasie zu Hilfe und vielleicht noch un- 
sere bescheidene Dekoration. Damit werden wir die wunderschöne Stadt an der Seine - 9000 Kilometer von hier entfernt - herbeizaubern. Die Stadt der Lichter, der Eleganz und der Ausgelassenheit. Paris. Los, Mädchen, die Show beginnt! *(Französisch)*: Ou est-ce que le ...? etc.

**N:** Der Alexander Kluge, der erzählte in seiner Dankesrede zum deutschen Filmpreis, dass man nicht vergessen sollte, dass jeder Film nur Teamarbeit ist. Man kann nicht alleine einen Film herstellen, das sagt er am Anfang und kriegt dafür Applaus von den ganzen anwesenden Filmleuten. Und nach zehn Minuten, am Ende seiner Rede, hat man das Gefühl, er hätte die letzten zwei Minuten nur noch gesagt: Rainer Werner Fassbinder, Rainer Werner Fassbinder oder John Cassavetes. Jetzt würde ich nicht sagen, der ist ein Lügner und Betrüger, der Kluge, der ist ja auch schon alt. Aber sein Anfangsgerede vom Team kommt mir wie Wohlwollen vor, das wohlwollend beklatscht wird, und irgendwie ist es nämlich immer noch nicht in ihm angekommen, dass das Kollektiv nicht mit Wohlwollen zu kriegen ist, da sagt man nämlich nach zehn Minuten doch nur wieder den einen Namen, immer nur den einen Namen. Der, der über dem Plakat steht. Hier zum Beispiel! Und er weiß trotzdem, dass man als Solist keinen Film machen kann. Man kriegt das Kollektiv nicht in sich rein! Nur mit Wohlwollen, und das macht dann nach zehn Minuten immer den Denkfehler. Das Wohlwollen hört irgendwann auf, so fest man es sich auch vornimmt. Man nennt nur noch den einen Namen oder auch noch  einen. Und das muss doch zu kriegen sein, eine Utopie, die nicht mit Wohlwollen zu kriegen ist. Oder vielleicht ist er ja doch ein Betrüger, der Kluge. Und plappert nur vom Kollektiv. Der wusste immerhin mal als Filmkünstler, dass er Jura studiern muss, um diese RTL- und Sat1-Fenster zu kriegen.

**M:** Wir brauchen eine radikale Revision des Gemeinschaftlichen! Das geht nicht, dass der Kluge vom Team redet, und nach zehn Minuten hat er es wieder vergessen. Das kann doch kein Kapitel sein, das von ein paar Intellektuellen überflogen wird. Es gibt diesen Plan von den Gemeinsamkeiten, den Kluge da mit dem Team meint, aber der produziert dauernd Unterschiede! Und am Ende kommt ein Name dabei heraus! Wir brauchen eine radikale Revision des Gemeinschaftlichen! Unter Zuhilfenahme von Darwin! Das klingt zuerst paradox, weil man mit dem vor allem die Selektion identifiziert. Wir dürfen uns nicht mehr als Ähnliche verhalten und hier so tun, als könnten wir einer Geschichte folgen. Oder der Geschichte. Der Menschheitsgeschichte. Dann müssen wir nämlich der Geschichte von Alexander Kluge folgen. Aber es geht nicht darum, einer Evolution zu folgen, die uns als Forschritt erzählt wird.

**V:** Tja, Paris! Das war doch mal was! Lasst uns keinen Jet nehmen und keinen Ozeandampfer, einfach unsere Phantasie und unsere bescheidene Dekoration. Wir werden sie herbeizaubern. Die Stadt der Eleganz. Oder den Golf von Persien und andere Konfliktschauplätze.

**Tr:** Imagination war vielleicht mal ein Bereich der Erkenntnis. Aber jetzt doch nicht mehr! Wo ist denn das Orakel? Ach, da ist es ja!



**M:** Diese Texte waren doch mal Stimmen in einer oralen Gesellschaft. Warum gingen die verloren, oder warum hört die keiner mehr?

**V:** Wenn ich orale Gesellschaft höre, denke ich immer, ich bin dran!

**Tr:** Oh Mann, Volker! Dieses Orakel muss doch nach Delphi!

**T:** Gebt mir einen Spot! Ich heiße, falls Sie es noch nicht wissen sollten, Cosmo Vitelli. Ich bin der Besitzer dieses Clubs. Hier im crazy horse west bieten wir ihnen was ganz Besonderes. Ja wirklich.

Erst mal bekommen sie auf Rechnung des Hauses einen Drink, weil sie so geduldig gewartet haben. Gib jetzt mal einen Spot auf Sunny. Sunny unser Barkeeper. Drinks für alle, Sunny. Auch die Jungs und Mädchen, die sie bei uns bedienen, sind bezaubernde Geschöpfe. Sie haben gerne Kontakt mit Menschen. Ich wollte nur kurz erklären, warum wir verspätet anfangen. Eines von den Mädchen ist nicht mehr dabei. Rachel. Sie ist ausgestiegen. Sie hat was Besseres gefunden. Ich liebe sie und ich trinke auf sie. Mr. Sophistication und seine schönen Gespielinnen führen Sie heute nicht nach Asien. Sie führen Sie nicht nach Europa. Sie führen Sie auch nicht nach Süd-Amerika. Wir bringen heute Abend etwas ganz anderes. Wir nehmen Sie auf einen neu-

en großen Trip mit. Diese Nummer ist von unserem musikalischen Leiter arrangiert worden. Das große Talent Tony Maggio. Wenn wir Glück haben, wird Mr. Sophistication mit seinen schönen Gespielinnen auf der Bühne erscheinen. Bitte Applaus für Mr. Sophistication und seine schönen Gespielinnen. Wie Sie sehen, sind sie etwas hübscher als ich, darum gehe ich jetzt. Viel Vergnügen!

## PARALLEL-CLIP WAGEN PARKEN

**N:** Hallo! Auf geht's! In die große Welt!

**V:** Hey! Schön, dass sie da sind! Wolln Sie uns besuchen?

**N:** Wo ist denn der Junge, der die Wagen parkt?

**V:** Ja wo ist denn der Junge, der die Wagen parkt!?

**M:** Keine Ahnung!

**V:** Wo ist er denn?

**M:** Vielleicht hier hinten! Bist du der Junge, der die Wagen parkt? Ich bin doch nicht der Junge, der die Wagen parkt. Wo ist denn der Junge, der die Wagen parkt? Der hat doch so gerne Kontakt mit anderen Menschen. Das sieht hier doch jeder. Deshalb steht der auch auf der Straße.

**Tr:** Bitte, gebt jetzt einen Spot auf Cosmo. Ich bitte Sie jetzt um einen schönen Applaus für un- 
seren Boss. Ich muss sagen, er ist nicht nur ein großartiger Nachtclubbesitzer, er tut außerdem das Beste, das man auf dieser Welt machen kann. Man fühlt sich bei ihm einfach ... *(Tr macht Störgeräusche)* Er ist immer für uns ... *(Störgeräusche)* Er ist nie ... *(Störgeräusch)* ... einfach nur ... *(Störgeräusch)*

**T:** *(zu N)* Guten Abend. Willkommen im crazy horse. Ich bin Cosmo Vitelli, der Besitzer.

**M:** Hier kannst du nicht stehn bleiben, Cosmo! Geh doch mal da rüber!

**N:** Haben Sie Besetzer gesagt?

**I:** Entschuldigung, darf ich mal durch?!

**T:** Nein, Besitzer!

**N:** Der Laden gehört Ihnen??

**Tr:** Guten Abend!

**I:** Kannste mir mal den roten Hut geben?

**V:** Also hier können Sie nicht bleiben. Das ist meine Garderobe!

**M:** Ich hab meinen Hut vergessen.

**N:** Das ist der tollste Laden in der ganzen Stadt.

248 **T:** Das ist doch ein Witz.

**N:** Nein, das ist kein Witz!

*Auf der Leinwand: Sie lügt! Das ist doch ein Witz!*

**Tr:** *(zu N)* Können Sie mir mal die Schuhe ausziehn?

**I:** *(in die Kamera)* Jetzt müssten wir Cosmo eigentlich warnen! Der Typ von diesem Spielcasino will ihn anfixen! Wer viel Geld hat, kann spekulieren! Wer wenig Geld hat, darf nicht spekulieren! Wer nichts hat, muss spekulieren! Also wir hier müssen spekulieren mit dem, was wir hier haben in diesem Stripclub, mit unseren Körpern. Aber Cosmo darf nicht spekulieren!

*IMPRO! T beendet mit energischem «jetzt hört mir doch mal zu!».*

**V:** Wo ist mein roter Slip?

**T:** Warum hört ihr mir denn nicht zu?

**I:** Da isser doch!

**N:** Aber wir hören doch zu. Wissen Sie, ich habe auch einen Club. Ja das ist ein Spielcasino.

**Tr:** *(zu V)* Guck mal der Ring. Den hab ich von einem ganz tollen Typen.

**V:** Kleiner. Ohne diesen Ring bist du viel hübscher, und wenn du ihn versetzt, kannste vielleicht endlich mal deine Telefonrechnung bezahlen. 

**I:** Volker, haste mal nen Aschenbecher?

**M:** Wo ist denn mein rotes Jackett?

**N:** Ich hab auch nen Club. Ein netter Club. Kommen Sie doch mal vorbei.

**I:** Kann ich mal durch?

**Tr:** Und da kommt jeder rein?

**N:** Ja, da kommt jeder rein. Alles ist frei.

**T:** Außer dem Spiel.

**I:** Volker, kannste das mal da aufhängen?

**M:** Wo ist denn eigentlich Sunny?

**I:** Hier ist dein Lockenwickler!

**Tr:** *(zu T)* Gehen Sie doch mal in die Ecke.

**N:** Wir passen natürlich auf, dass niemand betrügt.

**I:** Ach, hier ist ja mein Pullover!

**T:** Jetzt hört mir doch endlich mal zu!

**M:** Bestimmten Geschichten muss nicht mehr zugehört werden, weil die Erfahrung niemandem mehr hilft, in einer Landschaft, in der nichts unverändert bleibt von einem Tag auf den nächsten. Weil die Leute, die aus ihnen herauskommen, aus den Geschichten, verstummt sind. Weil sie ihnen nichts erzählt haben. Jedenfalls nichts, was sie brauchen könnten, in einer Landschaft, in der nichts unverändert bleibt. Es gibt einfach zu viele Ereignisse, und alle sind in viel zu viele Ereignisse involviert, als dass die Geschichten davon noch irgendjemandem was erzählen würden.

**T:** Aber ich erzähl doch gar keine Geschichte! Der Typ hier lobt nur unseren Club! Du musst erkältet sein oder depressiv oder so was!

**N:** Sagen Sie, ist Mister Sophistication da? Und Rachel und all die andern Mädchen? Ich hab auch nen Club!

**V:** Moment mal! Hier können Sie nicht bleiben!

**T:** Natürlich kann er hierbleiben!

**V:** Aber das ist meine Garderobe.

**T:** Trotzdem kann er hierbleiben, hört doch mal zu! *(zu M)* Liebling, du bist so kalt zu mir!

**M:** Was dir so kalt vorkommt, Cosmo, kommt nur daher, dass wir uns die Geschichte, die du so gerne hörst und in der sich unsere Leben berührn, einfach anders erzählen.



**T:** Aber Moment mal! Menschen waren doch mal berührt von den Erzählungen von sich. Ihr habt mir doch mal zugehört, als ich euch Geschichten aus meinem Leben erzählt habe. Das kann ich mir doch nicht alles eingebildet haben.

**Tr:** Diese Interesselosigkeit wirkt nur kalt, aber die beantwortet eben nicht immer nur den Punkt, an dem wir uns das Interesse für den Andern erzählen sollen. Dieses Interesse ist ein Befehl. Ich suche jetzt aber nach einem materiellen Interesse. Nicht nach dem Wiedererkennen in dem Andern. Sondern in dem Punkt, wo es schwerfällt, weil man sich da nun mal nicht die Gemeinsamkeiten erzählt. Aber da sind sie vielleicht, uneingeschränkt. Nur da.

**T:** Erzählen Sie mir mehr von Ihrem Club!

**N:** Es ist ein netter Club. Und jeder kann spielen. Wir passen natürlich auf, dass niemand betrügt!

**Tr:** Und da komm ich ohne weiteres rein?

**N:** Ja. Wer ist das denn?

**T:** Am Anfang kommt natürlich jeder ohne weiteres rein!

**N:** Es wird Ihnen gefallen. Ich schreib auf die Karten: Empfohlen durch Maud. Alles ist frei.



**T:** Außer dem Spiel.

**N:** Richtig! *(zu den andern)* Er macht die ganzen Ansagen, wählt die Musiknummern aus und führt Regie.

**M:** Ach wirklich?

**T:** Ich wähle die ganzen Musiknummern aus und führe Regie.

**M:** Ach seit wann denn das? Jetzt will er wieder alles alleine gemacht haben!

**T:** Man muss die Leute in ihrem Glauben lassen. Die wollen das nun mal. Die wollen, dass das hier alles von Christine Groß ist.

**Tr:** Und am Ende des Tages bleibt wieder nur der eine Name übrig.

**T:** Ja, genau, Christine Groß. Die hören mir alle nicht mehr zu! Die hören alle ihre eigenen Geschichten, und dann kann ich noch so oft sagen, die sind inhaltsleer, die sind spießig ... Das sind ja keine Proletarier, die sind ja keine Wilden, die hier den Produktionsablauf verhindern. Die haben eben nur ihr inhaltsleeres Spießertum. Die können sich doch gar nicht politisch äußern, die klemmen doch so sehr an ihrer Alltagspsychologie, dass sie nie an einen Punkt herankommen, der sie in Frage stellt. Das sind hier bloß inhaltsleere Spießer, die sich ihre abgelaufenen Geschichten erzählen vom Leben, von der Liebe. Andererseits vertraut der elitärste Freund flexibler Ausbeutung der Fähigkeit beliebiger Lohnabhängiger zur rationalen Kooperation. Mit faulen blutrünstigen Wilden wird man nicht Exportweltmeister. Der Kapitalismus verlässt sich unausgesprochen und stillschweigend ständig auf die menschlichen Eigenschaften, die er der Mehrheit aber abspricht. Spießer haben keine Inhalte! Aber wieso sagen die Spießer dann, dass es noch Leute gibt, die überhaupt keine mehr haben. Und erzählen dann von denen, die sollten sich doch erst mal über ihre eigene Inhaltsleere den Kopf zerbrechen. Spießer haben keine Inhalte. Ich jetzt hier kann auch nicht garantieren, dass das gerade inhaltlich war. Ich versuch mein Bestes, aber sicher bin ich mir auch nicht. Da ist immer noch diese blöde Moral in meinem Kopf, die ich für politisch halte. Es ist doch nur das wichtig, was mich und meine Inhalte in der Welt herumtreibt, nur das ist doch wichtig. Nicht, was mich am Leben hält, so wie Rachel, jeder hat das Recht auf seinen Untergang. Und ich würde niemals jemanden davon abhalten, von diesem kolossalen Erlebnis. Aber die Spießer tun das meistens. Mit dem Hinweis auf die Erfahrungen, die man damit gemacht hat. Aber ich würde die gerne loswerden, die Erfahrungen, die jemand mit dem Untergang hat. Die, die ihn überleben, kommen doch eh nur verstummt zurück. Was ja wohl meistens heißt, dass er doch nicht stattgefunden hat. Ich muss einfach in dieses Spielcasino gehen. Trotz aller Warnungen.

 **V:** Der Verzicht auf Erfahrung ist eine legitime Verteidigung. Ich würde sagen, für Drogensüchtige geht es nur noch darum, jede Erfahrung loszuwerden. Dieses aufgezwungene Labyrinth aus Schrecken und Lüge.

**M:** Ich beklage nicht den Verlust an Erfahrung. Ich will sie loswerden. Ich will nicht durch Drogen Erfahrungen machen, wie einige alte halbwegs gebildete Intellektuelle. Ich will sie loswerden! Und alles hier verbrennen, jede Leiter der Erkenntnis, inklusive mir.

**I:** *(in die Kamera)* Dieser Film lässt sich als eine Absage an das Leistungsprinzip unserer Gesellschaft verstehen und reflektiert gleichzeitig die politische Situation in der Bundesrepublik Deutschland in den späten 60er Jahren und die Lage der deutschen

Jungfilmer. Der Regisseur bedient sich einer «offenen» Form, die auf die geistige Beteiligung des Zuschauers setzt. Komisch, dieser Kluge!

**I:** *(schenkt Tr Whisky ein)* Mach dir doch ein paar schöne Stunden und geh ins Kino!

**Tr:** Ich hab die Fahrt doch bezahlt und bin ausgestiegen. Was wollen Sie eigentlich von mir?

**M:** Ja, ist ja gut. Seien Sie friedlich.

**Tr:** Ist das nicht n bisschen merkwürdig. Der Taxifahrer, mit dem man hergefahren ist, kommt zu einem an den Tisch??



**M:** Also kommen Sie mal raus aus der Schlangengrube! Wo kommen Sie denn her?

**I:** Noch was zu trinken für Sie?

**M:** Gerne. Ich hätte gern einen Whisky ohne Eis.

**Tr:** Dietzenbach.

**M:** Kennen Sie das Bellevue?

**I:** *(bringt den Whisky)* Bitte schön.

**Tr:** Und was fürn schöner Fluss das war. Als Kinder sind wir da immer schwimmen gegangen!

**M:** Aber jetzt fahrn wir nach Hause.

**Tr:** Wohin?

**M:** Zu Ihnen nach Hause.

**Tr:** Ich fahr doch nicht mit einem Taxifahrer nach Hause. Wo kommen Sie denn her?

**M:** Ich komme aus Wetter an der Ruhr. Das ist auch ein schöner Fluss. Das ist südwestlich von Bochum gelegen.

**Tr:** Ich bin Nachtclubbesitzer.

**M:** Wie heißt denn Ihr Laden?

256 **Tr:** crazy horse west.

**M:** Den kenn ich. Das ist der tollste Laden in der Stadt.

**Tr:** Wie heißen Sie überhaupt?

**M:** Na eben haben Sie mich noch Eddie genannt. Also fahren wir jetzt zu Ihnen nach Hause?

**Tr:** Da gibt's keinen Fluss, Eddie. In Dietzenbach gibt's nur n Bach. Ich ruf mal kurz im Laden an. *(am Telefon)* Hallo Eddie. Hier ist Cosmo. Welche Nummer läuft denn gerade? Ja also ... sag mir einfach ... also wer steht denn gerade auf der Bühne? Sag mir einfach, wer auf der Bühne steht? Läuft die LOVE Nummer schon? Wie ... na die LOVE Nummer? Wie, du kennst die LOVE Nummer nicht? Du bist seit sieben Jahren in dem Laden und kennst die LOVE Nummer nicht? Welche Buchstaben stehen auf der Bühne? Steht da LOV? LOV???!! Ist Rachel schon auf der Bühne und Mal? Singt Mr. S schon «I can give you everything but love ...» ... gib mir mal Steve, du bist doch schon total voll ... läuft die LOVE Nummer schon?? Ich versteh dich kaum? Bei dir isses so laut! Sag mal, läuft die schon??

**I/N/T:** *(alle laut zu Tr, der sie aber nicht hört)* Jaaaaaa! Sie läuft!! Die LOVE Nummer läuft schon!!!

**N:** Komm schon, Baby. Sei nicht albern.

**T:** Komm schon, Baby, sei eine Persönlichkeit. Gehen wir runter ...



**N:** ... und ziehen wir unsere Show ab ...

**I:** Genau! Machen wir eine große Show! Wir werden lachen, wir werden weinen. Große glitzernde Tränen weinen, die auf den Boden prallen, und wir werden die Menschen glücklich machen. Die können sich selbst vergessen. Sie glauben, sie sind jemand anderes. Seid lustig, bringt sie zum Lachen. Komm jetzt, Maestro, gib das Tempo an.

**T:** An der Börse geht's runter.

**M:** Na, das ist doch nichts Neues.

**N:** Gut siehst du aus.

**T:** Gut siehst du aus.

**M:** Gut siehst du aus!

**N:** Keine Sorge, Vince, das läuft schon. Das wird ne super Nacht.

**T:** Ja, genau!

**M:** Wo sind die Mädchen?

**V:** Oben in der Garderobe.

**M:** Wo sind die Mädchen?



**Tr:** Oben in der Garderobe.

**N:** Nein, du bleibst hier, Schatz!

**T:** Was hat er denn, ist doch sowieso nichts los.

**V:** Hallo Kinder!

**T:** Hallo!

**M:** Hi Sherry!

**T:** Na, bist du immer noch wütend auf mich?

**N:** Hi Carol. Schön, dass du wieder da bist.

**V:** Entschuldigung, stehst du mal auf!

**T:** Zweibeinige Ratten, in unserm Gewerbe wimmelt's davon.

**N:** Erzähl uns, was mit dieser Ratte passiert ist. Wir sind alle gespannt!

**Tr:** Entschuldige mich bitte! Ich muss eine Ansage machen! Ladies und Gentlemen. Mister Sophistication wird im Laufe des Abends noch mehrmals auftreten.

**T:** Ich muss eine Ansage machen! Du warst großartig, Teddy.

**V:** Eddie!

**T:** Du warst großartig, Eddie! Das war Mr. Sophistication mit seinen Gespielinnen. Mein Name ist Cosmo Vitelli, ich bin der Besitzer des Clubs. Wenn Sie irgendwelche Beschwerden haben, ich werfe Sie achtkantig hinaus.



**M:** Er wird jetzt mit Ihnen eine romantische Reise machen und zwar nach Wien.

**T:** Nun komm schon!

**Tr:** Na los!

**N:** Hör mal, ich liebe dich doch!

**T:** Was ist das denn für ein sentimentaler Sozialismus!

**Tr:** Es geht doch um die ökonomische und politische Gleichheit der Menschen. Du kannst mich mit deiner Liebe doch nicht einfach nur in jedem beliebigen Sinne gleichmachen.

**N:** Aber ich liebe dich doch, weil du nicht gleich bist.

**M:** Aber es endet nur wieder mit einer scheinbaren Umarmung, bei der Rainer Werner Fassbinder die Gattungsbezeichnung ist.

**T:** Das Team wird umarmt, aber es umarmen sich nur Alexander Kluge und Rainer Werner Fassbinder.

**I:** Hier schreibt doch sowieso nur einer seinen Namen über Körper, die das sind was sie sind seit sie geboren wurden. Die Arbeit an mir, die wird überschrieben mit Choreographie: Cosmo Vitelli.

**M:** Rainer Werner Fassbinder ist die Gattungsbezeichnung. Aber das Team sind die konkreten Wesen.

**T:** *(zu V und N)* In Wien erzählt man sich übrigens, dass ihr beide ein Paar seid.

**V:** Wien?? Ist die Nummer schon dran? Ist doch völlig absurd. Ich glaube, du hast deinen Auftritt verpasst, Cosmo!

**T:** Oh Gott! Ich muss ins Spielcasino.

*N/Tr/I/M im Auto, T steht davor, will Sherry abholen.*

**N:** Hallo! Was können wir für Sie tun?

**T:** Mein Name ist Cosmo Vitelli! Ich möchte Sherry abholen!

**M:** Wenn Sie da vorne warten wollen?

**T:** Ich seh mal nach, ob sie schon fertig ist. *(will hinten einsteigen)*

**M:** Nein, setzen Sie sich lieber vorne hin. 

**Tr:** Wer sind Sie denn?

**N:** Warten Sie lieber draußen auf Sherry!

*Jemand bringt einen Sherry, T setzt sich auf den Beifahrersitz.*

**M:** Sie sind sehr charmant.

**T:** Das Kompliment kann ich Ihnen zurückgeben.

**I:** Hallo Cosmo! Ich bin fertig!

**T:** Warte! Ich will dir die anstecken!

## ANSTECKCLIP

**N:** Vielleicht bin ich verrückt, aber ich mag am liebsten Vodka on the rocks.

**T:** *(in die Kamera)* Ja, ich glaub auch, sie ist verrückt.

**N:** Mit einer kleinen Scheibe Zitrone, die man auf die Zunge legt.

*Jemand legt N eine Scheibe Zitrone auf die Zunge, N und I steigen mit Glas aus.*

**M:** Steig ein, Mal!



**N:** Was?

**M:** Sie ist, heißt Mal!

**Tr:** Wie kann man denn Mal heißen!

**M:** Steig ein, Mal!

**N:** Was?

**Tr:** Das ist dein Name.

**M:** Nimm, Mal!

**T:** Er sagte: Mal! Du sollst es nehmen!

**N:** Ach so.

**M:** Steig ein, Betty! Mal! Rachel!

*I und N steigen wieder hinten ins Auto.*

**Tr:** Ach ist das langweilig, hier rumzusitzen. Hast du gesehn, wie der eine Alte mich angestarrt hat, das geht mir langsam auf die Nerven.

**N:** Weißt du, ich kann nicht verstehn, wie jemand sagen kann, wenn es ihm gutgeht, dann geht es auch mir gut. Und wenn er dann pleite ist, wenn er beim Pokern verliert, meine Fragen eine Zumutung findet, wissen zu wollen, was jetzt los ist. Ich bin 1,50. Ich bin als Tänzerin nicht so leicht vermittelbar. Wie kommt der drauf, dass ich nicht die ganze Zeit für mich sorge, sondern er für mich. Dass ich nicht die ganze Zeit versuche, wie ich mit 1,50 als Tänzerin zu vermitteln wäre. Eine Sache will ich noch vorher mit dir besprechen. Wenn er uns das Ding fahrn lässt, dann will ich Schiffsmast spielen.



**I:** Oh, nein, Scheiße. Nicht nochmal Schiffsmast.

**N:** Oh, nein, Scheiße!

*I und N steigen aus.*

**I:** Hör auf zu fluchen! Du mit deiner Ansteckorchidee! Kuck doch mal, wie du aussiehst! Du bist doch keine Stuntfrau! Du bist gar nichts, du bist 1,50!

**N:** Aber ... Soll das die unsichtbare Hand sein des Marktes, die für uns sorgt, wenn Cosmo aus Eigeninteresse handelt? Stimmt das denn: «Dadurch, dass der Einzelne egoistisch nur seine eigenen Interessen verfolgt, fördert er das Wohl der Gesellschaft nachhaltiger, als wenn er wirklich beabsichtigte, sich für das Wohl der Anderen einzusetzen.» Stimmt das denn?

**I:** Aber am Arsch! Du hast nicht nur gesagt: Nie wieder Sozialismus! Du hast gesagt: Nie, nie wieder Sozialismus, und du meintest eben nicht nur den von der sentimentalen Sorte. Und jetzt kommst du mit dem Neomarxismus! Nein, beantworte die Frage, du Kacker. Hast du's gesagt, oder hast du's nicht gesagt, wenn du nämlich sagst, dass du's nicht gesagt hast, dann ... weiß ich auch nicht. Ja, der Drops ist ge-

lutscht. Wenn du plötzlich dastehst und bestimmte Dinge nicht kriegst, muss man dich abkühlen. Damit du nicht verbitterst und glaubst, die Gesellschaft hat dich von vornherein angelogen. Sie hat mir vielleicht versprochen, ich könnte dich kriegen, aber ich bin nur 1,50 und schwer zu vermitteln als Tänzerin. Das geht nun mal nicht. Was mach ich jetzt? Und dann willst du Schiffsmast spielen.

**N:** Als ich sagte, ich will nie wieder ... meinte ich in Australien oder Neuseeland, aber ich meinte nicht in Dings hier ...

**I:** Du verlogenes Stück. Es gab in Neuseeland keinen Sozialismus. Davon hätte ich gehört.

**N:** Da wusste ich noch nicht, dass ich eines Tages in diesem Wagen hier liege! In diesem Zirkuswagen aus Fluchtpunkt San Francisco.

**I:** O.K., ja, beknackt, aber verständlich. Aber trotzdem ...

**N:** Aber jetzt knete ich dir für die ganze Zeit, die ich hier bin, deinen Rücken ... Ich bin dein Sklave. Ich mach's die ganze Zeit, nicht nur zu Ostern oder Weihnachten. Ich mach's ununterbrochen. Du sagst, Pussy komm, mach dich nützlich, und ich kusche.

**I:** Du massierst mir die Füße, du knetest meinen Rücken, und jedes Mal, wenn ich aus der Dusche komme, cremst du mir den Po ein!

**N:** Abgemacht!

**I:** Abgemacht!



**I:** Aber Sklaven wird man so schlecht los, wenn der Laden nicht läuft. Lohnarbeiter kann man einfach kündigen. Sklaven bleiben an einem hängen, und man muss sie durchfüttern. Sklaven und Kinder.

**N:** Erzählen wir es Rachel!

*Tr steigt aus.*

**I:** Wenn das klappt, das mit dem Wagen, wartest du, und Cosmo hier und wir sind in ein paar Minuten zurück.

**Tr:** Was? Ich kann nicht fassen, dass ihr alles doch immer mit demselben authentischen Dreck bearbeitet. Man redet die ganze Zeit mit euch davon, dass eine politische Gleichheit mit Liebe nicht zu haben ist, und ihr redet hier immer den gleichen sentimentalen Dreck.

**N:** Was?!

**Tr:** Ich hab gehört, was du gesagt hast. Ich kann nur nicht glauben, was du gerade gesagt hast. Ihr zwei habt echt Nerven, wisst ihr das? ... stattdessen fragt ihr mich, nein, streicht das, ihr sagt mir ... ich soll ihr bei dem kleinen Scheißer rumsitzen, während die coolen Mädchen rumspielen ... kommt nicht annähernd in die Tüte. Wo ist denn der Junge, der die Wagen parkt? Oder ist er in die Ruhr gegangen, um sich abzukühlen? Ist das die Enttäuschungsberatung? Hat der jetzt ein Wassertaxi? Das Wasser verbindet doch die Region und es kühlt ab! Fahren wir Wassertaxi, oder werden wir abgekühlt, weil wir die Spiele in der Gesellschaft nicht so mitspielen konnten, wie wir dachten?

**I:** So ist das doch gar nicht.

**Tr:** Wie ist es dann, Rachel?

**I:** Ihr drei seid unser Pfand.

**N:** Du bist Mutter!

**Tr:** Ja, wir wollen ja eigentlich immer ein Team sein! Aber diese Ausrede bringt ihr jedes Mal, wenn ihr mich bei irgendeiner Sache nicht dabeihaben wollt. Dass ich Mutter bin. Aber ich geh meinem Muttersein eher interesselos nach. Vor allem seit ich weiß, dass immer nur der eine Name übrig bleibt. Von dem Macker: Rainer Werner Fassbinder.

**V:** Was für eine verdammte Rabenmutter!

**I:** ... Und wahrscheinlich lässt er uns sowieso nicht allein fahrn.

**Tr:** O.K., ich mach euch nen Vorschlag!

**I:** Du bleibst einfach da sitzen!

**Tr:** Ich muss aber ...

**N:** Gib mir deinen Gürtel!



**Tr:** Nein, der ist von Prada!

**N:** Bitte, gib mir deinen Gürtel!

**Tr:** Wie ist das Zauberwort?

**I:** Schneller, du kleine Schlampe, schneller!

**N:** Ist das für deinen knochigen Arsch schnell genug?

*Zum Auto, alle einsteigen.*

**Tr:** Ich hab keine Lust mehr, da dumm rumzuhocken. Mal!

**M:** Mal, Betty!

**N:** Was soll ich denn malen?

**M:** Mal! Betty!

**N:** Warum soll ich denn Betty malen?

**M:** Also kommt, Kinder, gehen wir, Mal!

**N:** *(zu Tr)* Das lohnt sich doch gar nicht! Die schaun ja eh nur auf deine Titten und deinen Hintern.

**Tr:** Bei dir vielleicht. Aber nicht bei mir. Ich hab noch mehr zu bieten!

## AUTOFAHRT, CLIP: SCHIFFSMAST



**V:** Ich bin Stuntman Mike, da können Sie hier jeden fragen!

**T:** Kommt, wir gehen wieder spielen! Pokern! He! Was ist? Wo sind die Stühle? Die Mädchen haben sich doch nur ein bisschen frischgemacht! Die Damen stehn rum! Sehn Sie das denn nicht?

**Tr:** Kommt, Mädchen! Bringt n paar Stühle rüber!

**T:** Was ist? *(legt sich aufs Bett)*

**Tr:** Entschuldigen Sie!

**I:** Also los! Zehn Dollar. Die zehn und noch zehn. *(legt sich zu T aufs Bett)*

**N:** Ich geh rein mit 20. *(legt sich zu T und I)*

**T:** Dann bin ich draußen. *(verlässt das Bett)*

**Tr:** Wir brauchen mehr Chips.

**M:** Ich setze 30. Die 30 und nochmal 30. *(legt sich dazu)*

**N:** Dann bin ich raus. *(verlässt das Bett)*

**I:** Also ich bin dabei! *(wirft sich nochmal aufs Bett)*

**T:** Äh, hören Sie, ich brauch noch mehr Kredit!



**Tr:** Tut mir leid, Mr. Vitelli, aber das ist nicht möglich.

**T:** Augenblick, was soll das? Krieg ich jetzt Kredit oder nicht?

**Tr:** Tut mir leid, das geht nicht!

**T:** Dann geb ich Ihnen einen Scheck über zweitausend Dollar. Den werden Sie mir ja wohl einlösen.

**Tr:** Nein, das geht auch nicht, Mister Vitelli. Ich kann keinen Scheck annehmen.

**T:** Ich habs hier. Was soll das heißen. Was ist denn mit Kreditkarten. Ich hab grüne und orangene und rote und blaue ... genügen die.

**Tr:** Ja, das geht wohl. Mit Kreditkarten kann ich Ihren Scheck annehmen. Bitte unterschreiben Sie hier.

**M:** *(zu N)* Unsere Augen ähneln sich nicht. Deine checken und meine winken. So ist das nun mal, Cosmo. Die können sich nicht berührn bei einem Gespräch unter vier Augen. Das tut immer so, als gäbe es da eine Gemeinsamkeit, eine Grundlage für eine Verständigung, diese vier ähnlichen Augen! *(zu I)* Aber bei mir gleicht nicht mal ein Auge dem andern. Nein, aber die können sich anders berührn, an einer Stelle, die normalerweise nicht erzählt wird, oder immer als kalt denunziert wird. Es gibt doch auch materielle Gemeinsamkeiten zwischen den Verhexten und Verarschten.



**N:** So? Wo sollen die sein?

**Tr:** Die müssen wir eben suchen, Cosmo.

**N:** Eine Frage mal, wer hat Mister Vitelli Kredit gegeben? Mmmhh!? Sunny? Eddie? Wer hat Mister Vitelli Kredit gegeben? *(zu T)* Mister Vitelli, Sie haben also vor, Ihre Schulden mit Scheck zu bezahlen.

**T:** Sie werden Ihr Geld bekommen! Wie Sie sehen, bin ich ja überall 100%ig kreditwürdig.

*Kamera zeigt T's Körper.*

**Tr:** Ja, ne goldene Benzinkreditkarte, das ist keine Eintrittskarte zum Gemeinwesen, das ist ein Ausweis der Minderwertigkeit.

**T:** Vielleicht sollte ich einen ausgeben?

**Tr:** Nein nein. Unterschreiben Sie hier.

**M:** Seine Hand unterschreibt jetzt gerade. Sie könnte sich aber auch ne andere Geschichte erzählen oder dieser Kreditkartengeschichte nicht zuhörn ...

**I:** Aber da ist leider das Bewusstsein, das ihm sagt, was sein Körper sein soll, dass nämlich die Hand zum Unterschreiben benutzt werden muss, die kann nichts anderes. Dein Arsch kann nicht schreiben, Kleines, das ist sein Vorteil.



**Tr:** Wenn jemand eine Geschichte erzählt, ein Körper dem andern, könnte es sein, dass es nur die eine Hand versteht, und der Rest kann der Geschichte nicht folgen. Also die linke Hand versteht die Geschichte, und die rechte hat das Gefühl, sie hat keine Geschichte oder sie ist gerade nicht gemeint. Und kann einfach so über den Rest des Körpers streunen, von dem Teile der Geschichte folgen, und andere Teile folgen dem Streuner. Sie kann auch nicht aus der Ähnlichkeit zur anderen Hand irgendein Verständnis ableiten. Und vielleicht weil sie spiegelverkehrt sind. Die sind sich nämlich gar nicht ähnlich. Die eine Hand nimmt sogar sehr stark wahr, dass es wohl die Unähnlichkeit sein muss, die ihr einen Zugang zur Geschichte verbaut. Oder sie streunt lieber am Rest des Körpers herum und hat gar keine Lust, einer Geschichte zu folgen.

**V:** Uns berührt doch die Geschichte, die Cosmo da erzählt. Oder berührt die nur meine Hand oder meine Hämorrhoiden? Was berührt denn das? Zugegeben, seine Zunge ist unwiderstehlich, und vielleicht gibt es Ähnlichkeiten zwischen meiner und seiner auf der Basis unserer DNA, also Ähnlichkeiten, mit denen wir uns infiziert haben, in der Zeit, in der er anfing, meine Zellen zu kolonialisieren und nicht mehr aufhörte. Welches Teil wurde mehr berührt von den Geschichten, und welches Teil wurde weggeschnitten? Was an mir hab ich weggeschnitten, um seiner Geschichte folgen zu können? Hier können Sie nicht parken, Sir. Hier bekommen Sie ein Knöllchen. Wenn Sie wollen, fahr ich ihn rüber!

272 **Tr:** Wohin denn?

**V:** Da rüber!

**Tr:** Ist Cosmo Vitelli da?

**V:** Ja, Sir!

**N:** Würden Sie ihn bitte holen!

**I:** Der Club sieht ganz lukrativ aus!

**T:** Ich bin gleich zurück.

**I:** Hallo Cosmo! Ich freu mich, Sie zu sehn!

**T:** Geh wieder rein, Vince! Mit wem sprech ich?

**N:** Mit uns allen.

**I:** Hören Sie, Cosmo, Sie müssen keine Angst haben! Wir wollten nur mal vorbeikommen und sehn, wie's Ihnen geht!

**T:** Also mir geht's ganz gut!

**M:** Er hat diesen typischen Fumanchu-Bart. Er ist wie alle diese Typen sehr nervös. Die wissen ja nie, ob sie chinesische Amerikaner oder amerikanische Chinesen sind. Sein Name ist Ling.

**T:** Wer?

**M:** Na, der Buchmacher!


**T:** Was macht er?

**Tr:** Er ist Buchmacher. Wir haben, wie gesagt, dieses kleine Problem, und Sie könnten uns helfen, es zu lösen. Das ist der Zweck unserer Besprechung.

**T:** Ich glaube, jetzt versteh ich. Ich bin zwar schwer von Begriff, aber ich bin kein Dummkopf.

**M:** Das hat auch keiner behauptet. Hab ich Sie Dummkopf genannt.

**Tr:** Sie sind clever, Cosmo.

**N:** Dieser Kerl schuldet uns ne Menge Geld, und dafür muss er bezahlen.

**Tr:** Wer denn jetzt? Fumanchu oder er?

**T:** Ich will meine Schulden zurückzahlen, aber ich will ihn nicht umlegen.

**I:** Sie wollen Ihre Schulden zurückzahlen, aber Sie wollen ihn nicht umlegen.

**T:** Ja, so ist es.

**I:** Haben Sie das Geld?

**T:** Sehen Sie! Im Augenblick ...

**I:** Mister Vitelli. Die erste Regel für einen Ge-
274 schäftsmann ist, dass er weiß, wovon er spricht.
Mister Vitelli! Wovon sprechen Sie!?

**Tr:** Wenn du plötzlich dastehst und bestimmte Dinge nicht kriegst, muss man dich abkühlen. Damit du nicht verbitterst und glaubst, die Gesellschaft hat dich von vornherein angelogen.

**N:** Es ist nicht so leicht, ein neues Engagement zu bekommen, Cosmo. Bist du jetzt pleite??

**I:** Was soll das für ein Deal sein, Cosmo, dass du jemanden umbringst, damit man dir deine Schulden erlässt? Spinnst du? Bist du jetzt völlig verrückt geworden? Die bringen dich doch eh um hinterher.

**Tr:** Es gibt diesen Plan von den Gemeinsamkeiten, der dauernd die Unterschiede produziert!

**T:** Ja, gut, aber zwischen den Augen von mir und dem chinesischen Buchmacher gibt es keine Gemeinsamkeiten, meine checken, und seine winken.

**Tr:** *(die Kamera streunt)* Die Augen machen, was sie wollen. Die wollen nicht mehr sehen, die wollen checken wie du, mein Schatz. Die wollen sich selbständig machen. Die sind nicht mehr diszipliniert. Die machen, was sie wollen.

**I:** Was mach ich denn jetzt mit meinem wertlosen Schulabschluss? Nur einer von den zweihundert Schülern meiner Schule hat einen Job bekommen, und das war ich. Die andern, die würden sich nach dem hier die Finger lecken.



**N:** Aber so eine amorphe Unterschicht, und die aufgeweichten Konturen der ausgebeuteten Klasse sind kein Einwand gegen den Klassenkampf als die richtige politische Strategie. Es ist nicht so leicht, ein neues Engagement zu bekommen, Cosmo. Bist du jetzt pleite? Das muss ich wissen, und du fühlst dich vielleicht davon belästigt, aber sag's mir! Ich muss es jetzt wissen! Ich muss doch wissen, ob du pleite bist. Und ob ich mich länger an dich halten kann und dein Versteck aus Geld! Das was du da hinten vergräbst. Es ist gut, das Geld zu vergraben, es darf auf keinen Fall vor uns liegen!

**I:** Hier! Stark und heiß! Darf ich Ihnen mal vortanzen? Ich war schon mal bei Ihnen.

**M:** Nein, lieber nicht!

**I:** Ich will keine Kellnerin sein, ich will vortanzen! Ich brauche ein Kostüm.

**M:** Kommen Sie mit!

**N:** Haben Sie irgendeine Musik?

**M:** Ja, haben wir! Martin! Machste mal schöne schwarze Musik?

**T:** Ich möchte Ihnen vortanzen, ich bin sowieso enteignet worden.

**M:** Da brauchen wir aber ein bisschen schwarze Musik!



*Kamera streunt, zuerst Kostüme, dann Bett, Beine an T hoch.*

**T:** Warum macht sich die Kamera immer selbständig?

**I:** Warum droht die Kamera dauernd damit, sich selbständig zu machen und nicht mehr der Geschichte zu folgen?

**T:** Warum droht die Kamera damit, ein Eigenleben zu führn?

**N:** Darf ich Ihnen was vortanzen?

**M:** Ja. Welche Katastrophen sind uns denn zuzumuten?

**Tr:** Diese Gesellschaft braucht doch eine Form der Beratung!

**M:** Wie nennt man diesen Sprung? TGV? Oder? *(Pause)* Jetzt gehen Sie einfach hin und her, damit ich Sie mir ansehn kann.

**M:** Sie brauchen nicht mehr zu tanzen, nur hin und her zu gehn!

**N:** Ein peruanischer Hirte Namens Bruno erklärt mir die Liebe beim Vino. Ein Schaf hat Rasse, eine Frau hat Klasse, aber ein Lama ist Numero Uno.

**T:** Ich gehör dir!



**Tr:** Miststück.

**T:** Warum krieg ich nicht das, was ich haben will!

**M:** Mach den Mund auf! Na komm! Trink schon! Na siehst du, ist doch halb so schlimm.

**Tr:** Beratung, so unsere Annahme, erlaubt es, Enttäuschungen zu verarbeiten, die daraus resultieren, dass man Spiele der Gesellschaft, um Status zum Beispiel, nicht so mitspielen zu können entdeckt, wie man geglaubt hat. Man lässt sich beraten, um die Enttäuschung als Information über den Sachverhalt verkaufen zu können.

**V:** Würde man mit der Enttäuschung rechnen, bräuchte man keine Beratung. Aber keiner hier rechnet mit einer Enttäuschung. Obwohl wir gerade gesehn haben, dass Cosmo den Erfolg seines Striplokals für einen Witz hält ... Und der hier sagte, das sei kein Witz!

**N:** Nein, das ist kein Witz!

**V:** ... hätten bei Cosmo die Alarmglocken angehen müssen, weil das vielleicht doch ein Witz ist. Schließlich lacht man die ganze Zeit, also muss ein Witz irgendwo in der Nähe sein. Jetzt hier wurde Cosmo Vitelli enttäuscht! Und braucht Beratung, nachdem er Schiffbruch erlitten hat!

278

**N:** He! Wie ist dein Name?

**V:** Stuntman Mike.

**N:** Stuntman Mike ist dein Name?

**V:** Da kannst du jeden fragen.

**N:** He Marty, wie heißt der Kerl?

**M:** Stuntman Mike.

**N:** Und wer zur Hölle ist Stuntman Mike?

**V:** *(streicht I über die Haare)* Alles Conditioner!

*An der Ruhr.*

**I:** Man muss ständig damit rechnen, enttäuscht zu werden! Ich würde dir aber trotzdem gerne vortanzen!

**M:** Vielleicht sollte ich dich beraten. Ich kann dich aber auch nachher beraten, um die Enttäuschung ein wenig abzukühlen!

**T:** Wir müssen die Opfer abkühlen. Durch Beratung.

**N:** Durch ein bisschen Beruhrtsein.

**Tr:** Aber ich möchte auch Teil von Ruhrbania sein. Ich möchte da hinten auch meine Yacht festmachen dürfen.



**T:** Bist du jetzt abgekühlt?

*M und Tr gehen in die Ruhr.*

**Tr:** Ich kann dieses Spiel anscheinend nicht so mitspielen, wie ich dachte. Also das Pokerspiel schon, aber nicht dieses Gesellschaftsspiel. Ich werde nur dauernd der Bedingungen von einem guten Leben vergewissert, obwohl ich ganz weit davon entfernt bin, eines zu führen.

**V:** *(im Garderobenwagen, am Fenster)* Die entscheidende Frage für uns ist es jedoch, wie es der Beratung in der jeweiligen Kulturform der Gesellschaft gelingt, Opfer von Erwartungsenttäuschungen so abzukühlen, dass weder der Gesellschaft noch der enttäuschten Person ein dauerhafter Schaden entsteht.

*Im Wasser.*

**Tr:** Beratung formt den Betrug um in eine Information über den angemessenen eigenen Platz in der Gesellschaft.

**M:** Wer kühlt mich ab, wenn ich nicht bekomme, was ich möchte? Doch nicht Ruhrbania da drüben!

*Gehen zurück.*

**Tr:** Wenn ich meine Yacht da drüben nicht festmachen kann, werde ich abgekühlt.

**I:** Und der, der mich abkühlt, will natürlich, dass mir kein dauerhafter Schaden entsteht und der Tatsache, dass ich mich weiterhin der Bedingungen eines guten Lebens versichert fühle, auch wenn ich ganz weit weg davon bin zu kriegen, was ich möchte.

**Tr:** Ich bin ganz weit weg davon zu kriegen, was ich möchte, und deshalb muss ich mich jetzt abkühlen!

**T:** So, ich bin abgekühlt.

*M tanzt auf Bühne. Bricht ab. Fängt wieder mit Auftritt an. W auf die Bühne dazu. Angelt. N tritt während M's Text auf. Tanzt.*

**M:** Nur endliche Dinge bekommen einen Körper, und wenn wir dann nicht auf die natürliche Beendigung warten wollen, die unser Tod ist oder die andere Form der Beendigung, dass uns das Geld ausgeht ..., wie geben wir uns über diese Limitierungen hinaus weniger Zeit? Vielleicht, indem wir einen Schritt zurücktreten und alles nochmal machen?

*M und N brechen ab. Wiederholen ab Auftritt M.*

**M:** Nur endliche Dinge bekommen einen Körper, und wenn wir dann nicht auf die natürliche Beendigung warten wollen, die unser Tod ist oder die andere Form der Beendigung, dass uns das Geld ausgeht ..., wie geben wir uns über diese Limitierungen hinaus weniger Zeit? Vielleicht, indem wir einen Schritt zurücktreten und alles nochmal machen?

*Während N's Text tritt I auf. Tanzt.*

**N:** Dinge werden beendet wenn einem das Geld ausgeht oder wenn wir oder sie sterben. Aber meine Nachbarn limitieren die schlechte Unendlichkeit, indem sie alles nochmal machen. Was wollen die denn? Da gibt es gar keinen Zusammenhang. Die machen alles nochmal. Und man weiß nicht, warum vergeht ihnen Zeit nicht als Zusammenhang?

*Während I's Text tritt Tr auf. Tanzt.*

**I:** Die brechen ab und machen alles nochmal. Was machen die denn? Die schlechte Unendlichkeit beenden?

Die Kontinuität? Da müssen sie doch nur warten, bis ihnen das Geld ausgeht, oder bis sie sterben!

*Während Tr's Text tritt T auf. Tanzt.*

**Tr:** Der Zusammenhang wird ja an einem Ort diskutiert, von dem aus die Körper ins Unendliche versteckt wurden. Und um wieder Körper zu werden, müssen meine Nachbarn die schlechte Unendlichkeit begrenzen. Und man soll ihnen nicht mit solchen Hilfsmitteln kommen wie Natur oder Ökonomie. Zu sterben ist nicht der einzige Weg, um einen Körper zu bekommen. Und auch nicht, dass einem das Geld ausgeht.

282 **T:** Wo sollen die Körper hin? Wo soll man mit den Körpern hin, damit man sie nicht abschließend genießen kann. Wo sollen die Körper hin in einer vollendeten Liebe?

**N:** Wenn sie nicht die Zeit anhalten würden, im Hier und Jetzt, dann hätten sie gar keine Geschichte, nur die, die sie erzählen müssen! ... Da kann der Kluge noch so lange sagen: Das Team. Ich hab selbst mal in einem Krimi mitgespielt, der hieß Team Berlin. Da war ich auch nur der Leuchtturm neben Ralf Herfort.

**Tr:** Cosmo, hey Cosmo! Komm mal her! Cosmo! Komm doch mal!! Hast du den Chinesen schon gefunden?

**T:** Ich muss meine Show beenden!

**Tr:** Du weißt, ich mag dich, also tu mir den Gefallen und komm mit raus! Cosmo!

*Zum Boot mit Kamera.*

**T:** Was ist?

**Tr:** Alles o.k.

**T:** Also?

**Tr:** *(zu M)* Gib sie ihm.

**M:** Willst du sie laden? Kontrolliert die Munition. Sichern. Wir haben ein Boot organisiert. Es steht direkt hinter unserem. Mit dem fährst du. 
Das Boot ist heiß. Aber vor 2 h kommt keine Suchmeldung durch. Sieh ihn dir an, damit du weißt, womit du fährst. Er hat Automatik. Wir haben ihn kurzgeschlossen. Also würg ich nicht ab. Es gibt keinen Schlüssel. Cosmo! Pass auf! Es kann nichts schiefgehen. Benutz die Hintertreppe. Halte vorher noch irgendwo und kauf etwas Fleisch. Er hat drei Hunde. Kauf vielleicht ein Dutzend Hamburger. Aber ohne Senf und ohne Gurken. Auch keinen Ketchup. Und keine Zwiebeln.

**N:** Aus zuverlässiger Quelle haben wir erfahren, dass BenQ um neun ins Bett geht. Also wirst du keine Schwierigkeiten haben.

**T:** Ich dachte, er heißt Harry Ling?

**N:** Wir haben uns geirrt. Er hat ne Menge Leibwächter. Die kontrollieren die ganze Nacht. Sie sind schnell und lautlos. Da sind auch Stolperdrähte. Für den Rückweg nimmst du ein Taxi. Wirf die Waffe weg. Pass auf, dass keine Fingerabdrücke drauf sind. Und sieh im Buch nach, da steht alles drin. Es ist deine Bibel.

**Tr:** Eddie! Hast du die Schuldscheine? Mister Vitelli, wollen Sie sie nochmal kontrollieren? Das hier ist das Original. Du schuldest uns 23 000 Dollar. Das hier ist die Bestätigung. Du kannst sie zerreißen, wenn du willst! Na mach schon!

**M:** He! Pass auf den Stolperdraht auf!



*Schuss (Chinese). Anschließende Flucht vor den Leibwächtern, mehrere Schüsse.*

*Zurück im Garderobenwagen.*

**V:** Cosmo, was ist passiert?

**M:** Ich wurde angeschossen.

**N:** Kannst du mal aufstehen, du liegst auf meinem Jackett.

**Tr:** Geh doch mal hier herüber.

**M:** Ich kann jetzt immer so weitermachen! Aber vielleicht geht das nicht mehr.

**T:** Doch das geht. Jemand muss dich nur abkühlen nach dieser Enttäuschung. Bisher hat ja auch alles geklappt.

**Tr:** Cosmo, du sitzt auf meinem Jackett!

**M:** Könntet ihr mir mal zuhören?

**N:** Schieß los!

**M:** Ich wurde angeschossen, und meine Frage ist: Kann ich diesen Körper ohne einen ihn organisierenden Blick ...

**V:** Wo ist mein roter Slip?



**M:** Kann ich diesen Körper anders klassifiziern ...

**V:** War das ne Magnum? Oder n Colt? Oder ne Kalaschnikoff? Ich liebe Waffen!

**M:** ... als zu sagen, da ist jetzt ein Fehler, der meine Gesundheit beeinträchtigt.

**N:** Kannst du mir mal den Hut geben?

**M:** Hört mir hier überhaupt jemand zu?

**Tr:** Ja klar, du bist hier der Boss.

**M:** Vielleicht kann ich sagen, der gehört nicht zu mir, der Bauchschuss und das Gewebe um die Kugel herum ... vielleicht kann ich das.

**N:** Nein, das ist nicht dein Bauchschuss, der gehört jemand anderem.

**M:** Ich weiß nicht, was ich sagen soll. Ich meine ... mir geht's nicht besonders, ehrlich gesagt. Aber das will hier sowieso niemand wissen. Mein Magen dreht sich um. Ich brauch was. Ich weiß nicht, was ich brauche. Das hab ich nicht erwartet. So ne krumme Tour. Ich wurde schließlich angeschossen.



**T:** Das ist mir egal. Weißt du, ich glaube das, was passiert ist, war nicht besonders gut. Was so die ganze Zeit passiert ist. Ich weiß, es sieht so aus, als wäre gar nichts passiert. Weil alle, die zurückkommen, verstummt sind, aber ... Du willst nicht zum Arzt gehen, weil du denkst, dass du auch mit der Kugel weiterleben kannst. Ich will dich nicht mehr im Haus haben, weil ich einfach nicht stark genug für dich bin.

**I:** Um zu wissen, was diesen Körper antreibt, was das Bewusstsein ist, müssen wir uns nun mal die Herzen bei lebendigem Leibe herausreißen. Um sie vom Bewusstsein zu trennen, oder einem vermuteten Bewusstsein. Um zu zeigen, dass das gar nicht da ist. Die Seele. Da ist nichts außer Zuckungen und sich Zusammenziehen. Wann drohen denn die Körper damit, ein Eigenleben zu führen? Und warum drohen sie damit? Ich kann jede Stelle an mir sezieren und auf einem Labortisch zum Zucken und sich Zusammenziehen bringen. Ich kann aus meinem Körper eine Landkarte des Schmerzes machen, und ich komme immer auf das gleiche Zucken und Zusammenziehen, da ist keines wertvoller als das andere. Und das spricht doch für eine Landkarte der Schmerzen. Ich brauche keinen blöden Seelen- oder Herzschmerz, durch den ich diesen Körper schleifen muss! Der diesen Körper ordnet und organisiert. Ich muss diesen Text hier nicht mit meiner Biographie belegen. So was wie Seele ist nicht notwenig für das Zucken und Zusammenziehen der Muskeln, dieses Gift gibt's auch als Säure und Nadeln und Messer. Die Wirkung des Bewusstseins und des Skalpells ist dieselbe. Nur macht das Skalpell keine Unterschiede. Das Bewusstsein belästigt die Organe mit Hierarchien und Geschichten. Aber nicht das Skalpell.

**T:** Da ist kein Zucken und sich Zusammenziehen wertvoller als das andere, Cosmo, auf einer Landkarte des Schmerzes. Diese Kugel muss nicht gleich dein ganzes Leben beeinträchtigen. Aber normalerweise wird das so erzählt.



**Tr:** Und diese Schmerzen auf dieser Landkarte könnten sich solidarisiern und eine neue Geschichte deines Körpers erzählen.

**M:** Kann ich mein Gewebe klassifizieren nach dem Maße des Zuckens und des Schreiens, der mir ausgelieferten Kreatur, die ich bin! Der Tod ist nicht schrecklich. Nur die üblichen Darstellungen des Sterbens sind schrecklich. Man muss nur die nähere Bekanntschaft des Todes gemacht haben, um irgendwie eingeübt zu sein. Die gelebten Leben sind nicht schrecklich, nur die Darstellungen davon. Teamarbeit im gelebten Leben ist nicht schrecklich, nur die Rede davon, weil sie sich immer in nur den einen Namen verwandelt: Rainer Werner Fassbinder, dieses Arschloch. Der Boss ist schrecklich, die Darstellung eines Teams ist schrecklich, aber nicht das Leben als Team. Kann ich mich auflösen in ein gleiches Zucken und Zusammenziehen und nicht in die immer gleichen Hierarchien, die den Schmerz meinem Bewusstsein unterstellen. Und das mir dann immer nur sagt, das bin ich. Obwohl mein Herz da auf dem Labortisch gereizt wird, soll ich das sein, dem da Schmerzen zugefügt werden.

*T übernimmt den Bauchschuss.*

**I:** Cosmo! Was ist los?



**T:** Ich wurde angeschossen! *(zu I)* Das ist so toll, dass du dafür sorgst, dass ich mich wie ein Star fühle, Rachel! Ich weiß nicht, wie du das machst!

**I:** *(in die Kamera)* Ja, das weiß ich auch nicht.

**T:** Ja, das machen wir jetzt immer zwischen 12 und 6!

**M:** Warum kann ich nichts mehr erkennen? An Ähnlichkeiten? Es ist wie, als wäre der Plan von jeder Entstehung von Gemeinsamkeiten zwischen uns verschwunden. Wo ist er hin? Oder um nicht wie eine Kitschnudel zu sprechen: Wer hat ihn da rausgenommen? Deshalb fliegen die Messer hier, damit ich nicht wie eine Kitschnudel rüberkomme. Die Fragen nach Berührungen hinterlassen oft diesen Eindruck, dass man sich hier einkitschen will. Dass man den Menschen meint, oder bebende Körper. Es ist auch nicht so, dass ich ihn vermisse. Den Plan! Ich bin ganz gut gelaunt, wenn ich frage: Warum kann ich nichts mehr erkennen. Es ist wie, als wäre ich nicht mehr gezwungen, uns als Ähnliche zu denken. Ich kann jetzt einfach losziehen und nach Ähnlichkeiten suchen, und ich muss mir keine mehr erzählen, mit denen ich dann doch nur die Erfahrung mache, dass sie uns trennen. Diese Ähnlichkeiten. Die sind gar nicht da.

**T:** Darf ich euch von Oberhausen erzählen?

**I:** Stehst du kurz mal auf, du sitzt auf meinem T-Shirt!



**T:** Eine Fülle von Unwissen und falschen Darstellungen. Würdet ihr mir mal zuhören?

**Tr:** Hat jemand meinen Anzug gesehen?

**T:** Ich weiß nicht, was ich machen soll mit meinem Bauchschuss. Ich kann ja nicht einfach so tun, als wär er nicht da!

**N:** Wir sollten ihn zu einer Reformmedizinerin bringen.

**Tr:** Du redest im Modus des Schweigens. Wie das?

**T:** Vielleicht tun wir das alle. Vielleicht hängt das Leben nur am Rand meiner Lippen.

**I:** Ich hab keine Ahnung, welche Erfahrung du da gerade machst, Cosmo.

**T:** Ich denke, man nennt das: Zu sich kommen. Nur sehr sehr langsam.

**N:** Was ist denn nur mit ihm los? Er mochte den Stripclub doch mal ganz gerne. Das crazy horse.

**I:** Wir sind hier im crazy horse. Und irgendein verrücktes Pferd hat ihn abgeworfen, und jetzt versucht er seine Knochen und seine Seele zu ordnen.

**Tr:** Unsere Augen ähneln sich nicht. Deine checken und meine winken. Es gibt doch aber materielle Gemeinsamkeiten zwischen Verhexten und Verarschten.

**T:** So? Wo sollen die sein?

**M:** Die werden normalerweise verdeckt von irgendwelchen qualitativen Unterschieden. Aber sie sind da. Die Verarschten haben Augen, die sich nicht ähnlich sind, aber was als Grundlage für eine Verständigung dienen kann, ist das Verarschtsein. Wir erzählen uns Ähnlichkeiten, wo laut Darwin keine sind: Die Ähnlichkeiten unserer Körper. Aber wir erzählen uns nie die Ähnlichkeiten unseres Verarschtseins. Da kehren wir immer die qualitativen Unterschiede heraus.

**T:** Hört mal zu! Wenn du mal angeschossen wurdest, kriegst du deine Seele nur ganz langsam wieder zusammen, genauso langsam wie deinen Körper.

**N:** Stehst du mal auf, Cosmo, du sitzt auf meinem Jackett!

**Tr:** Nein, hier kannst du auch nicht bleiben. Geh mal in die Ecke!

**T:** Meine Seele kann voraussetzungslos vor sich hin dümpeln.

**N:** Du musst nur verhindern, dass dein Bauchschuss dich jetzt nur noch auf verweichlichte Gedankensprünge bringt.

**T:** Ja, Rachel. Danke für den Tipp.

**N:** Oh Gott, nein. Ich werde doch jetzt nicht sterben. Ist doch bloß ne Schusswunde!



**Tr:** Ich sehe in deine zwei Augen und in das, was sie versuchen zu sehen, aber sie können es nicht mehr. Ich wollte mich auf dich drauflegen, Cosmo, während du stirbst. Wie konnte man uns nur sagen, dass wir uns in uns wiedererkennen. Was für eine Lüge! Was für eine Zeitverschwendung.

**N:** Hör doch auf, so was zu sagen!

**T:** Gehst du mal kurz da rüber, Cosmo.

**N:** Habt ihr euch denn gar nicht gefragt, wo ich wohl stecke?

**T:** Also n bisschen neugierig waren wir schon.

**V:** Dein Tod ist so langweilig, und das ist doch besser, als dass er was Schreckliches wäre, etwas Sensationelles. Ich hab ihn gleich wieder vergessen, deinen Tod. Er interessiert mich nicht.

**N:** Diese Interesselosigkeit ist nicht schlecht. Und diese 100%ige Nichtähnlichkeit.

**M:** Ist es nicht so, dass diese Augen dauernd etwas völlig anderes tun? Checken oder winken oder erlöschen? Dass sie dauernd neue Aufgaben annehmen, dauernd darauf reagieren, dass nichts um sie herum unverändert geblieben ist, wie nach einem Krieg. Werden sie nicht dauernd neu geformt von ihren Existenzbedingungen? Die eben dauernd andere sind. Der Ort der Erfahrung sind vielleicht nicht mehr wir, aber das ist kein Grund zum Jammern.



**V:** Das Kunststück besteht doch darin, das Leben vom Rand deiner Lippen zu blasen. Ein Abgleiten in den Schlaf. Warum willst du wieder sehen mit deinen Augen? Ich finde ja gerade gut, wie sie mir winken.

**Tr:** Diese Kitschnudeln hier denken sonst immer, sie könnten sich die Selektion als was Schönes erzählen. Diese Kitschnudeln, die denken, jeder könnte geliebt werden. Das funktioniert nicht mehr. Wir brauchen andere Berührungen. Berührungen, die vielleicht nicht so warm sind wie die von dem Typen, mit dem ich die Kinder habe, aber die vielleicht kalt genug sind, um sie der Welt als eine Form von Solidarität entgegenzuhalten. Und zu sagen, ich will die Berührungen kalt, mit den Frauen, die ihre

Kinder erziehen und es sehr sehr schwer haben, und nicht mit dem Typen, mit dem ich sie habe.

**N:** Meine Kinder! Ich als Mutter will natürlich, dass es ihnen gutgeht. Aber ich muss mir auch nicht den Schmalz erzählen, das Melodram von Zeit und Leben und Liebe, das uns nur trennt. Auch mich als Mutter trennt das von ihnen! Ich muss mir ja die Gemeinsamkeit immer als gemeinsames Kind erzählen und nicht meine Gemeinsamkeit mit anderen Frauen, die es bei der Kindererziehung schwer haben, schwer, schwer, unheimlich schwer!

**M:** Cosmo-Schatz, wir müssen uns hier doch nicht einkitschen, oder?



**N:** Nein, aber immerhin hat man mich angeschossen. Hat sich denn keiner gefragt, ob ich noch am Leben bin?

**I:** Doch doch. Wir haben uns schon gefragt, wo du wohl steckst.

**N:** Langsam komm ich damit klar, dass die hier alle kein Interesse an mir haben, als so eine Art Verteidigung, aber was krieg ich denn als Ersatz dafür? Das war doch so schön, das Interesse.

**M:** Ja, was kriegst du als Ersatz dafür? Dass wir uns nicht gegenseitig mit einer Wahrheit vom Menschen belästigen müssen. Dieser Körper bildet keine Grundlage für eine Wahrheit. Und schon für gar keine, die einigermaßen anhält. Oder für eine letztgültige. Es gibt keine Wahrheit jenseits seiner Realität. Was kriegst du denn jetzt als Ersatz für das Interesse? Oder für eine Liebe, die die Bedingung für eine Gleichheit sein soll? Deine Realität!

**I:** Wir dürfen hier nichts der Liebe anvertrauen, dem Wohlwollen.

**T:** Na, vor allem nicht in dieser Garderobe.

**I:** ... sondern alle Anstrengungen gilt es der Gnaden- und Lieblosigkeit der Natur entgegenzusetzen, gegen die sich die Gattung zusammenschließen muss.

294 **N:** Aber wir sind keine Gattung. Das ist doch Darwin!

**T:** Ja unter Entfaltung der kostbarsten Unterschiede, oder nenn es Variabilität. Das ist dann Darwin.

**N:** Zu was sollen wir uns denn zusammenschließen? Ohne Liebe, ohne Interesse?

**Tr:** Die Gleichheit des Menschen darf nicht der Liebe anvertraut werden. Nicht dem Wohlwollen, das es ja auch zumindest in dieser Garderobe nicht mehr gibt. Aber wo haben wir dann miteinander zu tun, wenn es nicht mehr das Interesse ist?

**M:** Wohlwollen und Toleranz, das sind nur Selektionsmaschinen, die uns trennen, wir sind absolut unähnlich, wir haben keine Ähnlichkeiten. Du und ich. Es gibt nur die materiellen Gemeinsamkeiten der Verhexten und der Verarschten. Die Evolution ist nicht der Kronzeuge dafür, dass wir ein Recht aus der Natur ableiten können, ein Recht des Stärkeren.

**I:** Mit Gewalt kann man nichts erreichen?? Nein, mit Liebe kann man nichts erreichen.

**M:** Gut, nur keine niedlichen Linken werden.

**T:** Rote Steine, die von unten leuchten, haben gesprochen!

**M:** Was? 

**I:** Und dazu ist es ganz wichtig zu sagen, dass ich nicht gerade ein Problem mit der Liebe habe, jetzt im Moment, womit der Satz so gerne neutralisiert wird: Dass jemand nur gerade ein Problem mit der Liebe hat, sich aber dann doch ganz gern in eine Liebesgeschichte einreiht. Im Gegenteil, ich leg auf sie überhaupt keinen Wert. Mit Liebe ist gar nichts zu erreichen. Und das kann man mal sagen, ohne für neurotisch oder zynisch oder ironisch gehalten zu werden. Das sagt auch niemand aus Enttäuschung: Dass die Liebe nichts erreichen kann. Die lieben sich doch alle. Die Typen, die man eigentlich töten müsste, die lieben doch auch ihre Kinder und ihre Mütter. Das kann doch nicht im Ernst das sein, was uns alle verbindet, dieser Dreck. Die Mutterliebe kann doch nicht das sein, was uns verbindet, nein, die Arbeit, die schwer ist, unheimlich schwer! Uns verbindet nicht die Rede vom Team von Alexander Kluge, wenn der nach acht Minuten doch wieder nur den einen Namen sagt: Rainer Werner Fassbinder. Das verbindet niemanden, ein Name. Wir haben nicht einen Namen, wir sind keine Gattung. Und kein Name steht stellvertretend für diese Gattung.

**I:** Was willst du noch sagen, Cosmo?

**Tr:** Wie groß auch die Anstrengungen sind von mir, am Leben zu bleiben, sie werden nicht gehört, oder die anderen sind nur davon gelangweilt. Sie reden zwar mit dir, aber dein Leben berührt sie nicht, und da liegt etwas, womit man sich beschäftigen

kann, die Leben berühren sich nicht da, wo wir es vermutet hatten. An dem Punkt einer letztgültigen Wahrheit über den Menschen. Da gibt es überhaupt keine Berührung. In der Liebe. Im Wohlwollen. In der Toleranz ... in einem moralischen oder psychologischen Sinne, sondern nur in einem konkreten. Wir können nicht mehr heucheln, dass uns die anderen Leben berühren. Die Frage ist, wo berühren sie uns wirklich, also wo haben wir mit ihnen zu tun?

**N:** Ich wusste nicht, was deine Augen sind! Zeig mal! Dass sie so konkret sind. Die machten was ganz anderes, deine Augen, die versuchten auf eine Art, ohne Art und Gattung etwas zu sehen. Die checkten oder winkten, deine Augen. Die machten was ganz anderes.

**T:** Als wären sie nur dafür gemacht. Für das Sterben. Und jetzt könnte jemand sagen, es ginge dem Ende zu. Aber deine Augen, waren nur dafür gemacht. Und jetzt könnte jemand sagen, die waren müde und konnten nicht mehr sehen, aber das ist so leicht, sterbende Augen zu neutralisieren damit, dass sie müde sind, aber es ist doch so, dass sie winken.

**V:** Cosmo. Es sieht so aus, als würden unsere Augen auf einem gemeinsamen Bauplan basieren. Aber deine checken und meine winken, siehst du das nicht? Wenn du stirbst, sind deine Augen im Werden. Vielleicht zum ersten Mal werden die was anderes. Jetzt sehen sie dich noch im Spiegel an, aber irgendwann werden sie winken. Nachdem sie so lange gecheckt haben, Cosmo! Und das ist nicht schlecht, wenn du nicht mehr siehst mit denen, sondern die, die Geste sind, dieser Windzug einer Geste, der dir das Leben vom Rand deiner Lippen bläst, an dem es hängt! Dein Leben hängt eigentlich öfters am Rand deiner Lippen, und du bläst es nicht weg. Weil du die Geschichte deines Lebens noch hören willst, aber glaub mir, die gibt es nicht. Es gibt keine Geschichte deines Lebens. Es gibt nur die akute Befreiung aus irgendwas. Und nur für dich, und für keine Geschichte.

# DIALEKTISCHES THEATER NOW!

## Brechts Entfremdungs-Effekt

Es gibt natürlich den großen Wunsch, dass uns Brecht noch was zu sagen hat. Das ist der Wunsch der Brecht-Erben und der vielen Theater, die ja irgendwie auch bespielt werden müssen und sollen. Aber so ein richtiges Echo auf die Frage, ob man mit Brecht noch was sagen kann, einen richtigen Aufschrei, erntete ich mal, als ich 1996 am Royal Court Theatre in London, vor jungen, internationalen Dramatikern und Regisseuren, Brechts Lehrstücke als ein Theater ohne Publikum anpries und als ein Theater ohne Proben. Ich meine, die kannten und liebten Brecht, so wie er weltweit aufgeführt und neutralisiert wird, aber der Gedanke eines Theaters, das einfach das Publikum wegließ, oder die Proben, brachte alle aus dem Häuschen. Man fühlte sich mit einem Schlag um selbst den kleinsten Nenner gebracht, auf den man sich hier am Royal Court, oder sagen wir lieber: in der gesamten westlichen Theaterwelt einigen konnte. Da sind die Schauspieler und da ist das Publikum, und zwischen diesen beiden stabilen Pfeilern spielen sich die Entscheidungen im Theaterbetrieb ab. Daran muss ich immer denken, wenn Penelope Cruz in einer deutsch synchronisierten Shampoo-TV-Werbung deutsch mit spanischem Akzent spricht. Werbung muss sich selbst wahrscheinlich immer mit den falschen Entscheidungen belästigen, als so eine Art Dauerlehrstück in Unternehmensfragen. Aber welcher Werbenazi kam denn auf diese Idee? Und warum hatte er sie überhaupt? Und warum hat man im Theater ähnliche Ideen? Und oft nur die! In einem deutsch synchronisierten Spielfilm spricht Penelope Cruz akzentfrei deutsch, aber wenn sie «sie selbst» ist, dann nur gebrochen. In einem Lehrstück wäre das nicht passiert. Als Joseph Beuys die Empfehlung aussprach, die Berliner Mauer um 5 cm zu erhöhen, wegen besserer Proportionen, berührte er gleichzeitig einen Punkt, der normalerweise diffus bleibt: irgendwer hat sich mal über die Höhe wirklich ernsthafte Gedanken gemacht und laut Beuys die falsche Entscheidung getroffen: der Regisseur, der Dramaturg, das künstlerische Betriebsbüro! Damit man Penelope Cruz als Penelope Cruz zeigen kann, und sie nicht mit einer Rolle verwechselt, also bloß mit irgendjemandem, der sich die Haare gewaschen hat, muss sie etwas «machen», was sie niemals machen würde, was nichts mit ihrem Leben zu tun hat: sich in der Tonspur nachträglich als Spanierin markieren, um gelesen und «verstanden» werden zu können. Ich würde sagen, solche Entscheidungen haben nie etwas mit uns zu tun. Aber irgendjemand denkt immer: doch! Ein Regisseur. Ein Autor. Also jene, die professionell die Zuschauerseite einnehmen und andere mit Entscheidungen belästigen und zurichten, die nie die Leben berühren, sondern nur die Lesbarkeit. Die Schaustücke eben. In denen werden auch alle von ihren Leben getrennt, um von ihnen sprechen zu können. Wie sorge ich dafür, dass Konflikte, in die gerade Leben, die gelebt werden in dieser Gesellschaft, verwickelt sind, Thema werden können im Theater, ohne die speziellen Erfahrungen immer daraufhin zu prüfen, ob sie kommunizierbar sind? Von Donna Haraway borge ich mir jetzt mal den Satz aus: «Wir müssen mit jemandem reden und nicht für jemanden!» Für jemanden reden geschieht in der Sprache, auf die sich jeder Schaustückautor und Dramatiker bezieht, die nicht seine ist, die er aber für seine hält. Eine Sprache, in der wir spannungsarm alle gleich sind und der Autor bewusstlos vor allem den Konsens achtet, dass ein auftretender Mann immer als Mensch und eine gebrochen sprechende Spanierin möglicherweise als Penelope Cruz höchstselbst erkannt wird. Und *mit* jemandem reden (Lehrstück) geht eben nicht in der Sprache, in der scheinbar über die Leben aller gesprochen werden kann, die sich für eine universelle Sprache hält und sich selber nicht als weißen heterosexuellen männlichen Jargon erkennt, eine Sprache, die womöglich nicht unsere ist, in der aber alles für uns lesbar ist.

«Der Mensch kann doch nicht das Maß aller Dinge sein! … Die meisten Hunde haben einen längeren Stammbaum als ich», sagt Haraway.

Konversation als vielversprechende Lebensform schlägt Donna Haraway vor. Denn es stimmt Folgendes: Wir sind alle gleich, und gleichzeitig ist niemand wie der andere. Und eine Kommunikation zwischen radikal unterschiedlichen Arten von Subjekten! Was wäre das? Und wie macht man so Theater? Und warum finde ich das vor allem in Brechts Lehrstückidee, als einem Theater ohne Publikum? Wir sind alle gleich, und gleichzeitig ist keiner wie der andere. Im Schaustück kommt dieses tragische Verhältnis nicht vor. Da sind alle immer äußerst spannungsarm gleich. Theaterbetriebe sind voller hohler kritischer Jargons, hinter und auf der Bühne. Voll von Leuten, die vollständig konsensfähig sind und eigentlich keine Probleme haben und die sich Kritik als einen allen zugänglichen Bereich denken, dem man anscheinend hinterherrennen muss, um die eigene Relevanz zu beweisen. Jeder will da unbedingt kritisch sein und kriegt doch höchstens die Bude voll. Kritik ist schließlich Geld. Wie die Liebe – jedenfalls, wenn jemand kommt, um sie sich anzusehn. Theater leidet oft darunter, von harmlosen Leuten gemacht zu werden. Eine radikale Absage an das Leben, von Sarah Kane in *4.48 Psychose* zum Beispiel, wird dann auf der Bühne lediglich zu einem kleinen Unfall, vor dem man kopfschüttelnd steht und glaubt, man müsste jemandem nur mal kurz auf die Schulter klopfen, damit sich das wieder einrenkt. Eine Schauspielerin in Buenos Aires zieht auf der Bühne jede persönliche Tragödie heran, die sich tief in sie eingegraben hat, um den Text mit Fleisch und Blut zu versorgen, und eben mit Leben, das sie in keiner Sekunde in Frage stellt. Sie hat eben nicht Sarah Kanes Problem und sie kann auch nicht für sie reden. Sie kann den Text mit Tränen versorgen und ihn bejammern, aber sie kann doch eines nicht, Sarah Kanes radikale Absage ans Leben teilen. Dann müsste sie sich nämlich umbringen. Das soll sie natürlich nicht, aber sie soll auch nicht mit einem Leben davonkommen, das wieder nur «alle teilen». Das Ganze wird angeschaut von Leuten, die einen gesicherten Begriff vom «Leben» natürlich höher einschätzen als die Autorin, vor allem eben im Theater, und diesen Begriff teilt die Schauspielerin lieber mit dem Publikum als mit Sarah Kane. Die hatte halt 'nen Knall. Das kann eigentlich nicht ihr Ernst sein. Man muss Sarah Kanes Absage an das Leben nicht teilen, aber man kann ernsthaft damit spielen.



Und wenn vor Josef Ackermann im Zuschauerraum des Admiralspalastes Brechts: «Erst das Fressen, dann die Moral» vom Ensemble missverstanden wird als Gebt-allen-was-zu-fressen- oder Bekämpft-den-Hunger-in-der-Welt-Mist und nicht als radikale Absage an die Moral, dann bleibt Ackermann das radikalere Subjekt. Der weiß längst: glotzt nicht so romantisch! Und kann es den Schauspielern entgegenrufen und es – im Gegensatz zu denen – auch denken: Erst kommt das Fressen, dann kommt die Moral! Oder: Liebe ist was für Dienstboten! Ackermann weiß, die da oben jammern ja wieder nur. Der kann sich auf den hohlen Jargon verlassen, den die Theater produzieren. Den unhinterfragten Glauben ans Leben, an die Moral, an die Psychologie. Oder einen diffusen Bereich von Kritik, der scheinbar allen offensteht. Ackermann verlässt sich auf das Missverständnis. Darauf, dass hier eh keiner mehr glaubt, dass da oben gegen den Konsens gesprochen wird, der ja gleichzeitig als Verständigungsgrundlage dient. Mit Brecht bringt man sich dabei um die Anstrengung, etwas Neues zu denken. Nämlich Brecht.

Es gibt die große Sehnsucht, dass Theater überhaupt noch was zu sagen hat. Es soll was zu sagen haben, und dabei bitte immer f ü r jemanden reden und nicht m i t jemandem. Es soll von denen reden, die keine Sprache haben, aber es erzählt doch immer nur vom Menschen, in dem weißen männlichen heterosexuellen Jargon, der das Maß aller Dinge ist. Ich würde unterschreiben, oder es müsste sich doch spannungsvoller sagen lassen: nur dadurch lebt der Mensch, dass er so gründlich vergessen kann, dass er ein Mensch doch ist. Das wäre eine Perspektive. So könnten wir leben. Und eine Konversation aufmachen jenseits vom «Menschen» und vom «Leben».
Brecht ist Museum, und das ist Gott sei Dank auch die Praxis der Brecht-Erben. Die tun wenigstens nicht so, als wäre er keines. Im Gegensatz zur ganzen Pimp-my-Schiller- und Pimp-my-Shakespeare-Praxis. Im Auftrag von Theatern, die ja schließlich bespielt werden müssen, tauchen Dramaturgen in die Theatergeschichte ab und kommen mit den alten Griechen zurück, mit denen der Irak-Krieg zum Thema gemacht werden kann. Sonst scheinbar nicht. Nur so. Verschleiern vor sich selbst müssen die Theater dann noch die Tatsache, dass das Zeug vielleicht nur deshalb passt, weil es schon mal funktioniert hat. Man bringt sich um die Anstrengung, etwas Neues zu denken und überhaupt zu denken.

**René Pollesch**

*erschienen in* Der Tagesspiegel, *14. August 2006*

# REQUIEM FÜRS PROGRAMMHEFT

## Zum Tod von Jean Baudrillard

Theorie muss im Theater immer in Programmheften gefangengehalten werden, sonst würde sie den ganzen Laden auffliegen lassen. «Die Gewalt des Konsens und der forcierten Zusammengehörigkeit, die, wie eine Schönheitschirurgie des Sozialen, die Wurzeln des Übels und jeder Radikalität auszureißen trachtet; die jede Form der Negativität und Singularität einschließlich der letzten Form der Singularität, die unser Tod ist, löscht; die Gewalt einer Gesellschaft, die uns das Negative und den Kon-

flikt und den Tod untersagt …» oder, ebenfalls Baudrillard: «Das Evangelium der Sentimentalität», das Daueroperieren mit dem Begriff der Liebe, dem nicht nur bedeutungsschwersten, sondern auch «schwammigsten Wort unserer Sprache». Baudrillard, ernstgenommen auf einer Bühne, würde die Lesbarkeit der Veranstaltung, was Liebe und Leben betrifft, kolossal einschränken und zu erheblichen Missverständnissen führen, vor allem bei Beibehaltung einer Darstellungspraxis, die auf Psychologisierung und Ästhetisierung setzt und dadurch erst ihre ganze neutralisierende Kraft gewinnt. Theateraufführungen, in denen gesichert von der Liebe, wie von einer «allgemeinen Verteilungs- und Integrationsform, vor der alle gleich sind» gesprochen wird, neutralisieren vielleicht Folgendes: die Liebe ist nur das Abgeschmackteste, was der Kapitalismus hergeben konnte. Das Geld wäre so viel schöner als Bereich, der allen offen steht, wenn da nicht dieser Kapitalismus wäre, der immer nur Liebe will.

Die Büchertische in Theaterfoyers und auf Probebühnen, die Inhalte von Programmheften können von den an sie anschlie-

ßenden Aufführungen weitestgehend neutralisiert werden, dienen sie doch eh meistens nur dazu, den Regisseur und die Dramaturgie als die Kompetentesten der gesamten Veranstaltung auszuweisen. Das ist ein Nachteil der Verbindung von Theorie und Theater. Es gibt aber auch Vorteile. Folgendes ist aber auch noch keiner:
Auch sehr beliebt als diffuse «allgemeine Verteilungs- und Integrationsform, vor der alle gleich sind», um die Wendung von Baudrillard nochmal aufzunehmen, ist: das Leben. Baudrillard, der von einem Phantasma der Ökonomie ausgeht, welches in der Verdrängung und letztlich in der Abschaffung des Todes besteht, sieht in seiner Reflexion über den 11. September, bei der bei ihm im Zentrum nicht der Mord an Unschuldigen, sondern der Selbstmord der Attentäter steht, «dass unsere westliche Zivilisation das Opfer (des Lebens) ausschließt und für die Herausforderung nicht fähig ist, weil das Opfer des eigenen Lebens, der Tod, tabuisiert ist und für uns keinen Wert hat». Die Verdrängung des Todes aus der Gesellschaft «zum Vorteile der Reproduktion des Lebens als Wert». *(Der symbolische Tausch und der Tod)*



«Den Tod abschaffen, das ist unser sich in alle Richtungen verzweigendes Phantasma: Überleben und Ewigkeit in den Religionen, Wahrheit in der Wissenschaft, sowie Produktivität und Akkumulation in der Ökonomie.» *(Der symbolische Tausch und der Tod)*

Eine radikale Absage an das Leben, von Sarah Kane in *4.48 Psychose* zum Beispiel, wird auf einer Bühne lediglich zu einem kleinen Unfall, vor dem man kopfschüttelnd steht und glaubt, man müsste jemandem nur mal kurz auf die Schulter klopfen, damit sich das wieder einrenkt. Eine Schauspielerin in Buenos Aires, die ich in einer Aufführung dieses Textes sah, zieht auf der Bühne jede persönliche Tragödie heran, die sich tief in sie eingegraben hat, um den Text mit Fleisch und Blut zu versorgen, und eben mit Leben, das sie in keiner Sekunde in Frage stellt. Sie hat eben nicht Sarah Kanes Problem. Sie ist eine wunderbare Schauspielerin, aber sie hat einen positiven Begriff vom Leben. Sie kann den Text mit Tränen versorgen, mit Leiden … «Unerträglich ist weniger das Unglück, das Leid oder die Armut als vielmehr die Macht selbst und ihre Arroganz» *(Requiem für die Twin Towers)*, aber sie kann doch eines nicht, Sarah Kanes radikale Absage ans Leben teilen. Dann müsste sie sich nämlich umbringen. Das soll sie natürlich nicht, aber sie soll auch nicht mit einem Leben davonkommen, das wieder nur «alle teilen». Das Ganze wird angeschaut von Leuten, die einen gesicherten Begriff vom «Leben» natürlich höher einschätzen als Sarah Kane, vor allem eben im Theater, und diesen Begriff teilt die Schauspielerin lieber mit dem Publikum als mit der Autorin. Man muss Sarah Kanes Absage an das Leben nicht teilen, aber man muss die Absage nicht mit Psychologie neutralisieren.



Im westlichen Theater klammern sich alle an das Leben und einen positiven Begriff davon, außer Sarah Kane, deren Texte aber trotzdem, ob sie will oder nicht, mit dieser für «jeden verfügbaren Heilsform» versorgt und entsorgt werden. Die Terroristin Sarah Kane wird im Theater mit einem positiven Begriff vom Leben gefüttert, da kann sie sich noch so oft umbringen.

Während zwei Jahre später die Medien versuchen, den Selbstmord der Attentäter des 11. September, laut Boris Groys, ebenfalls mit Psychologie zu neutralisieren. Weil die Wahrheit, die wir als Wahrheit begrüßen «vor allem schmutzig, schlimm und nach dem Geständnis einer sexuellen Perversion» aussehen muss, damit wir sie akzeptieren können.

Und was ist mit der großen humanitären Geste, die Jean Baudrillard ein solches Gräuel war? Was macht man mit dem Menschen auf dem Theater, wenn die gegenwärtigen «menschlichen» Projekte vor allem auf seine Biologie zielen, die Gattung Mensch also der Gewalt des Human-Genom-Projektes ausgesetzt ist? Was ist los mit dem Begriff vom Humanen?

Was weiß der Körper, der da auftritt, anderes von sich, oder was wissen die im Zuschauerraum anderes von ihm, als dass er ein Mensch ist, dieser Mann da oben, dessen Körper allerdings eher in eine «Schönheitschirurgie des Sozialen» verwickelt ist.

Obwohl sich Frauen auf der Bühne schon immer vor allem auf ihre Biologie beziehen mussten, tauchten die Männer da bis jetzt immer noch als Menschen auf, die die derzeitigen biopolitischen Projekte wie Gentechnologie oder des nackten Lebens und Überlebens auf dem Markt nicht daran hinderten, als humanitäre Geste herumzulaufen. In einem Programmheft zu *Medea* hab ich neulich gelesen: «Was wäre, wenn Medea meine Ehefrau wäre?» Würde das zum Beispiel auch bei einer Inszenierungsbeilage von *Hamlet* auftauchen? «Was wäre, wenn Hamlet mein Ehemann wäre?» Unvorstellbar! Und wer sollte das fragen? Die weiße, männliche, heterosexuelle Erzählerposition jedenfalls nicht, von der die Geschichten, die wir für unsere halten, korrumpiert sind.



Die Biologie ist beim Menschen angekommen und das Soziale bei den Tieren: Die Tiere wollen nicht repariert werden und ewig leben. Ein Organismus im Darmtrakt einer Termite zum Beispiel hat im Gegensatz zum «Menschen» einen Plan von einem historischen Projekt, aber eben nicht das Human-Genom Projekt.

Der menschliche Körper auf der Bühne eines Theaters sagt noch immer: «aber wenigstens sind wir Menschen», aber das sind wir vielleicht gar nicht. Und was soll das sein, das Leben? Leute führen Leben in der Hoffnung, das hätte irgendwas zu bedeuten, aber es bleibt davon vielleicht nur eine Geste, mit der sie bunte

Feuerzeuge auf Kneipentische legen, und die sie entsorgt, die Geste, die da bleibt vom Leben!
Das Human-Genom-Project ist nicht human. Und die vormals menschlichen Projekte finden wir vielleicht mit Donna Haraway in der sozialen Welt eines den Dualismus von «Selbst und Anderem» auflösenden Mikroorganismus, der sein Leben als Parasit beginnt und als körpereigene Zelle der Termite «endet», aber nicht im «Phantasma der Unsterblichkeit». Irgendetwas Drittes, das die Dualismen (Gut – Böse, Leben – Tod, Kommunismus – Kapitalismus) durchbricht, weil es auf einem ihnen fremden Prinzip basiert. Und: «Wenn Begriffe sterben, dann sterben sie eines natürlichen Todes, wenn ich so sagen darf, indem sie von einer Form in eine andere übergehen – was immer noch die beste Art des Denkens ist.» *(Passwörter, Baudrillard)*

**René Pollesch**

*Erschienen in* Theater heute, *04/2007*

# INTERVIEWS

# DER ORT, AN DEM WIRKLICHKEIT ANDERS VORKOMMT

Pollesch über den Künstler als Vorzeigesubjekt und das Grauen im Theater, befragt von Cornelia Niedermeier

***Um Pollesch-Texte auf der Bühne zu sehen, muss man heute nach Berlin reisen, nach Hamburg oder Stuttgart. Dorthin, wo Sie selbst Ihre Stücke inszenieren. Sie sind nicht für andere Regisseure freigegeben …***
Weil der Text während der Probenarbeit gemeinsam hergestellt wird. Die Schauspieler erinnern sich, während sie das Stück aufführen, an die Diskussionen. Man kann sie nicht einfach einem anderen Ensemble geben, das sie als Fertigprodukt nutzt. 

***Aber auch ohne Kenntnis der Probenvorgänge frappiert beim Lesen die inhaltliche Substanz der Texte. Warum also sollte sie nicht ein anderer Regisseur anders aufführen?***
Aber die Spielweise ist elementar für die Texte. Es geht um eine andere Subjektivität, die da verhandelt wird. Wenn sie psychologisiert werden, ist das ein Verrat an den Texten. Außerdem kann ich Regisseure nicht ernst nehmen, die von einem Text zum anderen wandern. Hier Tschechow machen, da Shakespeare. Für die ist das nur Handwerk, ein weiteres Detail ihrer Biographie – es gibt keinen Grund. Denen könnte ich schon gar keinen Text von mir in die Hand drücken. Wenn jemand sich jetzt vornehmen würde, nur noch Texte von mir zu inszenieren, weil er keinen anderen Ausweg sieht …, da könnte man sich zusammensetzen. *(lacht)*

***Ein wesentliches Merkmal Ihrer Spielweise ist die Diktion der Schauspieler, die zwischen schnellem, pausenlosem Sprechen und unvermittelt geschrienen Passagen wechselt …***

Ich glaube, es ist erst mal gut, nachzudenken über laut und leise. Früher habe ich unter meine Stücke geschrieben: «laut versus leise, Arie versus Rezitativ».

***Der Emotionsausdruck der Arie versus die Fortführung der Handlung, also des Gedankens im Rezitativ?***

Der Text muss einen Widerspruch in den Schauspielern hervorrufen. Der Schrei ist eine Einsicht und gleichzeitig Verzweiflung. Man versteht etwas und verzweifelt gleichzeitig darüber …

***Der Schrei als Reaktion auf eine Erkenntnis?***

Es geht darum, sich gemeinsam mit dem Text zu orientieren. Nicht, die Themen zu verinnerlichen, um sie fürs Theater zu emotionalisieren. Die Klärung muss ja gerade darüber laufen, über Emotionen zu reden. Und das heißt, man hält das Thema weg von sich. Obwohl es mit einem zu tun hat.



***Also kein psychologischer Realismus. Es gibt in Ihren Stücken auch keine ausgewiesenen Figuren mehr. Die Schauspieler sprechen gemeinsam, abwechselnd, die hochartifiziellen Texte, deren Sprache der Schriftsprache soziologischer Texte gleicht.***

Die emotionale Vermittlung von Texten im herkömmlichen Theater verursacht bei mir ein grenzenloses Unbehagen. Ich höre dann auch keinen Text mehr. Er wird unwichtig. Es geht nur noch um Emotionen. Man denkt, Emotionen sind am besten geeignet, Genuss zu vermitteln. Theater kann aber durch eine naturalistische Spielweise ohnehin nicht mehr emotionalisieren. Das glaube ich dem Theater nicht mehr, weil es den Film gibt. Ich glaube es diesem Raum nicht.

***Auch Brecht hat für sein politisches Theater unpsychologisches Spiel und Distanz eingefordert. Dennoch gab es die Verteilung der sozialen Rollen auf Figuren: hier der Kapitalist, dort der Ausgebeutete.***

Es gibt bei unserer Spielweise nicht den Glauben, ein Thema verhandeln zu können, indem wir es abbilden. Also zu sagen, wir machen jetzt beispielsweise ein Stück über Abschiebung, wie Philip Tiedemann mit dem Stück *Ich liebe dieses Land* von Peter Turrini an Claus Peymanns Berliner Ensemble. Zu sagen: Wir gehen jetzt in einen anderen Raum, das Theater. Dort bauen wir etwas, das aussieht wie die Realität da draußen. Da gibt es ein Polizeirevier etc. Wir casten einen schwarzen Schauspieler und an dem spielen wir die Abschiebepraktiken durch, um Empörung einzuklagen.

Dieses Theater vergisst, dass es selbst Teil der Realität ist. Und das ist es ja genau, woran Peymann auch scheitert mit Turrini. Die waren wahrscheinlich unendlich tolerant dem schwarzen Schauspieler gegenüber. Nur musste er trotzdem seine Hose runterlassen und sich in den Arsch gucken lassen. Und da halte ich es schon für richtiger, auch die eigenen Produktionsverhältnisse als Realität wahrzunehmen und zu reflektieren. Wer sagt da wem, was er machen muss? Da sagt das der gutbezahlte Herr Peymann zu einem schwarzen Schauspieler, der froh sein muss, überhaupt einen Job zu haben. Sie haben es jetzt abgesetzt, der Schauspieler hat gesagt, es war die Hölle für ihn.



***Auch die künstlerische Abbildung ist erniedrigend für den betroffenen Schauspieler …***

… oder auch für Frauen. Die den Sexismus, der in der Gesellschaft herrscht, auf der Bühne reproduzieren müssen, legitimiert durch den Dramenkanon, der keine Frauenfiguren kennt, wo bei den *Räubern* die Amalie kurz mal reinschneit und in heutigen Inszenierungen immer noch ein kleines, dünnes Kleidchen verpasst kriegt, um für ein bisschen Erotik zu sorgen, und dann wieder rausgeht, und nichts zu sagen hat …

***In Ihrem letzten Projekt im Prater, «Erste Vorstellung», haben Sie die Realität des Künstlers zum Thema gemacht.***
Wir wollten über den Künstler als Vorzeigesubjekt in neoliberalen Verhältnissen sprechen. Wir sind aufgefordert, sehr flexibel zu arbeiten. Wir sind bereit, vollkommene Selbstausbeutung zu betreiben, und die wird mit Erfüllung markiert. Das lebt man vor, vor allem, wenn man Erfolg hat. Dann wird gesagt, das hat sich gelohnt. Und die hundert anderen, die es nie schaffen, die interessieren niemanden. Außerdem verkaufen wir im Theater unsere Subjektivität als Ware. Da ist die Frage: Wo liegen die Widerstandspraktiken? Radikal gesagt, können wir antworten: Okay, dann treten wir nicht auf.



***Was im Prater dann auch geschehen ist. Das Projekt wurde abgesagt …***
… obwohl die Verwaltung des Theaters sehr interessiert daran war, dass wir das machen. Dass wir unsere Erfolgsserie mit den Stars fortsetzen. Unsere Interessen sind aber andere. Das ist wie in meinem Stück «Heidi Hoh – Die Interessen der Firma können nicht die Interessen sein, die Heidi Hoh hat». Als wir demokratisch beschlossen hatten, dass der Abend nicht stattfindet, wurde aber ich als Regisseur angesprochen, das gegen die Schauspieler durchzusetzen. Keiner ist es in solchen Betrieben gewohnt, die Hierarchien wirklich aufzuheben.

***Ihr Theater definiert sich eindeutig als politisch, was es bis in die Arbeitsstrukturen hinein reflektiert. Dennoch sind die Texte so absurd gebaut, dass sie eine eindeutige Botschaft verweigern. Wieder vollkommen anders als etwa bei Brecht oder anderen sogenannten politischen Autoren, deren Stücke oft grauenhaft didaktisch sind.***

Dahinter steckt dieser Ernst der Linken, des linken heterosexuellen Mannes, der von der Barrikade aus dirigiert. Und das Publikum will den Unterweiser. Der von der Kanzel herab die Lesart von *Kabale und Liebe* oder *Nathan der Weise* predigt. Diese Hierarchie ist ja die schlimmste überhaupt.

***Sollen die Klassiker Ihrer Meinung nach ganz aus den Spielplänen verschwinden?***
Sie existieren ja als Texte, können jederzeit gelesen werden. Die Frage aber ist, was bedeuten sie auf der Bühne? Der Theaterkritiker Peter Iden hat nach dem 11. 9. gesagt, was man jetzt machen müsse, seien die alten Griechen. Da frage ich mich: Was ist mit dem Mann los? Das ist doch der totale Wirklichkeitsverlust. Um darüber nachzudenken, was am 11. 9. passiert ist, muss er sich einen 2000 Jahre alten Text ansehen, weil nur da, vermutet er, findet er die Wahrheit. Das ist doch ein absolutes Drücken vor dem, was tatsächlich passiert ist. Darüber nicht nachdenken zu wollen. Und dem Theater noch den Auftrag zu geben, nicht darüber nachzudenken. Sondern bei dem Museumsgedanken ganz von vorn anzufangen.



***Wie funktioniert Ihre nicht didaktische Aufklärung?***
Der Gestus ist, hoffentlich, der des Scharfstellens. Dass Normalität immer irgendwelchen Interessen entspricht. Es geht nicht darum, ein Spiegel zu sein oder ein Forum. Es geht aber darum, einen Ort zu haben, an dem Wirklichkeit anders vorkommt. Eine Utopie von Wirklichkeit. Ein Auftrag wäre vielleicht, Kunst zu politisieren, und damit das Publikum. Dass es ein selbstbestimmtes Publikum gibt, das sich Theater nach seinen Bedürfnissen aussucht. Nicht nur nach Unterhaltungsbedürfnissen. Sondern nach Bedürfnissen der Klärung der eigenen Position innerhalb der Gesellschaft. Es kann doch nicht so exotisch sein, wissen zu wollen.

***Ihre Stücke haben eine große Leichtigkeit, sind extrem witzig. Das Publikum lacht fortwährend. Also doch Theater der Emotionen?***
Da müsste man untersuchen, warum es lacht. Ich glaube, die Leute lachen auch darüber, wie die Themen kollidieren. Dass die Schnitte so unrealistisch sind, die Anschlüsse so merkwürdig. Es gibt natürlich Effekte, die der Text produziert. In dieser Absurdität, die Komik erzeugt. Und diese unvermittelten Ausbrüche. Wenn man es nicht gewohnt ist: Jemand redet, dann schreit er, dann redet er einfach weiter, das ist, glaub ich, einfach komisch.

***Nicht zu vergessen auch die Komik der körperlichen Einlagen zwischen den Texten, der Clips. Sie erinnern in ihrer Verspieltheit an die Freiheit von Kinderspielen. Ungezwungen und absichtsfrei.***
Die Clips entwickeln sich absolut aus dem Zufall heraus. Mit wenig Ehrgeiz. Eine Form von Entspannung. Die Sachen entstehen immer einfacher. Sie entstehen einfach. Und je unschärfer sie sind, desto größer ist ihr Zauber.

*Erschienen in* Der Standard, *29. Juni 2002*

# ICH WÜRDE GERN IN DER U-BAHN SCHREIEN

René Pollesch über Selbstausbeutung
und Ohnmachtsgefühle
im Gespräch mit Andreas Lehmann

***Herr Pollesch, sind Sie geisteskrank?***
Krank im Denken? Oder im medizinischen Sinne?

***Die Schriftstellerin Sibylle Berg hat über Sie geschrieben, in Ihrem Theater sei ein Geisteskranker am Werk.*** 
Vielleicht meint sie etwas, was ich bei unserem letzten Abend, «24 Stunden sind kein Tag», dachte: Da ging es vor allem darum, dass wir uns trauen, aus so einem Text einen Theaterabend zu machen. Dieses Fragmentarische, die Widersprüche, das Ungeklärte. Diese nicht abgesicherte Kommunikation zwischen dem Publikum und uns, dass überhaupt nicht klar ist, ob sie uns verstehen werden. So auf ein Publikum zuzugehn sieht vielleicht manchmal geisteskrank aus.

***In Ihren Stücken geht es um den Verlust von Heimat in einer auf Globalisierung und Flexibilität fixierten Welt, es geht um Überwachung und Ökonomisierung unseres Lebens und unserer Städte, es geht um Rollenzuweisungen der Geschlechter, um Sexismus, wie Sie sagen. Wenn man das Unbehagen über all diese Dinge zu Ende denkt, wie Sie das tun, wird man da zwangsläufig ein bisschen verrückt?***
Also, ich bin es nicht geworden. Mich faszinieren aber diese

Tourette-Kranken in der U-Bahn. Leute, die einfach ihre Botschaften herausbrüllen oder laut vor sich hin formulieren. Das ist ein klasse Ventil, ich beneide diese Leute. Eigentlich würde ich auch gern in der U-Bahn sitzen und vor mich hin reden oder schreien.

***Muss man «krank» sein, wenn man für das Theater arbeitet?***
Ich glaube, Theater darf kein Ort sein, in dem vor allem «Gesunde» zu Wort kommen. Was man so gesellschaftlich »gesund« nennt. Im Theater kommen dann meistens nur Versuche heraus, das zu repräsentieren und weiter zu zementieren, was die Gesellschaft als «gesund» ausgibt. Heterosexualität, Leistungsfähigkeit und so weiter.



***Wer in Ihr Theater geht, ist zunächst sehr irritiert: Die Schauspieler spielen keine klassischen Rollen mehr, sie sprechen stakkatoartig Texte, die zuweilen wie Fragmente aus einem Soziologieseminar klingen. Und wenn sie zwischendurch immer wieder schreien «Das will ich nicht!» oder «Halt's Maul!», dann ist das wie eine Befreiung.***
Ich werde ziemlich oft damit konfrontiert, dass Leute, die so einen Abend sehen, denken, ich würde ziemlich viele unterschiedliche Drogen konsumieren und ich sei überhaupt verrückt. Das Missverständnis kommt nur daher, dass ich keiner literarischen Vorstellung von Theater folge, aber trotzdem Text produziere. Das kennt man sonst nicht. Dadurch scheine ich den Leuten verrückt zu sein.

***«Es muss doch irgendeinen Sinn geben in meinem eigensinnigen, zeitgenössischen Alltag. Die Scheiß-Kriterien, wie ich hier leben soll, wo nehm' ich die denn her?», heißt es in einem Ihrer Texte. Das Leben ist unübersichtlich geworden?***
In einer Inszenierung reden wir zum Beispiel über Cliff Richard, also über jemanden, der einerseits öffentlich betet und irgendwel-

che Bibelkreise leitet und sich andererseits dauernd das Gesicht liften lässt. Wie integriert er das: Er glaubt gleichzeitig an den biblischen Schöpfungsgedanken und an Schönheitsoperationen. Die Frage ist, wie kriegt er das gebacken?

***Und das bringen Sie dann auf die Bühne?***
Ich will etwas über mich wissen: Welche Widersprüche habe ich integriert, und wie funktioniert das. Ich habe nicht so eine juvenile Rebellenhaltung oder einen homogenen Gegner. Ich kann nicht mehr sagen: Jetzt geh ich zur Startbahn West und tue was dagegen.

***Aber Sie haben doch damals auch auf der Startbahn West demonstriert.***
Ja, und dann wurde ich von meinen Eltern da runtergeholt, und sie haben gesagt: Entweder du kommst jetzt nach Hause, oder du bist nicht mehr unser Sohn. Dann bin ich natürlich nach Hause gefahrn. Ich war eben mehr Sohn als wirklich politisiert.



***Sie sind älter geworden und sind nicht mehr juvenil und leiden jetzt tatsächlich an der Gesellschaft?***
Ich denke, ich entspreche nicht dem Bild Künstler-der-an-der-Gesellschaft-leidet. Ich suche mir die Vorlagen für meine Texte nicht nach dem Motto, was können die mir oder uns über die Gesellschaft erzählen. Sondern wie kann ich mich persönlich mit ihnen orientieren und meine privaten Probleme bearbeiten. Es gibt Kritiker, die das Theater immer sehr allgemeingültig halten wollen, die sagen, es ginge immer um Leben und Tod oder Mann und Frau. Das würde ich alles in Frage stellen. Jeder hat irgendeinen Begriff vom Leben, aber das ist mir zu schwammig. Ich muss erst mal die Begriffe klärn, wie Liebe und Leben, und ich bestehe drauf, dass ich anders lebe und liebe als Hamlet zum Beispiel. Wenn das Theater, um seine

Allgemeingültigkeit zu erhalten und um seine Klassiker spielen zu können, an einem über die Geschichte hinweg gleich gültigen Begriff vom Leben festhält, bleibt es diffus. Mein Leben ist nicht das von Hamlet.

***Warum nicht?***

Weil ich seine Probleme nicht habe. Mit Hamlet kann ich meinen Alltag nicht bewältigen. Hamlet hat einen Gegner, hat Rache im Sinn, stellt sich verrückt angesichts eines klar aufgeteilten Problems, um sich zu entziehen.

***Was sind denn Ihre Probleme?***

In meiner Wohnung hier in Berlin habe ich die Möbel vom Vormieter übernommen. Meine Wohnung erzählt über mich gar nichts, nur etwas über meinen Vormieter. Über mich erzählt nur



mein Computer auf dem Schreibtisch etwas. Meine Wohnung repräsentiert einen modernen Lebensstil, und zwar den des flexibel arbeitenden Heimatlosen, der kein Interesse hat, sich durch das Zuhause eine Identität zu verschaffen. Wenn ich zu Hause bin, weiß ich nicht unbedingt, wer ich bin. Meine Identität wird vor allem im Theater produziert.

***Was noch?***

Die Liebe. Ich führe kein Leben, in dem Gefühle stark vorkommen. Und ich kann auch nicht über meine Liebe mit dem *Käthchen von Heilbronn* reden. Das hat nichts mit meiner Liebe zu tun. In der Liebe kann es zum Beispiel darum gehn, dass ich jemandem beim Überleben zusehe.

***Das verstehe ich nicht.***

Man muss sich damit auseinandersetzen, dass es nicht nur Biographien von Paaren gibt, die im Alter von 84 goldene Hochzeit feiern. Hier in Berlin sehen sich sehr viele jüngere Paare beim

Überleben und Sterben zu, infolge von Aids zum Beispiel. Und das ist eben was anderes als bei *Romeo und Julia*.

***Vom Pollesch-Theater sprach man spätestens Ende der 90er nach Ihrer «Heidi Hoh-Trilogie», einer brillanten Analyse der Selbstausbeutung in der New Economy, in der Heidi Hoh ihr eigenes Leben nicht mehr geregelt kriegt. Was haben Sie da für sich bewältigt?***
Mir ging es bis 1992 sehr gut, ich konnte arbeiten, und dann hörte das radikal auf. Kein Theater wollte Texte von mir oder ließ mich inszenieren. Ich war ungefähr fünf Jahre lang, abgesehen von ein paar kurzen Unterbrechungen, arbeitslos und saß zu Hause rum. Ich hab immens viel geschrieben in der Zeit, hatte aber auch ständig schlechte Laune, war in Therapie, wegen Krankheiten, die keine organischen Gründe hatten – eben ein typisches Arbeitslosenschicksal.



***Wie war Ihre Strategie, da rauszukommen?***
Ich hatte keine Strategie. Ich hab begonnen, mich für meine eigenen Verhältnisse zu interessieren, wie ich arbeite, wie ich lebe, und irgendwann entstand aus dem Material zum Beispiel «Heidi Hoh». Seitdem weiß ich, worüber ich schreiben will. Ich habe keine Wünsche produziert in den fünf Jahren, weder über eine Trauminsel geschrieben noch über irgendeine fürs Drama geeignete Katastrophe wie Tschernobyl oder so was. Es werden viele Stücke über Arbeitsverhältnisse geschrieben, so als wären die die nächste Tschernobyl-Katastrophe, etwas Fernes, weit weg Stattfindendes. Etwas Homogenes. Oder es gibt jetzt dieses Stück von Maxim Biller, in dem er über den Erstickungstod von 50 chinesischen Flüchtlingen in einem Container in Dover schreibt – so kann man kein Theater mehr machen. Ich seh da nur Schauspieler, die nichts weiter als Schauspieler sein wollen, die, in der Hoffnung, sie könnten etwas über diese Gesellschaft sagen, plötzlich Zeugs daherreden, das nichts mit ihnen zu tun

hat. Aber es geht eben nicht, dass sie sich selbst da raushalten. Das ist altertümlich. Ich rede über mich, und die Schauspieler reden über sich, und dann ist das wichtig.

***Sie mögen das Theater nicht sonderlich?***
Theater sind absolut antidemokratische Orte – im Namen der Kunst. Das Theater vergisst, Teil der Wirklichkeit zu sein. Stattdessen gibt es nur wabernde Genies und Herrscher wie Zadek oder Peymann. Oder Theatermacher wie mich, die dann das Paradigma für die Lebensläufe sind, die dieser Staat augenblicklich braucht. Leute, die sich gern selbst ausbeuten. Und wenn sie Erfolg haben, kann sich der Staat hinstellen und sagen: Seht her, so geht das.



***Das Bild von der Erfolgsgeschichte und Selbstausbeutung von Künstlern ist das Idealbild für die ideenlose, neoliberale Zeit, in der wir leben?***
Genau. Das täuscht immer darüber hinweg, dass es Tausende gibt, die die Loser sind.

***Leben wir in einem sich gern strahlend gebenden, lahmgelegten Land?***
Wir leben in der Desorientierung, und ich sage ja zur Desorientierung, und das ist der Unterschied zur Politik. Ich kann nicht denken, dass ich im Widerstand gegen dieses Deutschland bin, aber mein Widerstand geht dagegen, wie dieser Staat will, dass ich mein Leben regele.

***Die Desorientierung geht so weit, dass in diesem Land eine Partei antreten kann, deren Programm nur noch aus einer Zahl besteht – 18. Das ist ja schon eine herbe Beleidigung für Demokraten und einen auch nur halbwegs klaren Kopf. Warum schmeißt niemand Tomaten?***
Einer hat es gemacht: Schlingensief.

***Warum schmeißen Sie keine? Man sagt von Ihnen, Sie seien ein Revolutionär.***

Das mit dem Revolutionär ist auf das Theater bezogen. Wenn es über das Theater hinausgeht, wenn es um die Veränderung der Gesellschaft geht – das ist mir eine Nummer zu groß. Da gibt es wichtigere Bewegungen als das Theater.

***Sie misstrauen der Wirkung von Theater?***

Ich mache mir lieber keine Illusionen über das Wirkungspotenzial, als meine Arbeit daraufhin abzuzielen. Der Punkt, der uns etwa bei «Stadt als Beute» beschäftigt hat, sind unsere Ohnmachtsgefühle anhand von Stadtpolitik, vor allem in der Architektur. Der Sinn dieser Repräsentationsarchitektur, dieser Klötze, die sie da hinstellen, ist ja, dass das Einschüchterungsarchitektur, Feudalismus ist. Und diese Ohnmacht wird ständig manifestiert. Ein Gedanke, ein Theater, das tatsächlich Widerstand dagegen formiert, wird sofort absorbiert oder diffamiert. Mein Theater wurde zum Beispiel am Anfang als Kindertheater belächelt, und später, nach dem Erfolg, wurde eben von vielen Kritikern nur dieser Erfolg rezipiert. Und dann gibt es zwischen mir und Moritz Rinke eben keinen Unterschied, nur dass ich halt nicht zum Kanzler gehe.



***Sie wären nicht gern wie Moritz Rinke und Günter Grass mal zum Kaffee beim Kanzler gebeten worden?***

Ich wurde mal von Rezzo Schlauch eingeladen, aber ich bin nicht hingegangen. Und zum Kanzler würde ich schon gar nicht gehen. Es gibt nichts, worüber ich mich mit ihm unterhalten könnte. Ich würde ihn weder darüber aufklären wollen, was das Theater kann, noch dass die Theater mehr Geld haben sollten, weil die meisten ohnehin peinlich sind. Der einzige Sinn, den Künstlerbiographien im Moment haben, ist, als neoliberales Erfolgsrezept dazustehen. Und darüber würde bei solch einem

Besuch geredet. Das ist es, was den Kanzler interessieren würde, nicht, was ich mache. Da müsste er mich erst mal vom Gegenteil überzeugen, und das würde so lange dauern, bis der Kaffee kalt ist.

*Erschienen in* DAS MAGAZIN, *November 2002*

# «WIE KANN MAN DARSTELLEN, WAS UNS AUSMACHT?»

René Pollesch im Gespräch
mit Romano Pocai, Martin Saar
und Ruth Sonderegger

**Pocai:** Siehst du dein Theater eher als Regietheater oder als Schauspielertheater? Es ist ja so, dass deine Stücke auf der einen Seite sehr stark vom Improvisierten und damit von der Freiheit der Schauspieler leben, aber auf der anderen Seite die starke Hand des Regisseurs sehr genau erreicht und durchsetzt, was sie sich vorgenommen hat. 

**Pollesch:** Also das würde ich ohne die starke Hand sehen, denn dieses Sich-Durchsetzen ist ein Problem. Ich versuche dem zu entkommen, indem ich sage, es gibt Spielregeln. Ich bin immer auf Schauspieler gestoßen, mit denen die Abmachung galt, dass sie sich für diese Regeln interessieren und an so etwas teilhaben wollen. Und ich musste da eben nichts durchsetzen, denn das widerspricht mir sowieso, und insofern bin ich auch kein Regisseur. Ich weiß auch, dass die Schauspieler – und das entlastet sie und auch mich – mich vor allem als den Autor ansprechen, der sehr stark Auskunft über seine Texte geben kann. Insofern bin ich für die Schauspieler eine Autorität. Manchmal vermischen sich aber im Theaterbetrieb die Ebenen, und so tragen beispielsweise die Volksbühnen-Schauspieler Ansprüche an mich heran, die sie von Castorf kennen, wenn sie an einen Punkt kommen, wo sie eine starke Hand bräuchten. Ich kenne dieses Regieverhalten nur als kolportierte Phrasen – von der Art: ich bau dir ne Szene –, mit denen allerdings nicht Castorf, sondern sehr untalentierte Leute arbeiten. Das erleichtert den Schauspielern die Arbeit, aber von mir können sie das nicht erwarten.

**Saar:** Aber ist dein Darstellungsstil für die Schauspieler nicht stark vorgegeben? Gibt es zum Beispiel für Bernhard Schütz überhaupt Spielräume im Pollesch-Regime, was die Art zu spielen angeht?

**Pollesch:** Bernhard hat verstanden, dass dies kein Theater der Abgrenzung ist. Bei mir gibt es keine Figuren, in die bestimmte Inhalte gegossen werden, sodass die erste den Abend über eine These vertritt, die zweite die Gegenthese dazu, während die dritte wieder etwas anderes verkörpert. Vielmehr gibt es einen Text, der zusammen gedacht wird, und das hat Bernhard unendlich genossen, weil das ein ganz anderer Vorgang ist als der, der von den Schauspielern normalerweise eingefordert wird: sich von seinen Kollegen abzugrenzen, um überhaupt eine Figur entwickeln zu können. Damit man sagen kann, das ist eine Figur, muss sie sich ja erst einmal unterscheiden.



**Pocai:** Das ist natürlich auch Ausdruck deiner spezifischen Art, mit Sprache umzugehen. Sprache ist sehr stark etwas Übersubjektives …

**Pollesch:** … das von den Subjekten nicht verinnerlicht werden kann. Deshalb hört es sich ja so grauenhaft an, wenn sie es versuchen. Für mich ist das entscheidende Merkmal, ob ein Schauspieler den Text verinnerlicht, zu seinem Text macht, an eine Figur heranzieht, oder ihn von sich weghält, obwohl er sehr viel mit dem Text zu tun hat. Das läuft natürlich ganz gegen diese übliche Theaterabmachung, dass die Schauspieler meinen, sie müssten so spielen, dass sie dem Text etwas von sich dazugeben. Die haben so etwas gelernt, wobei ich über ihre Ausbildung auch nicht richtig Bescheid weiß, ich bin weder sozialisiert als Regieassistent, noch war ich auf einer Schauspielschule. Ich habe ja in Gießen auf keiner Schauspielschule studiert, das war etwas völlig anderes, ein Studiengang für Akademiker, für Theoretiker.

**Saar:** Wie entstehen deine Stücke? Arbeitest du gleichzeitig an mehreren Texten?

**Pollesch:** Das ist ganz unterschiedlich. Manche Texte entstehen fast zur selben Zeit, wenn ich unter Termindruck stehe, und ähneln sich auch total. Ich weigere mich auch, mich nach einem Originalitätsanspruch zu richten, wonach ich zur selben Zeit parallel ein völlig anderes Werk abliefern müsste.



**Pocai:** Was die Grundstruktur deiner Stücke und wohl auch ihren Kunstcharakter ausmacht, ist, dass du die traditionelle Einheit der Bühnenfigur aufbrichst, diese Einheit von Sprechen, Fühlen und Handeln. Du stellst auf der einen Seite reine «talking heads», extreme Sprechautomaten auf die Bühne, die auf der anderen Seite – in den Clips, in den Zwischenspielen – eine davon abgekoppelte Körperlichkeit ausagieren.

**Pollesch:** Diese Abkoppelung ist mein Ein und Alles.

**Pocai:** Welches Konzept von Theater und welche Vorstellung von Subjektivität stehen hinter diesem Verfahren?

**Pollesch:** Zunächst einmal gibt es im Theater anders als in der bildenden Kunst einen Mangel an Abstraktionsarbeit, wenn es um den Umgang mit der menschlichen Figur geht. Das ist bei Beckett mal probiert worden, in einer fortschreitenden Reduktion, bis dann bei *Nicht ich* nur noch ein Mund da war. Daneben fallen mir noch die Minimalisten ein, in ihrem Ausgang vom Tanz, und ganz früher Schlemmer. Ansonsten blieb jedoch die Einheit von Sprechen, Fühlen und Handeln absolut vorherrschend im Theater, und der Film hat daran einen großen Anteil. Ich glaube, dass der konventionelle und kommerziell erfolgreiche Film das Theater zu einem Naturalismus verdammt hat, zu dieser Einheitsvorstellung, bei der ein Körper Emotionen hat, die etwas erzählen sollen. Diese Sehgewohnheit, dass man immer intakte Körper braucht, langweilt mich.

**Saar:** Besteht das Problem darin, dass dieser Realismus die dramatischen Möglichkeiten einschränkt oder dass er eine falsche Identifizierung von Bühnenfigur und Charakter vornimmt?



**Pollesch:** Was mich daran stört, ist, dass das Ganze irgendwann dekadent geworden ist. Ich war mal in London und war völlig verzweifelt über das Scheiß-Theater, das da gemacht wird, da habe ich ein Stück mit Bühnenikonen wie Vanessa Redgrave gesehen. Ich fand das sehr beeindruckend und wusste sofort, warum das mal eine Berechtigung hatte. Aber unerträglich ist es, dass dieses traditionelle Theater heute noch in den meisten Häusern betrieben wird, und zwar auf eine Weise, die gar nichts mehr zu tun hat mit dem, was Vanessa Redgrave tut. Es gibt einfach unglaublich viele eitle Schauspieler, deren Gesten Klischees sind, die ich vom Fernsehen kenne, von irgendeiner Soap. Ich glaube auch nicht, dass dieses Theater auf eine angemessene Weise realistisch ist, dass wir also auf diese Art leben oder so unsere Konflikte bearbeiten. Dieser Angela-McRobbie-Text über Kulturarbeiter als Vorzeigesubjekte der New Economy* hat mich sehr beeindruckt. Es geht darin um diese neue Vereinzelung, die gesellschaftlich eingefordert wird, dass jeder sein eigenes Unternehmen sein soll und versuchen muss, sich selber durchzuschlagen. Dagegen wendet sich auch unser Versuch, im Theater diese Abgrenzung nicht zu betreiben. Es geht nicht einfach nur um einen eher formalen Abstraktionswunsch: Diese fehlende Abgrenzung in dem Theater, das wir betreiben, ist auch inhaltlich relevant. Wir versuchen nicht, Konflikte zu individualisieren und zu sagen, das ist dein Konflikt, sieh, wie du damit zurechtkommst oder bearbeite ihn jetzt mal. Wir sagen im Gegenteil: Hier sind jetzt vier Leute, die ein Thema bearbeiten und von denen keiner eine bestimmte Position hat. Sie denken weiter, sie unterstützen sich auch, sie praktizieren eine Art von Solidarität.

**Sonderegger:** Wie hängt diese Trennung von Körper und Sprache mit dem Gedanken eines neuen Kollektivs zusammen? Entsteht ein neues Verhältnis zwischen den Individuen durch Abstraktion, indem man diese Spaltung durchexerziert? Ist sie der Status quo, den wir durchexerzieren müssen, solange nichts anderes in Sicht ist?



**Pollesch:** Sie wird erst mal durchexerziert, weil es nichts anderes in Sicht gibt. Aber ich habe das Gefühl, dass sich schon sehr viel verändert hat innerhalb unserer Spielweise, mit den Volksbühnen-Leuten und auch mit den Leuten in Hamburg, mit denen ich gearbeitet habe. Ich habe auch sehr viel aufgegeben von meinem Konzept, weil mir das, was diese Schauspieler sagten, mehr einleuchtete. Überhaupt geht es in der Probenzeit darum, untereinander ein Vokabular zu entwickeln, um das zu beschreiben, was wir da tun. Ich drucke das dann zum Beispiel so aus, dass ein Satz einen Zug hat oder dass man weiß, wo er aufhört, dass man die Information als Energie abliefert und sich scheinbar denkend durchschlängelt durch einen Satz. Man sagt etwas, und es hat einen durchgängigen Zug und eine bestimmte Energie. Und der Partner nimmt die Energie auf, mit Anschluss, so dicht wie möglich und hält die Energie, sodass nicht ein Einzelner damit beauftragt ist, ständig Kraft zu produzieren. Bei Sophie Rois glaube ich immer, dass sie denkt, dass sie diesen Satz denkt, sie kann sehr langsam sein und ganz konzentriert diesen Satz sagen und ihn befragen, ihn nicht einfach so abfeuern, sondern sich mit dem Satz auseinandersetzen und ihn zu ihrem eigenen machen.

**Pocai:** Du beschreibst die Arbeit des Schauspielers mit der Sprache gegenläufig zu dem Eindruck, den man hat, wenn man diese sprechenden Subjekte auf der Bühne sieht und hört. Sprache ist für deine Bühnenfiguren in keiner Weise mehr ein Instrument, über das sie verfügen, mit dem sie etwas, das sie sagen wollen, auch ausdrücken können, sondern durch sie sprechen bestimmte anonyme Diskurse hindurch. Aber was du gerade beschrieben hast, läuft auf einen sehr freien Umgang mit

Sprache hinaus, der diese Herrschaftsstrukturen scheinbar außer Kraft setzt.

**Saar:** Wie sieht z. B. das Verhältnis zwischen Heidi Hoh, die über ihre Rolle, über ökonomische Verflechtungen, über ihren Lebensstil in L. A. reflektiert, und dem Heidi-Hoh-Text aus? Wir sehen eine Figur und ihr Sprechen. Aber eine Person, die so über sich redet, gibt es gar nicht. Etwas Anderes, Objektives spricht durch sie hindurch. Alles, was «ihr» bleibt, ist der Aufschrei: So will ich nicht leben.

**Pollesch:** Man spricht so nicht, das stimmt. Diese Schnitte macht man nicht. Man ist ja gewohnt, linearer zu sprechen. Aber es geht mir darum, dass die Schauspieler die Schnitte in sich verlegen, dass die Schnitte in ihnen stattfinden, dass sie zu ihrem Sensorium geworden sind. Das ist dann auch wieder eine Filmperspektive, dass man den Schnitt verinnerlicht hat. Natürlich funktioniert das nicht automatisch, wir sprechen ja

eigentlich zusammenhängend, das ist Arbeit, die auch eine bestimmte Wirkung auf den Körper ausübt. Auch die Schreie sind geschnitten, die Schauspieler sagen einen Satz, und dann kommt ein Schrei, das ist geschnitten, es soll kein organischer Vorgang sein, bei dem auf eine Steigerung ein Abschwellen folgt. Der Körper folgt dem Schrei, man nimmt nicht eine Pose ein und schreit dann. Das ist wie ein Programm, der Schauspieler hat einen Text, den er normal spricht, und dann gibt es diesen Schrei direkt aus dem Schauspieler heraus, und der Körper wird von dem Schrei überwältigt. Der Schauspieler, der eine Pose einnimmt, um zu schreien, ist immer dicht dran an dem protagonistischen Schrei, der sowieso vorherrscht im Theater, diese Männerschreie, dieses Platzhirsch-Gehabe. Es geht also auch darum, wegzuarbeiten, was Männerschreie für mich schon immer problematisch gemacht hat. Ich fand dieses «Hier bin ich» immer scheiße. Bernhard Schütz zum Beispiel schreit 
sensationell. Das hat nichts mehr mit Selbstbehauptung zu tun. Diese Schnitte, die im Text sind und denen der Körper folgt, sind dann doch so etwas wie ein Programm. Ich habe noch gar nicht richtig darüber nachgedacht, warum mir dieser Moment der Rückkehr zur normalen Sprache nach dem Schrei so viel bedeutet. Wahrscheinlich kommt es mir darauf an, dass es nach dem Schrei nicht noch eine lange emotionale Bearbeitung dieses Schreis gibt, sondern eine inhaltliche.

**Pocai:** Wenn man dir Fragen zu den Bühnenfiguren stellt, erzählst du uns immer, wie die Schauspieler bei dir arbeiten. Du betonst ihre Autonomie, die sie dadurch erreichen, dass sie sich mit deinen komplexen Texten auseinandersetzen, die sie in gewisser Weise auch überfordern. Aber das Verhältnis von Sprache und Herrschaft, das der Zuschauer erlebt, betrifft die Figuren, die doch eher unfrei, getrieben, ohnmächtig und ausgeliefert wirken.

**Pollesch:** Ich erlebe die aber auch als autonom. Vielleicht liegt das daran, dass ich dann doch vom Theater komme, wenngleich ich keine Theaterkonzepte kenne, bei denen die Schauspieler so autonom sind wie bei mir.

**Sonderegger:** Aber es gibt für das Publikum doch so unmittelbar sichtbare Dinge wie, dass die Schauspieler bei dir total ins Schwitzen kommen, andauernd trinken müssen, überarbeitet, überanstrengt und permanent auf der Flucht sind. Dazu kommt dein Umgang mit den Souffleuren, deren gar nicht heimlicher Einsatz für deine Stücke konstitutiv ist. Der Text ist zu schwer und zu schnell für die Schauspieler, und das erzeugt den Eindruck von Fremdbestimmung.

**Pollesch:** Jetzt denke ich zum ersten Mal, dass ich damit in eine konventionelle Falle tappe. Wenn das stimmte, wäre es irgendwie die Wiederholung des Schreibprozesses. Der Schreibprozess selber ist ja ein Versuch, sich zu orientieren, auch wenn es wie bei «Stadt als Beute» Vorlagen gibt, um sich mit dem eigenen Alltag, mit Lebens-, Liebes- und vor allem Arbeitsverhältnissen auseinanderzusetzen. Was mich bei den letzten Stücken, z.B. bei «Insourcing des Zuhause», am meisten zum Schreiben aufgefordert hat, war dieses Verhältnis von «echt und bezahlt». Ich kann aber nur darüber nachdenken, indem ich alles, was mir auf dem Weg dahin in den Sinn kommt, mit hinein einschreibe – vor allem Autobiographisches, aber nachträglich auch Biographisches der Schauspieler. Das gelingt selten, weil meine Proben so kurz sind. Und es ist ein beherrschendes Moment bei mir, dass ich die Schauspieler bis zu einem gewissen Punkt zappeln lasse; nicht aus Methode, sondern weil ich einfach nicht fertig werde. Nicht weil ich ein Perfektionist bin, sondern weil ich einfach zu spät angefangen habe oder zu viel mache. Ich bin niemand, der seine Texte abzirkelt oder feinabstimmt. Ich komme mit Textmaterial auf die Probe, auch weil ich mittlerweile das Vertrauen zu Schauspielern habe.

**Saar:** Es ist sehr oft von der Freiheit und Autonomie der Schauspieler die Rede. Auf der inhaltlichen Ebene ist aber der durchgehende Tenor aller Stücke Macht und Unfreiheit. Da sind Figuren verstrickt in Machtverhältnisse, und zwar durch und durch: in Geschlechterverhältnisse, die zwanghaft normieren, in ökonomische Verhältnisse, die immer solche der Ungleichheit und der Beherrschung sind, in technologische Verhältnisse, die Kontrolle und Fremddefinition bedeuten.

**Pollesch:** Bei «Smarthouse» macht eine Schauspielerin mit, deren Realität am Theater Unfreiheit ist, und das Stück geht über all das, was du gerade gesagt hast. Ich muss das einfach zusammendenken, und insofern hast du auf der inhaltlichen Ebene 
recht. Diese Schauspielerin musste in derselben Spielzeit dreimal eine Vergewaltigung spielen. Es ist Ausdruck von Herrschaft, wenn einer jungen Schauspielerin, die sich noch nicht so wehren kann oder die denkt, es hat zu viele Konsequenzen, wenn sie sich verweigert, diktiert wird: «Zieh dich jetzt aus, leg dich auf den Rücken.» Diese Macht am Theater und die Macht des Regisseurs müssen mitgedacht werden. Ich bin nicht der, der den Schauspielern sagt, das kommt da hin oder du bewegst dich von da nach da. Das meine ich mit Autonomie. Selbst wenn sie dann verstrickt in diese Herrschaftsverhältnisse sind und da wirklich zappeln, haben sie als Schauspieler eine ungeheure Autonomie. Ganz anders ist es bei Einar Schleef oder bei Thomas Bischoff, der so eine riesige Dirigiermaschine ist und nichts zulässt. Der stellt quasi eine Armee auf, die seinem Geist entsprungen ist. Und im Zusammenhang mit so einer Inszenierung über Machtverhältnisse zu reden ist sicher etwas anderes, als in Bezug auf meine ganz andere Spielweise, die ich für viel autonomer halte.

**Sonderegger:** Aber es könnte doch sein, dass die Machtverhältnisse, um die es auf der von dir so genannten inhaltlichen Ebene geht, nur sichtbar gemacht werden können durch diese Art von schauspielerischer Autonomie.

**Pollesch:** Das glaube ich eben auch. Bei mir war die Spielweise zuerst, und die Themen habe ich gefunden. Am Anfang stand nicht die Frage, wie Form und Inhalt zusammenkommen. Das ist wirklich erst im Laufe der Zeit passiert. In Gesprächen mit Schauspielern habe ich die Technik entwickelt, durch Anschlüsse – die Stücke sind ja nicht schnell, die Anschlüsse machen sie schnell – und die Absurdität der Schnitte auf ein Thema zuzugehen, an dem ich mich abarbeiten will, und das stieß auf ein Interesse des Publikums. Ich glaube, dass es eine Spielweise ist, die Inhalte besser transportieren kann als andere Formen von Theater. Lesen kommt dem noch am nächsten.

**Sonderegger:** Könnte man die von dir erläuterte Technik von Schnitten auch im Bereich des Visuellen praktizieren? Warum ist für dich das Medium Sprache so zentral, und wie verhält es sich zu den Videos und zur Musik deiner Theaterabende?

**Pollesch:** Video und Musik haben mit der Schnitttechnik zu tun, mit der Form der Abkoppelung von Sprache und Körper. Nina Kronjäger hat das früher sehr gut beherrscht. Sie spricht einen bestimmten Text über eine Narbe, die jemand im Gesicht hat – das kommt in meinem Fernsehfilm vor –, und dabei fährt sie sich mit dem einen Finger durch das Gesicht; so ein kleines minimalistisches Formalismusrelikt, wie bei Wilson. Sie spricht und macht diese Geste, und das hat überhaupt nichts miteinander zu tun. Diesen Effekt fand ich so erstaunlich. Leider haben wir nie Zeit, so etwas richtig zu machen – oder nicht den Ehrgeiz. Die meisten Schauspieler im konventionellen Theater verbinden sofort, bei ihnen sind Handlungen immer eine Erinnerung an Text. Es gibt Schauspieler, die können überhaupt keinen Text lernen, ohne etwas dabei zu tun. Der Text verändert sich, wenn du agierst. Er wird dann zu einem Soundteppich und hat auch keine Bedeutung mehr. Oft sind im Theater die Dramen nur eine Geräuschkulisse für Emotionen, für die Zerrissenheit einer Figur. Man will zusehen, wie jemand den Konflikt, den er mit der Gesellschaft hat, gestisch oder noch schlimmer: mimisch ausagiert.

**Saar:** Was steckt dahinter, wenn einzelne Filmszenen von Cassavetes in den Zwischenstücken gestisch nachgespielt werden? Was ist das Motiv, diese Grenzen zwischen Film und Theater teilweise bis zur Unkenntlichkeit aufzuheben? Denn wir identifizieren ja nicht immer alles als Szenen aus Filmen, die nachgespielt werden. Ergänzt der Film die Theaterform, oder wird die Theaterform aufgeweicht, damit sie spannender wird?



**Pollesch:** Oft setze ich die Musik ein, die ich höre, wenn ich schreibe. Zum Beispiel höre ich «Eleanor Rigby», während ich «Insourcing» schreibe, und stelle dann fest, dass mich die Geigen an «Psycho» erinnern, und plötzlich denke ich an «Psycho» und dann denke ich «Hotel» und dann hat es wieder mit mir zu tun. Das ist nicht kalkuliert. Ich denke nicht: Welche Filme spielen im Hotel? Und dann: Ach, da gibt es «Psycho», und dann komme ich vielleicht auf «Eleanor Rigby». Das sind eher Zufälle.

**Pocai:** Aber dahinter steckt doch die Idee, dass sich in deinem Theater auch die gegenwärtige Kunst- und Kultursozialisation widerspiegeln soll. Deine Zuschauer sind sehr jung und natürlich kino- und popmusiksozialisiert.

**Pollesch:** Und ich ganz besonders. Ich gehöre ja zu der Generation mit dieser auch zynischen Trash- oder Rezeptionsästhetik;

sich Filme ansehen, die scheinbar Scheiße sind und als misslungen angesehen werden und dann an ihnen etwas entdecken. Von dieser Generation wurden dann auch *Flipper* und *Lassie* zum ersten Mal in die Theater reingebracht. 1994 habe ich ein Stück gemacht, und mein größter Traum war es, das Urmel aus der Augsburger Puppenkiste zu haben. Wir haben alles in die Wege geleitet, und die Frau, die das gebaut hat, hatte gerade einen Schlaganfall hinter sich. Das Original hätten wir nie bekommen. Aber sie hat sich dann bereit erklärt, es nachzubauen. Ich war schon ganz enttäuscht, dass es nicht das Original-Urmel war. Es sollte dann auf der Bühne eine kleine Modellstadt zertrümmern wie Godzilla.

**Pocai:** Das ist die westdeutsche Sozialisation der heute Vierzigjährigen.



**Pollesch:** Genau, und für die Ostdeutschen ist es völlig anders. Meine Techniker, die alle aus dem Osten sind, sagen, dass sie damit nichts zu tun haben und nur Westler sich das ausdenken können. Da gibt es schon eine richtige Kluft.

**Pocai:** Im Zentrum deiner Stücke stehen die neuen Arbeitsverhältnisse, die Geschlechterverhältnisse, das Problem der Identität. Das wird zum Teil sehr stark über theoretische Texte vermittelt, die du auf die Bühne stellst. Das Buch «Reproduktionskonten fälschen! Heterosexualität, Arbeit & Zuhause»** z. B. ist ein Basistext für deine Theaterarbeit. Du gibst mit wörtlichen Zitaten die Kernthesen dieser Aufsätze wieder, und das führt zu der Frage nach deinem Verhältnis zur Theorie.

**Pollesch:** Diese Texte geben einem ein Vokabular an die Hand, über die eigenen Lebens- und Arbeitsverhältnisse nachzudenken und diese dann auf die Bühne zu stellen. Der Punkt, damit zum Theater zu gehen, ist der entscheidende.

**Pocai:** Du begehst ja einen Tabubruch. Eine Bühnenfigur darf im Grunde keine theoretischen Texte sprechen. Aber dadurch, dass du Theoriediskurse sozusagen auf die Bühne stellst, gibt es diesen extremen Verfremdungs- oder Anverwandlungseffekt. Wie verstehst du deine Arbeit in diesem Punkt?

**Sonderegger:** Warum reicht es etwa nicht, das Buch «Reproduktionskonten fälschen» zu lesen? Was ist der Mehrwert von Theorie in deinem Theater?

**Pollesch:** Bestimmte Thesen, die dann im Theatertext wortwörtlich auftauchen, sind der Startblock, um dann eine andere Form von Textproduktion stattfinden zu lassen, weil ich eben kein Theoretiker bin. Ich schreibe ja nicht Texte, die aus Zitaten bestehen, um damit etwas Neues herzustellen, das dann wiederum Theorie ist. Der theoretische Text ist der Anfang einer Assoziation oder einer Anwendung auf meine eigenen Erfahrungen. Es ist zentral, dass meine Texte sehr privat sind. Das wissen die Schauspieler auch, denn ich erzähle aus meinem Leben und sie auch aus ihrem, wenn sie Lust haben. Die Schauspieler wissen, dass es immer eine konkrete biographische Anbindung gibt, auch wenn es um diesen Satz aus «Sex» geht: «die intensivsten Gefühle habe ich gekauft». Das ist kein Hirngespinst. Das ist Erfahrung, keine Behauptung. Die Vorlage «Insourcing des Zuhause» ist ja teilweise durchaus eine Geschichte und nicht nur Theorie. Da gibt es auch Räume, Reden über Gefühle, aber eben nicht so, wie Theater normalerweise über Gefühle redet.



**Sonderegger:** Auf der einen Seite verwendest du Theorietexte wie «Reproduktionskonten fälschen», andererseits aber auch Fragmente aus der Managerliteratur. Du benutzt beide Genres auf eine identische, nämlich zitierende Weise. Und trotzdem geht man raus und weiß genau, wo du stehst, nämlich auf der «Reproduktionskonten fälschen»-Seite. Wie kommt dieser Effekt zustande?

**Pollesch:** Weil ich mit der einen Sorte von Texten vielleicht besser über mich nachdenken kann als mit der anderen. Das ist in «Sex» eingegangen, wo es den Verweis auf die Erlebnisindustrie gibt. Und diese Unternehmens-Strategien, wie man Erlebnisse verkaufen kann, macht sich selbst am Theater fest, indem sie sehr stark Theatermetaphern benutzt. Das Personal wird «Schauspieler» genannt, der Ort, an dem alles stattfindet, «Bühne». Auch in «Insourcing» wird darüber geredet, dass «echt» und «bezahlt» sich nicht ausschließen, aber erst «Sex» macht klar, dass durch Ökonomie über Gefühle nachgedacht werden kann, dass es kein besseres Thema gibt, um darüber nachzudenken.



**Pocai:** Wie stark ist diese These vom Bezahlen? Gibt es noch ein Jenseits der Ökonomisierung?

**Pollesch:** Das bleibt im Grunde biographisch. Es stimmt einfach für mich. Dass ich die besten Erlebnisse gekauft habe, ist zentral für mein Leben. Die Ökonomie war der befriedigendste Punkt, darüber nachzudenken. Es geht für mich ja nicht um die Verbreitung von Theorie, sondern um die Anwendung auf mein Leben und die Hoffnung, dass die Schauspieler was damit anfangen können. Angefangen habe ich mit diesem Thema bei der Arbeit an einer Soap in Luzern, bei der es um Arbeitsverhältnisse ging. Weil ich die Schauspieler sehr gut kannte, habe ich in den Folgen 11 bis 13 zum ersten Mal über mein Leben geschrieben. Und erstaunlicherweise deckten sich meine Erlebnisse mit ihren, oder ich hatte Erfahrungen gemacht, die ihren sehr nahe kamen.

**Pocai:** Deine Stücke wirken nicht wie die Thematisierung rein privater Erlebnisse auf der Bühne; sie haben einen stark zeitdiagnostischen Zug.

**Pollesch:** Das ist eine Erfahrung, die mich sehr überrascht hat: dass ich etwas bearbeiten konnte, das meine Biographie betrifft, aber kommunizierbar war, sowohl für die Schauspieler als auch für das Publikum.

**Saar:** Aber selbst wenn es z. B. in «Heidi Hoh 2» eine gewisse positive Konnotation von Ökonomisierung und Käuflichkeit gibt, ist doch die Stoßrichtung radikal ökonomiekritisch. Wir als Zuschauer gehen selbstverständlich davon aus, dass du eine kritische Perspektive auf die Flexibilisierung von Arbeitsverhältnissen, die neuen ökonomischen Imperative der Lebensführung und die neoliberalen Selbstverantwortungsmodelle hast.



**Pollesch:** In «Heidi Hoh 1» ist der Arbeitsplatz nicht mehr als Arbeitsplatz identifizierbar, er ist bei Heidi zu Hause, sie verwechselt den Arbeitsplatz mit ihrem Zuhause; das ist natürlich auch meine Erfahrung, das verstehen die Zuschauer. Heidi Hoh ist eine Figur, die denkt, sie könnte Leben und Arbeit integrieren, und stößt dabei auf Unverständnis bei ihren Freundinnen. Sie fühlt sich dann dazu aufgefordert, sich noch schärfer die Frage zu stellen, was und wie sie eigentlich lebt, und sie gelangt so zur Kritik des flexibilisierten Lebens.

**Sonderegger:** Die Kopplung der Themen Arbeitsverhältnisse und Sexverhältnisse finde ich in den Stücken vor «Sex» extrem gut durchgearbeitet und auch ambivalent gehalten. Bei «Sex» hatten wir aus mehreren Gründen das Gefühl einer gewissen Vereinfachung. Hier scheint die Ökonomisierung von Liebe die ultimative Lösung zu sein, und Mae Wests Vorlage, die in einem

Puff spielt, scheint ganz wörtlich verstanden zu werden. Prostitution ist keine Metapher mehr für das Leben im Netzkapitalismus, sondern wird konkretistisch umgesetzt. Ist das nicht eine Entradikalisierung? Vor «Sex» war nie klar, wo die Handlung und das Sprechen ihren Ort haben: in einer Kommune, in einer WG, in einem Puff?

**Pollesch:** Das liegt natürlich an der Vorlage. Es ist Teil des Konzepts, dass man den Ort von «Stadt als Beute» als Zuhause anspricht oder versteht, den von «Insourcing des Zuhause» als Fabrik und den von «Sex» als Bordell. Das ergab sich während der Produktion von drei verschiedenen Stücken in demselben Bühnenbild von Bert Neumann, das als ein bestimmter, aber nicht ausgewiesener Ort funktioniert. Man kann sagen, dass es ein Zuhause ist, aber das wird auch in Frage gestellt. Es ist ein

grenzenloses Zuhause, das mit der Stadt vernetzt ist. In «Sex» ging es darum, den Zusammenhang von Zuhause und Bordell ambivalenter zu halten. Wir haben selber darüber nachgedacht, dass die Küche plötzlich wie der Hinterraum eines Clubs aussieht, in dem vorne Karten gespielt werden.

**Sonderegger:** In den Stücken vor «Sex» gibt es ja durchaus Einsprengsel von romantischen Liebescodes, und diese Ambivalenz fehlt in «Sex». Da geht es nur noch um Ficken für Geld und Arbeiten für Geld. Das ist eine Vereindeutigung. Die früheren Ambivalenzen fand ich richtiger.

**Pollesch:** Ja, das stimmt.

**Pocai:** Ist denn der Satz «die besten Erlebnisse habe ich gekauft», für dich ein uneingeschränkt positiver Satz, oder ist er nicht selbst wieder zwiespältig?

**Pollesch:** Er ist zwiespältig, aber wenn ich ihn ablehne, kann ich überhaupt nicht mehr über mein Leben nachdenken. Wenn ich sage, die Kombination von «echt und bezahlt» gibt es nicht, die besten Erlebnisse kann man sich nicht kaufen, kann ich aufhören, über mich nachzudenken. In dem Moment, wo mir klar wurde, dass ich etwas bearbeiten kann, was mein Leben und das der Schauspieler und zum Glück auch das der Zuschauer betrifft, hat diese Arbeit für mich überhaupt erst einen Sinn gehabt. Mit dem normalen Vokabular des Theaters und des Dramas kannst du aber nichts über diesen Satz sagen. Der ganze Dramenkanon beruht darauf, dass Sex und Geld voneinander getrennt sind. Ich kann ja davon ausgehen, dass der Satz «die besten Erlebnisse habe ich gekauft» für fast alle Zuschauer nicht gilt. Ich muss kein Dienstleister oder Beobachter dieser Gesellschaft sein. Insofern ist das auch kein Aufklärungstheater. Auch für die Schauspieler ist es eine Möglichkeit, ihre eigenen Arbeits- und Lebensver- 
hältnisse mit diesen Theorien zu bearbeiten, nicht im Sinn einer Dienstleistung als Theater, das sich gesellschaftlich legitimieren will, sondern indem wir uns selbst daran abarbeiten. Deshalb ist die Probenzeit mit den Schauspielern auch so wichtig, um herauszufinden, ob etwas ihr Thema ist oder auch nicht.

**Saar:** Du möchtest also nichts vorgeben, sondern Prozesse der Selbstverständigung und der Arbeit mit den Schauspielern an bestimmten Themen und mit bestimmten Theorien dokumentieren?

**Pollesch:** Es geht um die Anwendung von Theorie, aber natürlich nicht um angewandte Soziologie, sondern darum, dass die Texte eine praktische Bedeutung bekommen.

**Sonderegger:** Ist das, was auf der Bühne geleistet wird, eine genaue Deskription, eine Form von Analyse? Oder ist es auch

Widerstand und Kritik? Inwiefern kann eine Deskription durch eine extreme Beschäftigung mit deinem eigenen Leben auch etwas über die Gegenwart im weiteren Sinne sichtbar machen?

**Pocai:** Oder umgekehrt: Nur indem du dich mit der eigenen Zeit auseinandersetzt, kannst du etwas über dich selbst sagen?

**Pollesch:** So ausgedrückt stimmt es natürlich noch viel mehr, sonst wäre es nur von der Konsumseite her gedacht. Nur wenn die Zuschauer über diese Themen nachdenken, können sie auch über sich selbst nachdenken. Ich habe immer die Hoffnung, dass wir bei unseren Abenden eine theoretische Analyse nachvollziehen und nicht verballhornen, sondern mit ihr anhand der eigenen Probleme Konflikte bearbeiten. Wofür ist Theater überhaupt da, warum gehen wir da hin? Was habe ich überhaupt mit

dieser Gesellschaft zu tun? Wie kann ich etwas über die Subjekte erzählen und darüber, wie sie verfasst sind? Wenn ich nicht mehr akzeptiere, dass ich durch *Hamlet* repräsentiert bin, muss ich über Stadt oder über Hotels reden. Es wird einfach nichts über mich erzählt, wenn ich mir *Hamlet* ansehe. Für Heiner Müller war das noch anders, aber über mein Leben erzählt das nichts mehr. Wie kann man darstellen, was uns ausmacht? Jedenfalls nicht mehr durch Figuren, die interagieren und die in einen Plot verwickelt sind. Ich denke, dass auch die Zuschauer andere Darstellungsformen suchen, wenn sie zu uns gehen.

**Pocai:** Ist das deine Kritik an der Konzeption von Realismus etwa der Berliner Schaubühne?

**Pollesch:** Ja, das war mein zentrales Feindbild, und das brauche ich auch. Inzwischen ist das vielleicht nicht mehr so wichtig, weil es jetzt albern wäre. Mein Problem mit den Produktionen der Schaubühne war immer: Sie behandeln die Themen im falschen Format, und damit sind sie affirmativ, damit bestätigen sie nur und sind auch nicht kritisch, sie erobern das Thema für das Format von vor fünfzig Jahren.

**Sonderegger:** Du sagst, eine bestimmte Soziologie sei besser als *Hamlet*, weil sie eher die Themen verhandelt, die uns heute interessieren. Die richtigen Themen zu bearbeiten, die politische und soziale Dimension einzubeziehen etc., das schafft allerdings auch die Schaubühne. Aber das ist für dich immer noch falsch, und deswegen liegt auch so viel daran, wie du diese Vorlagen umarbeitest. Was machst du mit den thematischen Vorlagen, wenn es nicht genügt, die richtigen Themen zu haben? Liegt alles an der extremen Durcharbeitung der Stoffe aus der Perspektive der eigenen Biographie?

**Pollesch:** Das ist der zentrale Punkt. Es gibt Dramaturgieetagen, die natürlich versuchen, die Themen als Legitimation ihres Theaters zu erobern, aber das hat keinen Bezug mehr zu den eigenen Erfahrungen. Auch wenn es vielleicht ein Klischee ist: Der Grund dafür, diese Stücke zu machen, muss ein biographischer sein, ein Theaterstück darf keine bloße Dienstleistung sein.

**Saar:** Das klingt wie ein Klischee. Die Idee, die Dramatiker inszenierten ihre eigenen Erfahrungen und wollten sich so auf der Bühne ausdrücken, läge doch ganz im Rahmen des von dir abgelehnten «bürgerlichen» Theaters.

**Pollesch:** Für die Schauspieler muss es ihr Thema sein, sie dürfen es nur nicht auf das Klischee des eigenen Konflikts bringen, das Schlimmste sind ja Künstlergeschichten. Deshalb fand ich es so spannend, in dem Text von Angela McRobbie eine Möglichkeit gefunden zu haben, nochmal anders über Künstler zu reden und dieses Künstlerklischee als Vorzeigesubjekt zu zeigen. Bei einer Einladung in Stockholm redeten alle am Tisch über ihre Freundinnen, dann fing die Sitzung an, und ich fragte, ob ihnen denn nicht aufgefallen sei, dass keine Frau am Tisch sitzt. Das fällt Regisseuren noch weniger auf als den Macho-Prolos am Fußballstammtisch. Es gibt kaum angesehene Regisseurinnen. Selbst jemand, der sich als homosexueller Regisseur outet, wird dann in eine bestimmte Kiste gesteckt. Frauen machen Aussagen über Frauen, Schwule über Schwule, aber Hetero-Männer reden über den Menschen und über die Gesellschaft.

*Erschienen in* TEXTE ZUR KUNST, *9. Juli 2002*

* Angela McRobbie, «‹Jeder ist kreativ›: Künstler als Pioniere der New Economy», in: Jörg Huber (Hg.), Singularitäten - Allianzen, Wien/New York 2002

** «Reproduktionskonten fälschen! Heterosexualität, Arbeit & Zuhause» Hg. von Pauline Boudry, Brigitta Kuster, Renate Lorenz, Berlin 1999

# DEN MARKT UMGEHEN

Wie kann man im Warenkorb Theater machen, ohne selber abkassiert zu werden? Ein Küchengespräch von Christoph Braun mit René Pollesch über Bühnenarbeit und seine Favela-Trilogie

«Telefavela» heißt das erste Theaterstück der Favela-Trilogie von René Pollesch. Die Serie besteht des Weiteren aus «Svetlana in a Favela» und schließlich «Pablo in der PLUS-Filiale», das seine Uraufführung am 2. Mai im Rahmen der Ruhrfestspiele in Recklinghausen erleben wird. Das Serielle kennzeichnet Polleschs Arbeiten. Im vergangenen Herbst etwa lief die vierteilige TV-Soap «24h sind kein Tag» auf 3sat. «Es geht um Arbeitsverhältnisse, um die Warenförmigkeit von allem – Liebe ist Porno, man muss für alles bezahlen», fasste Britta-Sängerin Christiane Rösinger den Inhalt knapp zusammen. Britta-Songs fungierten in «24h sind kein Tag» als Brecht'scher Chor.



In «Telefavela» spielt das Geschehen erstmals in Polleschs über 300 Stücke alter Geschichte außerhalb der EU. Im Prater, einer Spielstätte der Berliner Volksbühne, kauert das Publikum im Sand eines Zeltes. Der Blick geht in ein Wohnzimmer. Im Fernseher des Wohnzimmers sieht man Straßenaufnahmen aus São Paulo. Kinder und Jugendliche hantieren mit Architekturmodellen aus Holz.

Dort hat sich Pollesch umgeschaut nach dem Prinzip «Den Markt umgehen»: Das ist ein Prozess, den Pollesch in den Imperativ setzt. Als «Das musst du!» gilt er für São Paulo, als «Das wirst auch du immer mehr müssen!» für fast überall. Daran hängen nicht nur die zunehmende Informalisierung, vor allem definiert über ungeregelte Arbeitsverhältnisse, sondern auch Prozesse der Selbst-Flexibilisierung, der Durchökonomisierung aller Lebensbereiche, der Militarisierung privater Lebensräume.

Es zählt zur Stärke des Sujets «Pollesch-Stück», dass diese Entwicklungen nicht in Form des herkömmlichen Dramas verarbeitet werden. Im Gespräch kritisiert der Stückeschreiber und Regisseur zu Recht, dass am Theater die gesellschaftlichen Entwicklungen ziemlich lieblos, nämlich wie bestellt und abgehakt, verwaltet werden. Und zur Schauspielerin Sophie Rois bemerkt er, was so sehr auf ihn selbst und seine Arbeitsweise zutrifft: «Sie ist extrem inhaltlich.»

So sind seine Stücke zwar in Parts unterteilt, die zunächst nach klassischen Theaterfiguren klingen, weil sie eben bestimmten Darstellern und Darstellerinnen zugeordnet werden. Doch ob die reiche, personengeschützte Comtessa oder deren Bedienstete und Liebhaber Pablo: Sie alle treten als bloße Figuren-Skizzen auf, damit die gesprochenen Kurzessays auf der Bühne auch unterhaltsam verteilt werden können. Denn Pollesch begreift sein Schreiben als «Weiterschreiben» von Theorie. Im Falle der Favela-Trilogie spinnt er unter anderem Publikationen der metroZones-Reihe im Berliner b_books-Verlag weiter: «Space//Troubles»* und «Learning From»**.

Polleschs Sprache wehrt dabei die Komplizenschaft mit den Entwicklungen ab. Sie holt immer wieder das Geschehen ein, zieht gleich, kann es fassen. Das Ungelenke an Formulierungen wie «Ich muss mich da hineinflexibilisieren» ist gleichzeitig peinlose Poesie und Deklassieren der Alltagssprache.



***Am Sonntag in «Telefavela» hat die Souffleuse kräftig mitspielen …***
… dürfen …

***… müssen, genau. Ich kann es mir aber auch nur sehr schwer vorstellen, deine Texte auswendig zu lernen.***

Da muss ich dir erklären, wie wir probieren. Das Lernen selbst liegt ganz in der Verantwortung der Schauspieler. Ich habe gelernt, die Schauspieler mit einem Thema zu überzeugen, das mich beschäftigt. Und dann bringe ich Material mit. Ne Woche lang lesen wir. Dann diskutieren wir über das Material. Stellen die Bezüge her zu unserem Leben, wie wir es führen. Wir suchen nie Subtexte. Wir suchen nie ne Figur. Sodass die Schauspieler nie in die Verlegenheit kommen, mich als Autor zu vertreten. Was ja zum Beispiel bei Rolf Hochhuth passiert: Wenn der über McKinsey schreibt, und die Schauspieler engagieren sich mit dem Thema. Lesen sich auch gut ein, aber eigentlich sind sie nicht gefragt, das mit ihrem Leben zu verbinden. Sie sollen diesen Autor vertreten. Solche Themen werden an Theater herangetragen, weil die denken, sie müssen sich mit so was legitimieren.



***Trotzdem tragen in «Telefavela» alle Schauspielerinnen und Schauspieler Figuren-Namen. Zuvor in «24h sind kein Tag» waren die Namen identisch mit euren.***

Das war so halb Spiel, halb echt, man improvisiert. Jetzt bei «Telefavela» ist es noch einmal anders. Weil, und so hat es der Volksbühnenschauspieler Bernhard Schütz ausgedrückt, als wir an «Stadt als Beute» arbeiteten: Das Theater, was wir hier machen, ist keines, wo es um Abgrenzung geht. Das heißt, er ist als Schauspieler normalerweise dazu aufgefordert, eine Figur zu kreieren, die sich besonders von allen anderen Figuren auf der Bühne unterscheidet. Das ist ja im Drama gewollt: Hamlet spricht andere Texte als Ophelia, Hamlet spricht erst mal mehr Text, das ist politisch, denn Hamlet ist ein Mann. Der Ophelia dagegen in ihrer Wahnsinns-Arie bleibt der emotionale Teil, und dem Mann bleibt das Reflektieren. Das hat also in Quantität und Qualität des Textes mit Abgrenzen zu tun. Für die Schauspieler, die sich solche Figuren erarbeiten müssen, bedeutet das: Dieser Prozess produziert keine Solidarität. Die sind nicht vernetzt, jeder ist mit sich selbst beschäftigt. Regisseure sind auch oft gewillt, das auszunutzen. Was ich erwähnen möchte, weil da der Mangel an Solidarität im Theater so hervorsticht: ne junge Schauspielerin, die gerade von der Schauspielschule kommt, die hat auch schon gelernt, dass sie sich eventuell ausziehen muss für eine Vergewaltigungsszene. Wenn die das nicht schafft bei einer Probe, oder nicht will, verweigert, was sowieso erheblich schwer ist, weil das immer im Namen der Kunst geschehen soll und im Namen der Kritik, dann sagen ihre Kollegen: «Warum machst du das jetzt nicht, siehst doch gut aus.» Dass also so ein Sexismus immer im Namen der Kritik sanktioniert wird, stellt eben auch diesen Mangel an Solidarität in dieser Institution dar. Und das erlebt man anders, wenn man Theater macht, wo Figuren nicht im Zentrum stehen. Wenn sie unabhängig von Geschlechtern verteilt sind. Das ist erst mal ein guter Startblock für Solidarität.



***Wo wir bei den Schauspielern sind: Caroline Peters ist, ganz stumpf formuliert, eine klassisch «schöne Frau».***
Musst du ihr mal sagen! (lacht.)

***Hast du sie bewusst für diese Männer-Rolle des Liebhabers besetzt?***
Ich besetze nicht bewusst. Das ist auch ganz wichtig. Bei mir gibt's keine Besetzung. Es gibt den Plan, einen Abend mit Leuten zu machen, weil man die mag. Und dann entsteht der Text. Ich hab noch nie für ne Rolle jemanden gesucht. Das kenne ich gar nicht. Das ist ganz übel. Das produziert auch Ausschlüsse, so: «Warum spiele ich nicht die?»

***War es denn das erste Mal, dass du «Cross gender» besetzt hast?***
Ich glaube schon.

***War dir von vorneherein klar, dass Pablo von einer Frau gespielt würde?***
Nee, aber mir passiert das manchmal, dass ich Texte zu sehr einem Geschlecht zuschreibe. Dann wird das auf den Proben umverteilt, die Zuschreibung eliminiert. Ich will nicht, dass Schwarze Schwarze spielen und Frauen Frauen. Ich mag auch keine Hetero-Paare auf der Bühne. Die gibt es überall. Das hat auch Brecht gesagt: Penis-Vagina, Penis-Vagina, immer sitzen sie da nebeneinander und holen sich ihre Rollen ab.

***Dann lass uns kurz über die Entstehung von «Telefavela» reden. Schon an den Videoeinspielungen kann man sehen, dass sie wohl in einer südamerikanischen Großstadt entstanden sind.***
Genau. Bert Neumann hat die «Rollende-Road-Schau» erfunden. Das waren drei Wagen, die er gestaltet hat. Ende 2002 waren sie zum ersten Mal in São Paulo. Da war ich noch nicht  dabei. Die Puppetmastaz waren aber mit und Jürgen Kuttner. Ein Jahr später wollte Bert in die Favelas gehen. Als wir in dieser Halle ankamen in São Paulo, da stellten uns viele Kinder schon eigene Sachen vor. Theater in den Favelas ist Sozialarbeit. Die Leute von der Straße holen, sie beschäftigen, sie aufwerten, sie mit anderen Inhalten konfrontieren.

***Und was habt ihr dann mit den Kindern und Erwachsenen dort gemacht?***
Das ganze Projekt hieß «Ciudade Rubada», was eine Übersetzung von «Stadt als Beute» ist. Die Plakate waren im Video zu sehen. Dasselbe Plakat wie jetzt in «Telefavela». Das ist auch so ein Ding. Es gibt einen Begriff für diese Plakate. Die hängen im ganzen Stadtraum von São Paulo und sind mit einer alten deutschen Druckermaschine gedruckt worden. Wo Holzschablonen noch eingelegt werden, und dann quasi jedes einzelne Papier durchgezogen wird. Hier wäre das unbezahlbar, weil so

arbeitsintensiv. Dort in São Paulo ist es die Technik, schnell und billig Plakate zu produzieren. Und das hat Bert eben letztes Jahr schon entdeckt, diese Werkstätte. Die Plakate hingen dann in der Favela und bis nach São Paulo rein. Wir luden darauf die Bevölkerung ein, zu uns zu kommen. Und deine Frage war, was wir da gemacht haben?

***Genau.***
Genau. Vom Goethe-Institut waren drei meiner Stücke ins Portugiesische übersetzt. Das waren «Stadt als Beute», «Insourcing des Zuhause» und «Sex». Also diese Prater-Trilogie, die wir hier gemacht haben.

***Die in Deutschland auch als Buch erschienen ist.***
Genau, als «Wohnfront»***. Und unsere Hoffnung war, São

Paulo hätte etwas mit unserem Thema «Stadt als Beute» zu tun. Es zündete als Idee dann überhaupt nicht. Berliner Stadtpolitik hat so gar nichts mit deren Realitäten zu tun. Deren Realität hat dafür so viel mehr mit unserer zu tun, das hat mich fasziniert. Stadtpolitik, Stadtmanagement sagt denen nichts. Die sehen ihre Stadt ganz anders wachsen. Die wuchert halt. Klar wird die von «Global Playern» okkupiert, die dort ihre Hochhäuser hochziehen. Doch das ist Wildwuchern, das ist nicht so repräsentativ. Das ist eine andere Form von Besetzung.

***Dieses Wuchern schlägt sich nieder in der Selbstorganisation des Alltags dort. In einem Interview im Deutschlandfunk hast du gesagt, dein Interesse liegt darin begründet, dass du in dieser Informalisierung auch die Zukunft unserer Städte siehst.***
Ja. Aber nicht nur als Prognose! Wenn ich nach São Paulo gehe, habe ich einen Text bei mir, der heißt «Attraktivität des Informellen». Und ist erschienen in «Learning From**», ein Buch von den ErsatzStadt-Leuten. Das war ein Projekt an der Volksbühne,

das hatte auch mit Bert Neumanns Bühnenbild «Neustadt» zu tun. Und es geht um Städtekonferenzen, wo man, um eine Lösung zu finden für westliche, finanzstarke Metropolen, plötzlich sagt: Statt Lagos oder eben São Paulo als pathologisch und krank abzuwerten, wirft man einen interessierten Blick nach unten. In dieses chaotische Gefüge, in diese völlig andere Situation von Arbeit, Alltag und Märkten.

***Ein Thema der Contessa von «Telefavela» ist die Aufrüstung. Sie spricht einmal von einer ganzen «Bürgerkriegsarmee», die zu ihrem Selbstschutz zu ihrer Verfügung steht.***
Genau. Die die Sicherheit ihrer Untergebenen unterminiert. Die Sicherheit aller, die sich eine solche Armee also nicht leisten können. Sicherheit eben als Ware. (Handy klingelt.) Ich muss mal ran. Hallo?



Pollesch telefoniert, Fotograf Maak Roberts inspiziert die Küche, Pollesch kocht noch einen Kaffee, man redet übers Fotografieren. Pollesch fragt Maak, ob er heterosexuell sei. Ist er.

**René:** Damit habe ich schlechte Erfahrungen gemacht (lacht laut). Wie die Männerfotos aussuchen.
**Maak:** Wahrscheinlich werde ich deine Erfahrungen nur bestätigen.
**René:** Da kann man nix machen. Aber euer (meint heterosexuelle Männer, d. A.) Blick auf Männer ist ja auch nicht schlecht.
**Maak:** Vielleicht besser als der Blick auf Frauen, oder?
**René:** Na ja, der ist ja meistens ziemlich … äh … zu hinterfragen. Es gab mal so ein tolles Foto von eh, wie heißt die Lady, Peaches. Mit ’nem Bart. Oder?
**Christoph:** Das ist ihr Albumcover.
**René:** Das ist super, das find ich total super.
**Maak:** Von Hadley Hudson.

**René:** Ein Freund von dir?

**Maak:** Eine Freundin von mir. Es war also eine Frau, die das fotografiert hat.

**René:** Ja, super.

**Maak:** Solche Fotos würde ich wohl auch von Peaches nie machen. So Fotos, wie die von Peaches macht.

**René:** Deshalb arbeitet mit dem Kopf! Jetzt habe ich vergessen, wo wir stehengeblieben sind.

***Es geht um dieses Zusammenfallen: Kommt diese Aufrüstung in den Favelas von staatlichen Instanzen, von privaten Firmen – welchen Interessen dienen die Sicherheitskräfte in den Favelas?***

In den Favelas ist das wieder anders organisiert. Da schützt man sich durch Mafia-Gefüge. Durch Absprachen, die abseits von jeder Form von Polizeiapparat getroffen werden. Man hat in einem bestimmten Zusammenhang, wenn man einem, übrigens extrem mittelalterlichen, Regelwerk nicht gerecht wird, keine Chance. Da geht es um das Faustrecht der Freiheit, das ist keine Alternative zu staatlicher Sicherheit, das würde ich auch extrem abwerten. Natürlich, diese ganzen Reichenviertel, die sich zu «Gated Communities» abgrenzen – mit Kameras, Personal, das sie schützt vor der Armut draußen ...



***Beobachtung in der Favela führt zu «Telefavela». Und jetzt geht's weiter: «Svetlana in a Favela» und dann die Frage: Wie verhält sich die PLUS-Filiale zur Favela? Das Stück «Pablo in der Plus-Filiale», super Titel.***

Super?

***Ja, super.***

Ah, schön. Ich war mir am Anfang unsicher. Ich dachte, das klingt nach einem Titel wie «Karate-Billy kehrt zurück», dass man das eher so trashig liest. Aber das ist natürlich die Vorstellung, das wirklich nicht mehr nur als Behauptung da stehen zu lassen, obwohl es immer gefährlich ist, einfach zu sagen, wir sind bereits die Dritte Welt.

***Und was macht Pablo in der PLUS-Filiale?***
Es ist der Versuch, das trotzdem zu installieren. Dass die Dritte Welt längst hier angekommen ist: Pablos Strategien, aber auch Arbeitsverhältnisse, die ungeregelt ablaufen, die müssen hier geregelt ablaufen. In São Paulo können die informell geregelt werden, aber hier gibt es ja scheinbar einen geregelten Arbeitsmarkt. Strategien werden also anders installiert: Entlassungen werden vor allem durch Mobbing bewirkt, bis die Leute das selbst nicht mehr aushalten und gehen. Dass mit Druck gearbeitet wird, mit Stress, mit der Angst, den Arbeitsplatz zu verlieren.

***Das heißt, Pablo arbeitet dann in der PLUS-Filiale statt als Bediensteter der Contessa?***

Ich würde das gar nicht so am Charakter festmachen. Pablo steht für mich in dem Moment für die Dritte Welt, für São Paulo. São Paulo in Europa, das wäre so für mich die Übertragung. Obwohl ich auch schon Texte produziert habe, da würde dann Pablo verwirrt in der PLUS-Filiale stehen. Weil er vielleicht durch Schleuser-Banden über Ost-Europa im Laden gelandet ist. In dem Fall hätte er schon viel Geld dafür bezahlt, überhaupt nach Europa zu kommen. Es geht vor allem um Grenzen. Strategien zu entwickeln, um Grenzen zu überwinden, darum geht es. Der Text ist noch nicht geschrieben, ich sitze da gerade dran. Das Projekt ist: Wie landet der hier?

*Erschienen in* SPEX *05/2004*

* Jochen Becker/Stephan Lanz (Hg.)
metroZones 1 Space//Troubles
Jenseits des Guten Regierens: Schat-

tenglobalisierung, Gewaltkonflikte und städtisches Leben, Berlin 2003
** Jochen Becker, Claudia Burbaum, Martin Kaltwasser, Folke Köbberling, Stephan Lanz, Katja Reichard (Hg.) metroZones 2
Learning From: Stadt von Welt. Phantasmen der Zivilgesellschaft. Informelle Organisation, Berlin 2003
*** Bettina Masuch (Hg.) Wohnfront 2001-2002, Berlin 2002

# «ICH BIN DER ANTIROMANTIKER»

René Pollesch über Theorie und Alltag, Liebe und Arbeit, schreiende Schauspieler und rassistische Regisseure im Gespräch mit Wolfgang Kralicek

***Herr Pollesch, machen Sie Boulevardtheater für Intellektuelle?***
Mit Boulevardtheater beschäftigen wir uns in letzter Zeit tatsächlich. Komödien von Feydeau oder Labiche sind Formate, mit denen man rumspielen kann, die man auch als Ersatz für eine Inszenierung benutzen kann. Ein Vehikel für das, was wir zu sagen haben.



***Sie sind bekannt dafür, in Ihren Stücken triviale Stoffe und knallharte Theorie zu mischen. In «Hallo Hotel ...!» etwa traf Fritz Eckhardt auf den italienischen Philosophen Giorgio Agamben. Welche Theorie steht diesmal ins Haus?***
Bei der Biologin Donna Haraway bin ich auf einen Satz gestoßen: «Es geht nicht darum, für jemanden zu sprechen, sondern mit jemandem.» Die Sprache, die immer glaubt, für jemanden sprechen zu können, bezeichnet Haraway als weißen, männlichen, heterosexuellen Jargon, der sich selbst aber nicht als Jargon, sondern als herrschende, allgemeingültige Sprache versteht. Diese Sprache will auch immer der Bauchredner sein für bestimmte Probleme. Haraway thematisiert zum Beispiel, dass sich meist europäische oder amerikanische Wissenschaftler um den Regenwald kümmern, aber nie die Leute gefragt werden, die im Regenwald leben. Diese Theorie prägt gerade unsere Arbeit.

***Wie recherchieren Sie?***

Ich recherchiere eben nicht. Ich nehme ja keine Aufträge an, im Sinne von: «Schreib mal ein Stück darüber!», oder so. Mir geht es darum, für Phänomene oder Widersprüche, die ich in meinem Alltag wahrnehme, eine Theorie zu finden, die das beschreiben kann. Ich glaube generell, dass es gut ist, bestimmte Theorien in einen Repräsentationsapparat wie das Theater zu bringen, der sonst immer nur abbildet und Sozialkitschdramen aufführt, in denen Arbeitslose vor der Glotze sitzen und Bier trinken. Im Theater gibt es das Bedürfnis, sich als politische Instanz zu legitimieren. Das finde ich nicht schlecht. Meiner Meinung nach passiert das aber auf die falsche Weise. Ich versuche, bestimmte Verhältnisse mit einer Theorie zu bearbeiten und diese Theorie tatsächlich auf meinen Alltag anzuwenden. Aber wir wollen damit nicht einschüchtern und geben uns nicht schlauer, als wir sind.



***Also, ich war bei «Hallo Hotel …!» schon etwas überfordert. Ich habe mich dauernd gefragt: Worauf spielt er denn jetzt an?***

Ich glaube trotzdem nicht, dass wir mit dem Gestus der Unterweisung auftreten, den das Publikum gewohnt ist. Die Frage ist, ob man uns vorwerfen kann, dass Ihnen Ihre Bildungslücken Panik machen. Wir sind es gewohnt, alles verstehen zu müssen, dabei hat jeder irgendwo Lücken! Die werden im Theater allerdings oft benutzt, um Autorität zu erzeugen. Bei uns versuchen die Schauspieler, selber etwas herauszufinden und nicht gesicherte Wahrheiten ans Publikum auszugeben. Wir setzen nicht voraus, dass die Zuschauer alles wissen müssen, um uns zu verstehen. Wir stützen uns nicht auf die Verabredung, dass zum Beispiel ein Klassiker automatisch unsere Leben berührt. Wir müssen dafür sorgen, dass wir die Leben derer berühren, die zu uns kommen. Generell geht es darum, dass wir Sehhilfen bekommen für die Wirklichkeit. Es geht um das real gelebte Leben!

***Schauen Sie sich manchmal Klassikerinszenierungen an?***
Höchst selten. Ich möchte an diesem Sport «Wer hat die beste Tschechow-Auslegung?» nicht teilnehmen, mich interessiert die Disziplin «Hamlet» nicht. Ich bin nicht dagegen, aber ich möchte mich mit was anderem beschäftigen. Viele Leute beschäftigen sich mit was anderem als Theater, das kann man ja auch nicht verleugnen. Deshalb sollten die Theater nicht nur die biologische Entsorgung ihrer Abonnenten abwarten, die vor den Klassikern sitzen, sondern versuchen, das Ding vielleicht mal wieder zu benutzen. Wir leben ja in einer Gesellschaft, in der jeder aufgefordert ist, sich nur noch zu fragen, wie alt er werden kann, wie er gesund bleibt oder ob er Organe nachkaufen kann. Es geht den Leuten nur noch ums nackte Leben. Im Theater könnte man sich damit beschäftigen, warum das überhaupt sinnvoll sein sollte.

***Aber sobald man auf eine Bühne kommt, behauptet man doch automatisch, mehr zu wissen als die im Publikum.***
Ja, aber diesen Automatismus kann man doch auch mal in Frage stellen! Das meiste Theater ist Museum. Da geht man rein und holt sich ältere Vorstellungen von unserem Subjektsein ab.

***Daraus kann man doch auch was lernen, oder?***
Sicher. Aber man könnte Theater auch als einen anderen Ort definieren. Es beruft sich immer noch auf diesen in den siebziger Jahren entstandenen Gestus: Theater hat automatisch was zu sagen, es übt automatisch Kritik aus. Ein Beispiel: Peter Turrini hat für das Berliner Ensemble mal ein Stück über Abschiebung eines Afrikaners geschrieben, «Ich liebe dieses Land». Der schwarze Schauspieler musste dann, angeleitet von einem weißen Regisseur, sämtliche unmenschlichen Polizeipraktiken an sich durchspielen lassen, die man sich nur vorstellen kann – und zwar im Namen der Kritik an diesen Vorgängen. Diese Leute wollen Kritik an der Gesellschaft üben und übersehen ihre eigenen rassistischen Praktiken.

***Das Problem fängt in diesem Fall bei Turrini an.***
Natürlich, das fängt bei jedem Autor an. Wenn ein Autor schreibt: «Erste Szene. Eine Frau betritt die Bühne», schreibt er schon in diesem Jargon. Er bezieht sich auf den Automatismus dieser Herrschaftssprache, dass nämlich alle, die im Publikum sitzen, annehmen müssen, jede Frau oder jeder Mann ist heterosexuell.

***Wie müsste man den Satz richtig schreiben?***
Man müsste auf so einen Satz verzichten. Wenn du glaubst, du hast wirklich etwas über und gegen die Gesellschaft zu sagen, kannst du doch nicht dauernd in ihrer Sprache schreiben!

***Sie haben einmal gesagt, Sie hätten keinen aufklärerischen Anspruch. Hört sich nicht so an.***
Ich habe nicht diesen paternalistischen aufklärerischen Anspruch

eines «Aufdeckers» wie Rolf Hochhuth. Ich glaube aber daran, dass unser Alltag theoriefähig ist, dass ich einfach besser sehe mit Theorie. Wenn ich nach São Paulo reise, kann ich die Stadt besser erkennen, wenn ich ein soziologisches Buch über São Paulo gelesen habe.

***Heißt das, eine Pollesch-Vorstellung ist dann ein Erfolg, wenn sich ein paar Besucher hinterher ein Buch von Foucault oder Agamben kaufen?***
Ja. Wenigstens bilden diese Zuschauer sich nicht ein, das Problem der häuslichen Gewalt wäre gelöst, weil sie gerade im Theater gesehen haben, wie ein Mann eine Frau schlägt. Ich inszeniere keine heterosexuellen Gewaltszenen. Ich möchte vermeiden, dass im Publikum ein Wichser sitzt und sich einen runterholt, weil er eine nackte Frau gesehen hat. Der hat ein anderes Problem als häusliche Gewalt.

***Nackte Frauen gibt es bei Pollesch grundsätzlich nicht zu sehen?***
Nein!

***Und nackte Männer?***
Auch nicht.

***In den Stücken, die Sie bisher in Wien gemacht haben, waren ausschließlich Frauen auf der Bühne. Im «purpurnen Muttermal» spielen vier Männer und drei Frauen. Warum?***
Das hat sich so ergeben. Ich besetze ja nicht ausschließlich nach Geschlechtern. Aber wir versuchen zum Beispiel immer, den Text demokratisch zu verteilen. Das geht sich mit sieben Leuten zwar nicht mehr ganz aus, aber man kann vielleicht immer noch solidarisch arbeiten. Bei einem Stück wie «Hamlet» hat man diese Chance gar nicht.

***Welche Qualitäten schätzen Sie an Schauspielern?***
Ich engagiere zum Beispiel nie Leute, weil ich sie irgendwo gesehen habe und toll fand. Ich entscheide mich für Leute, weil es Gespräche gab, nach denen man wusste, man will eine bestimmte Zeit miteinander verbringen. Ich arbeite nicht hierarchisch. Und ich brauche Schauspieler, die das auch nicht brauchen.



***In Ihren Inszenierungen wird viel geschrien. Kann das jeder, oder muss man das lernen?***
Das Schreien, das wir machen, kann jeder, weil es kein gestütztes Schreien ist. Protagonisten eines Königsdramas schreien anders. Schreien ist für mich – wie übrigens auch Flüstern – einfach die Tonlage, in der der Schauspieler am wenigsten «führt», am wenigsten gestaltet. Unser Schreien ist ein Loslassen. Die Schreie sind bei «Heidi Hoh» entstanden, weil wir da sehr stark versucht haben, die Sätze nicht emotional zu belegen, sie nicht zu kommentieren. Die Schreie waren dann ein Ventil, um die Verzweiflung rauszulassen.

***Ist das nicht gefährlich für die Stimme?***

Doch, ich wurde dafür auch schon oft angefeindet. Dazu muss man sagen, dass meine Sorge um die Schauspieler sehr viel größer ist als bei vielen Kollegen. Ich würde zum Beispiel nie darauf drängen, eine Premiere rauszubringen, wenn ein Schauspieler Probleme mit der Stimme hat. Mein Theater ist wirklich ein Schauspielertheater, kein Bildertheater und kein Dramaturgietheater.

***In «Heidi Hoh 3» gibt es den Satz: «Ich liebe meine Arbeit, aber manchmal frage ich mich, ob Liebe wirklich das Wichtigste im Leben ist.» Lieben Sie Ihre Arbeit?***

Ja, aber ich möchte mich dafür nicht als Workaholic beschimpfen lassen. Das ist nun mal mein Leben, und ich lebe das sehr gern. Peter Handke hat mal gesagt: «Jemand, der sechs Stunden am Tag schreibt, ist pervers.» Das würde ich unterschreiben, weil da ist

man allein. Aber ich finde es nicht pervers, Arbeit ins Zentrum seines Lebens zu stellen. Slavoj Žižek sagt, man muss die Liebe aus dem Zentrum rücken, um sie nicht zu verfehlen. Ich genieße auch, dass ich arbeiten kann. Es können ja nicht alle arbeiten. Wenn ich arbeite, können andere nicht arbeiten.

***Haben Sie deshalb ein schlechtes Gewissen?***

Das nicht, aber ich finde, man sollte nicht vernachlässigen, dass wir es mit einem Markt zu tun haben und mit einem Kampf. Das wird ja immer verschleiert. Der Neoliberalismus tut immer so, als könnte es jeder schaffen, wenn er sich nur anstrengt. Nicht dazu gesagt wird, dass es nur einen Platz ganz oben auf dem Siegertreppchen gibt.

***Sie könnten vielleicht ein bisschen weniger machen. Immerhin schreiben und inszenieren Sie bis zu sieben Stücke in einer Saison!***

Hinter dem Vorwurf des Vielarbeitens steht die Unterstellung, dass das ja wohl nicht ernsthaft sein kann, wenn man sich nicht ein Jahr Zeit nimmt für ein Stück. Aber ich mache ja nicht hier einen Tschechow, da einen Shakespeare, ich muss mich nicht jedes Mal in die Materie einarbeiten. Ich muss auch keine Stücke über Atomtransporte machen oder über Schlepper. Maxim Biller hat einmal ein Stück geschrieben, das hieß «Kühltransport», da geht's um asiatische Flüchtlinge, die in England in einem Kühltransporter erstickt sind. Das wurde im Mainzer Staatsschauspiel gespielt, und da standen dann weiße, wohlbeleibte Männer auf der Bühne, die die ganze Zeit den Bauch eingezogen haben. Da dachte ich: Eigentlich ist dein Problem, dass du denkst, du kannst deinen Bauch nicht zeigen.

***Vielleicht arbeiten Sie auch deshalb so viel, weil Sie ein paar Jahre keine Arbeit hatten. Haben Sie eine Erklärung dafür?***
Vielleicht war meine Arbeit damals nicht stark genug. In den fünf Jahren, in denen ich arbeitslos war, habe ich an einem einzigen Stück geschrieben! Jetzt schreibe ich sieben in einem Jahr. Ich schreibe einfach dauernd. Meinen Perfektionismus habe ich abgelegt.



***Weil Sie sich den nicht mehr leisten können?***
Ich bin perfekt!

***Stimmt es, dass Sie schon über hundert Stücke gemacht haben?***
Mittlerweile sind es 150, wenn man die an der Uni einrechnet.

***Und das, an dem Sie fünf Jahre geschrieben haben?***
Das wurde nie aufgeführt.

***Die Liebe ist in Ihren Stücken immer ein Thema. Sind Sie vielleicht ein Romantiker?***
Ich glaube, ich bin der absolute Antiromantiker. In der Romantik ist Liebe an Zufall gekoppelt. Sie muss unabhängig sein von

sozialem Status, sie muss bedingungslos sein, sie stößt einem zu oder nicht. Ich würde lieber Arbeit oder Erfolg an Zufall koppeln und Liebe an Geld. Liebe gilt als Bereich, in dem jeder die gleichen Chancen hat: Liebe kann jeder haben. Ich würde sagen: Okay, das ist eine gute Konstruktion, aber machen wir das doch zur Abwechslung mal mit dem Geld! Ich denke nicht, dass die Liebe jeder haben kann. Und warum muss man unbedingt Sex und Liebe verkoppeln? Warum kann es nicht Solidarität und Liebe sein? Ist eine Zweckgemeinschaft eine so schlechte Verbindung?

***Sie haben einmal gesagt, Sie machen es wie alle: Sie arbeiten das ganze Jahr und machen im Sommer Urlaub. Irgendwie kann man sich René Pollesch nicht wirklich am Strand vorstellen.***
Ist schon vorgekommen! Da war ich aber sehr verliebt. Allein würde ich nie auf die Idee kommen, ans Meer zu fahren. Ich weiß auch nicht, wovon ich mich erholen müsste.

*Erschienen in* FALTER 47, *22. November 2006*

# ES IST DER ZUFALL, DER GEWINNT

René Pollesch im Gespräch
mit Peter Wagner

***Herr Pollesch, Ihre Stücke tragen die lustigsten und seltsamsten Namen. Warum?***
Titel sind extrem wichtig für mich, weil sie mir einen Auftrag geben. Zum Beispiel etwas als etwas anderes zu untersuchen. Wie in «Stadt als Beute» oder «Solidarität ist Selbstmord».



***Was ist zuerst da, Titel oder Stück?***
Ich habe immer erst die Titel, sie erzählen so viel, und ich kann sofort anfangen zu schreiben. Die Titel können aber auch totale Offenheit bedeuten. Vor zwei Jahren habe ich mit Sophie Rois ein Stück für die Salzburger Festspiele geplant, und wir suchten nach einem Titel. Sie schlug «Cappuccetto Rosso» vor. Das passte zu Salzburg, es klingt edel und war eine erwachsene Wahl.

***Haben Sie Titel auf Lager, zu denen noch Text fehlt?***
Gute Titel verwurste ich sofort. Darüber hinaus habe ich in meinem Laptop mehrere Listen, die «Titel» heißen. Als ich den Prater übernehmen durfte, hatte ich unheimliche Lust, Titel zu erfinden, die ich mir dann auf unserer Kinoreklame über dem Eingang vorstellte. «Stadt als Beute» zum Beispiel. Toll.

***Sie sind so was wie der «Regisseur Prekär», keiner beschreibt so oft die Arbeitswelt junger Menschen. Wann fing das an?***

1999, wir haben zu viert das Stück «Heidi Hoh» aufgeführt. Drei Schauspielerinnen sprechen über meine und ihre Orientierungslosigkeit in dieser Zeit, sie haben im Bad, im Wohnzimmer, in der Küche ihre Manuskripte verteilt. Und sie wissen gar nicht mehr: arbeiten sie hier oder wohnen sie hier?

***Zu der Zeit hat noch kaum jemand von unsicheren Arbeitsverhältnissen geredet. Haben Sie eine solche Zeit erlebt?***
Ich hatte studiert, war mit 27 fertig und konnte bis 30 eine Weile ganz gut arbeiten. Dann hörte das schlagartig auf. Sechs Jahre hatte ich mit dem Theater fast gar nichts zu tun.

***Wie haben Sie gelebt?***
Ich habe mich mit «Drehbuchdoctoring» oder «Filmdevelopment» über Wasser gehalten und mit Übersetzungen. Ich habe lange gewartet, bis ich Arbeitslosengeld beantragt habe. Dieses «nicht gefragt sein» in dem Bereich, in dem ich arbeiten wollte, das war psychischer Stress. Als ich begonnen hatte im Theater zu arbeiten, galt ich als Talent, auf mir ruhten Hoffnungen, es hieß: «Der hat interessante Theaterabende gemacht.»



***Wie sind Sie mit dem Stress umgegangen?***
Ich konnte damit erst umgehen, als ich verstand, dass Talent nur eine Konstruktion ist, mit der man an der Nase herumgeführt wird.

***Aber gerade weil Sie über diese Zeit geschrieben haben, ging es aufwärts.***
Wir haben uns in «Heidi Hoh» mit einem anderen Arbeitsbegriff beschäftigt: Wir können die Ausbeutungsverhältnisse nicht sehen – wir halten sie ja für unseren Traum.

***Sie meinen den Traum von der Selbstverwirklichung?***
Davon träumt man doch: von der Arbeit, die mit einem zu tun hat.

***Für die gibt man alles.***
Gerade Schauspieler sagen sich ja immer, wenn sie beim Casting nicht genommen werden: Da war ich wohl noch nicht gut oder interessant genug. Sie jammern nicht und machen weiter.

***In «Deutschland sucht den Superstar» betonen die Kandidaten nach ihrer Niederlage, sie müssten mehr an sich arbeiten.***
Und was sie auch immer sagen: «Ich bin mein schlimmster Kritiker.» Wenn sie gefragt werden: «War Bohlen hart zu dir?», sagen sie: «Nein, ich bin viel härter zu mir!» Der Drill ist nach innen gewandert. Die gehen ins Solarium, machen Fitness, nehmen Gesangsunterricht – was da investiert wird, bezahlt niemand. 

***Viele haben verinnerlicht, was es braucht, um ihren Lebenslauf zu einem interessanten ... Produkt zu machen.***
Zu einer einzigartigen Biographie.

***Aber was ist daran einzigartig, wenn sich alle gleich «formatieren»?***
Ich erinnere mich an eine Akademikerin. Die hat alles gemacht, was man machen muss. Sprachen gelernt, Länder bereist, aber hinterher gab es trotzdem keine Universitätskarriere.

***Was soll diese Frau jetzt machen, wenn aus ihrem Wunsch nichts wird?***
Für diese Arbeit am Selbst gibt es eben nicht genug offene Stellen. Selbstverwirklichung ist da wie ein diffuses Versprechen. Wie die wahre Liebe, die jeder erleben will. Es gibt diese Konstruktion, dass die Liebe für alle offen ist. Aber vielleicht ist das nicht so. Vielleicht kann auch nicht jeder geliebt werden.

***Das wäre doch schlimm.***
Vielleicht ist das die größte Lüge aller Zeiten!

***Heißt das, dass mir «wahre Liebe» oder «Selbstverwirklichung» nur mit viel Glück und Zufall geschehen?***
Karrieren wie meine sind Zufall. Aber in unserem Denken wird die Liebe an Zufall gekoppelt. Ich würde aber Arbeit und Erwerbsarbeit an Zufall koppeln: Ich war sicher nicht der Beste von den Tausenden, die es dann eben nicht geschafft haben.

***Angenommen, ich nehme mir René Pollesch zum Vorbild, und der sagt mir: «Ich bin kein Vorbild, bei mir war alles Zufall.» Das ist doch enttäuschend, weil ich will, dass ich Ihren Weg nachgehen kann.***
Wir haben Konstruktionen und Kopplungen im Kopf, die wir für die authentischen halten. Wir sagen: Für Leistung wird man belohnt. Ich aber sehe Arbeit an Zufall gekoppelt und Geld an Liebe.



***Wenn also ein Casting-Teilnehmer sagt, er müsse noch an sich arbeiten …***
… verkennt er, dass es Zufall ist, ob er gewinnt. Es gibt ja nur ein Feld, auf dem die Roulettekugel landet. Es ist wie in «Solidarität ist Selbstmord»: Wir haben eine falsche Kopplung im Kopf.

***Wie jetzt?***
In dem Stück verarbeiten wir eine Anekdote über den Schriftsteller Uwe Johnson. Er lebt 17 Jahre mit einer Frau zusammen, die in Wahrheit die Frau eines Geheimagenten ist, der auf ihn angesetzt war. Sie hat den Agenten mit Infos über Johnson gefüttert. Jedes «Ich liebe dich» war ein Fake. Johnson hat diese Enthüllung nicht überlebt, sie hat ihm das Herz gebrochen.

***Das ist hart.***
So: Und warum brechen bei uns die Herzen, wenn wir erfahren, dass wir einem Fake aufgesessen sind? Vielleicht hätte er nie eine Frau gefunden, die mit ihm 17 Jahre zusammengewohnt hat?

***Aber vielleicht hat sie ihn ja dann wirklich geliebt, und alles war am Ende echt?***
Ja, das hättest du gern. Aber warum denkst du nicht anders: Selbst wenn es inszeniert war – es war doch Liebe, oder?

*Erschienen in* Süddeutsche Zeitung, Jetzt.de, *5. März 2007*

# WERKVERZEICHNIS

## René Pollesch

geboren 1962, studierte Angewandte Theaterwissenschaft in Gießen. Erste Inszenierungen eigener Stücke auf der TAT-Probebühne, nebenher Übersetzungen und Bearbeitungen. 1996 Arbeitsstipendium am Royal Court Theatre / London, 1997 Stipendium der Akademie Schloss Solitude in Stuttgart. In der Spielzeit 1999/2000 Hausautor am Luzerner Theater, ab Herbst 2000 Hausautor am Deutschen Schauspielhaus Hamburg, von 2001 bis 2007 künstlerischer Leiter des Praters der Volksbühne am Rosa-Luxemburg-Platz, Berlin. Dort entstand u. a. die Trilogie Stadt als Beute, Insourcing des Zuhause. Menschen in Scheißhotels und Sex, die 2002 zum Theatertreffen eingeladen wurde. Im selben Jahr wurde er in der Kritikerumfrage von «Theater heute» zum besten deutschsprachigen Dramatiker gewählt. Pollesch erhielt 2001 für www-slums sowie 2006 für Cappuccetto Rosso den Mülheimer Dramatikerpreis. 2008 wurde er mit Liebe ist kälter als das Kapital, 2009 mit Fantasma, 2012 mit Kill Your Darlings! Streets of Berladelphia und 2014 für Gasoline Bill erneut nominiert. 2012 wurde René Pollesch mit dem Else Lasker-Schüler-Dramatikerpreis für sein dramatisches Gesamtwerk ausgezeichnet. Neben seiner Arbeit an der Volksbühne, deren Intendant er von 2021 bis zu seinem plötzlichen Tod 2024 war, hat Pollesch an zahlreichen anderen Theatern gearbeitet, an den meisten davon kontinuierlich wie am Burgtheater (Akademietheater) Wien, Deutschen Theater Berlin, den Münchner Kammerspielen, dem Schauspielhaus Zürich, dem Staatstheater Stuttgart und dem Deutschen Schauspielhaus Hamburg. René Pollesch starb am 26. Februar 2024 in Berlin.

## Stücke (eine Auswahl)

**1998/99**

*Drei hysterische Frauen / Three Hysterical Women / Trois femmes hystériques* (02. 07. 1998, Prater-Spektakel der Volksbühne am Rosa-Luxemburg-Platz)
*Superblock* (07. 12. 1998, Berliner Ensemble)
*Globalisierung und Verbrechen* (Mai 1999, Schauspiel Leipzig, szenische Lesung)
*Heidi Hoh*, (15. 05. 1999, Podewil Berlin)

**1999/2000**

*Java™ in a Box* (13-teilige Soap, erste Folge: 24. 09. 1999, Luzerner Theater)
*Heidi Hoh arbeitet hier nicht mehr* (10. 05. 2000, Podewil Berlin / Luzerner Theater)



**2000/01**

*world wide web-slums* (10-teilige Theater-Serie, erste Folge: 08. 11. 2000, Deutsches Schauspielhaus Hamburg)
*ufos & interviews* (02. 03. 2001, Luzerner Theater)
*Heidi Hoh – die Interessen der Firma können nicht die Interessen sein, die Heidi Hoh hat* (28. 6. 2001, Podewil Berlin / Künstlerhaus Mousonturm Frankfurt/M.)

**2001/02**

PRATER-TRILOGIE:
*Stadt als Beute* (26. 09. 2001, Volksbühne im Prater, Berlin)
*Insourcing des Zuhause. Menschen in Scheißhotels* (30. 10. 2001, Volksbühne im Prater, Berlin)
*Sex* (30. 01. 2002, Volksbühne im Prater, Berlin)
*Smarthouse® 1 + 2* (23. und 24. 11. 2001 Staatstheater Stuttgart)

*Der Kandidat (1980). Sie leben!* (07.06.2002, Braunschweig Festival Theaterformen / Deutsches Schauspielhaus Hamburg)

**2002/03**

*24 Stunden sind kein Tag* (12.10.2002, Volksbühne am Rosa-Luxemburg-Platz, Berlin)
*Soylent Green ist Menschenfleisch, sagt es allen weiter!* (09.01.2003, Volksbühne im Prater, Berlin)
*Freedom, Beauty, Truth & Love. Das revolutionäre Unternehmen* (06.03.2003, Volksbühne, Berlin)
*Bei Banküberfällen wird mit wahrer Liebe gehandelt* (24.05.2003, Schauspielhaus Zürich, Regie: Stefan Pucher)
*LSD* (11.07.2003, Staatstheater Stuttgart)
*Splatterboulevard* (19.09.2003, Deutsches Schauspielhaus Hamburg)



**2003/04**

*Der Leopard von Singapur* (16.10.2003, Volksbühne im Prater, Berlin)
*Telefavela* (12.01.2004, Volksbühne im Prater, Berlin)
*Svetlana in a Favela* (27.02.2004, Koproduktion Theater Luzern /Theater Basel)
*Pablo in der Plusfiliale* (02.05.2004, Ruhrfestspiele Recklinghausen)
*Hallo Hotel …!* (18.06.2004, Festival Theaterformen Braunschweig / Burgtheater Wien, Kasino)

**2004/05**

PRATER SAGA:
1 *1000 Dämonen wünschen dir den Tod* (28.10.2004, Volksbühne im Prater, Berlin)
2 *Twopence-twopence und die Voodoothek* (23.11.2004, Volksbühne im Prater, Regie: Jan Ritsema)

3 *In diesem Kiez ist der Teufel eine Goldmine* (10.12.2004, Volksbühne im Prater, Regie: Gob Squad)
4 *Diabolo – Schade, dass er der Teufel ist* (09.02.2005, Volksbühne im Prater, Regie: Stefan Pucher)
5 *Die Magie der Verzweiflung* (20.03.2005, Volksbühne im Prater, Berlin)
*Der okkulte Charme der Bourgeoisie bei der Erzeugung von Reichtum* (27.02.2005, Deutsches Schauspielhaus Hamburg)
*Häuser gegen Etuis* (03.06.2005, Burgtheater Wien, Kasino)

**2005/06**

*Cappuccetto Rosso* (24.08.2005, Salzburger Festspiele in Koproduktion mit der Berliner Volksbühne)
*Schändet eure neoliberalen Biografien* (20.10.2005, Münchner Kammerspiele)

*Menschen in Etuis* (05.11.2005, Schauspiel Hannover)
*Notti senza cuore – life is the new hard!* (09.12.2005, Volksbühne im Prater, Berlin)
*Soylent Green ist Menschenfleisch, sagt es allen weiter* (29.03.2006, Theatre Project Tokyo)
*Strepitolino – i giovanotti disgraziati* (16.02.2006, Volksbühne im Prater, Berlin)
*Wann kann ich endlich in einen Supermarkt gehen und kaufen was ich brauche allein mit meinem guten Aussehen* (29.04.2006, Staatstheater Stuttgart)

**2006/07**

*L'affaire Martin! Occupe-toi de Sophie! Par la fenêtre, Caroline! Le marriage de Spengler. Christine est en avance.* (11.10.2006, Volksbühne, Berlin)
*Das purpurne Muttermal* (26.11.2006, Burgtheater Wien, Akademietheater)
*Tod eines Praktikanten* (11.01.2007, Volksbühne im Prater, Berlin)

*Solidarität ist Selbstmord* (27.02.2007, Münchner Kammerspiele)
*Ragazzo dell' Europe* (26.05.2007, Teatr Rozmaitości, Warschau)

**2007/08**
*Liebe ist kälter als das Kapital* (21.09.2007, Schauspiel Stuttgart), 2008 nominiert für den Mülheimer Dramatikerpreis
*Diktatorengattinnen* (17.10.2007, Volksbühne, Berlin)
*Die Welt zu Gast bei reichen Eltern* (22.11.2007, Thalia in der Gaußstraße, Hamburg)
*Darwin-win & Martin Loser-Drag King & Hygiene auf Tauris* (28.04.2008, Volksbühne, Berlin)
*Tal der fliegenden Messer, Ruhrtrilogie Teil 1* (07.06.2008, Rollende Road Schau – Zelt im Stadthallengarten, Mülheim)
*Fantasma* (06.12.2008, Burgtheater Wien, Akademietheater)



## Hörspiele

*Heidi Hoh* (2000, DeutschlandRadio Berlin)
*Heidi Hoh arbeitet hier nicht mehr* (2001, DeutschlandRadio Berlin)
*Heidi Hoh – die Interessen der Firma können nicht die Interessen sein, die Heidi Hoh hat* (2003, NDR Hamburg)
*Tod eines Praktikanten* (2007, DeutschlandRadio Berlin)

## Fernsehspiele

*Ich schneide schneller (soap).* (ZDF, April 1998)
*24 Stunden sind kein Tag – eine TV-Serie in 4 Teilen* (Volksbühne, Berlin / ZDF-theaterkanal, 2003)

## Preise

2001 Mülheimer Dramatikerpreis für *world-wide-web slums*
2006 Mülheimer Dramatikerpreis für *Cappuccetto Rosso*
2007 Nestroy-Preis Wien für *Das purpurne Muttermal* in der Kategorie *Bestes Stück*

## Texte in Buchveröffentlichungen:

*Wohnfront 2001–2002*, Alexander Verlag, Berlin, 2002
*www-slums*, Rowohlt Taschenbuch Verlag, Reinbek, 2003
*24 Stunden sind kein Tag*, Synwolt-Verlag, Berlin, 2003
*Zeltsaga*, Synwolt-Verlag, Berlin, 2004
*Pratersaga*, Alexander Verlag, Berlin, 2005